幼儿园领域课程指导丛书

幼儿园音乐领域教育精要
——关键经验与活动指导

王秀萍 著

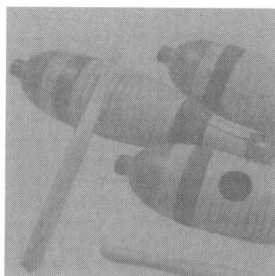

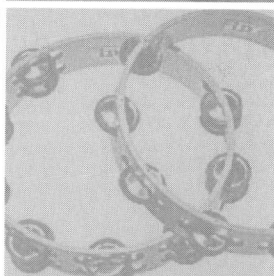

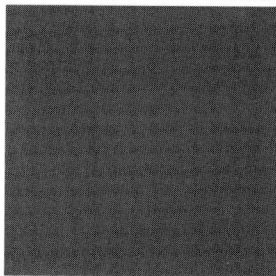

教育科学出版社
·北京·

前　言

　　幼儿的学习是嵌入情境的（Embedded）、启动身体的（Embodied）。这两个特点决定了幼儿园音乐领域教学的基本特性：情境性与身体性。无论是在设计中还是在实施时，幼儿园音乐教学都是围绕这两个特性展开的。基于这两个特性，幼儿园音乐教学得以实现通过假扮由身体动作的本能化、生活化表达走向音乐表现的幼儿音乐发展目标。所以，"情境""身体""表现"（表达）是本书的三个关键词，它们高频出现并贯穿始终。全书共八章，内容围绕幼儿园教师从事音乐教育所需的领域教学知识进行架构。

　　第一章，幼儿园音乐教育与幼儿的发展。本章是幼儿园音乐教育的总论，阐述了幼儿园音乐教育的价值、幼儿音乐发展的特点、幼儿园音乐教育的目标与关键经验、幼儿园音乐教育的内容、幼儿园音乐教育的策略与方法等五方面内容，旨在帮助读者获得幼儿园音乐领域教育的全局视角。

　　第二章至第六章，对歌唱、欣赏、打击乐、集体舞与音乐游戏等五大幼儿园音乐教育活动类型的关键经验与活动指导逐一展开讨论，旨在帮助读者了解五种教育活动类型的关键经验与活动指导特性，明确对每类教育活动的指导是在幼儿园音乐教育总原则的框架内围绕各自的特性展开的。

第七章，一日生活中音乐教育活动的组织与指导。本章阐述除集体教学以外的幼儿园音乐教育活动的组织与指导，包括一日生活活动中音乐教育的渗透，晨间户外活动中的音乐教育，区域活动中的音乐教育，幼儿自发的音乐活动，幼儿园各种庆典活动中的音乐教育以及幼儿园—家庭—社区互动中的音乐教育，以帮助读者理解音乐教育活动的方式、途径是多样的，幼儿园一日生活的各环节、各场所都充满了音乐教育的契机与环境。

第八章，幼儿园音乐教育评价。本章探讨了幼儿园音乐教育评价的内容与方法。评价内容围绕幼儿的音乐感知能力与表现能力，幼儿园音乐教育活动中教师与幼儿的行为展开；评价方法围绕观察、测试与等级量表评定三种方法展开。

本书具有以下三个特色。

第一，关注音乐教育的对象性。幼儿园音乐教育的特性是由其对象——幼儿的学习特性决定的，这也是本书写作的基本立场，所以，幼儿学习的情境特性与动作特性是本书探讨幼儿园各类音乐教育活动的关键经验与组织指导等内容时的出发点与核心。除贯穿全书的情境性与动作性两个突出的特点外，本书的第一章用一节的篇幅阐述了幼儿音乐发展的特点，第二章至第六章都提供了专门篇幅阐述幼儿在歌唱、欣赏、打击乐演奏、集体舞及音乐游戏方面的学习特点，以帮助读者熟悉幼儿园音乐教育对象所具有的学习特点与音乐学习特点。

第二，关注音乐教育的实践逻辑。全书所有内容都是立足于幼儿园音乐教育实践展开的，第二章至第七章五类集体音乐教育活动与一日生活中的音乐教育的内容更是结合实践案例一一展开，这些实践案例覆盖了幼儿园小、中、大三个年龄段的幼儿对各类音乐教育活动的实践需求。

第三，突显音乐领域学科特色。幼儿园音乐教育是基于幼儿学习与年龄特点、促进幼儿音乐发展的一种教育。音乐领域教育的突出特色是教师榜样力量的重要性，即教师自身是音乐教育最重要（不是之一）的课程资源。音乐不是教出来的，是熏陶出来的，而熏陶主要体现在教师的榜样作用上。在假扮情境中，教师举重若轻的、即时到位的示范具有一两拨千斤的作用。鉴于此，本书所有音乐教育活动的实践案例都有动作、打击乐、集体舞、游戏玩法等的设计建议。这些设计建议即音乐作品的操作方式，需要幼儿园教师在进入音乐教学之前就会熟练操作，以便达到随时随地地、或完整或部分地轻松示范的目标。

感谢浙江省省级机关武林门幼儿园房莹莹老师为本书撰写了第七章的内容；感谢教育科学出版社白爱宝老师在为本书确定书名、内容框架、章节题目等方面所付出的充满智慧的劳动；感谢责任编辑孙冬梅老师为本书出版所做的各种繁杂细碎的工作以及求精的态度。

王秀萍
2014 年 7 月

目 录

第一章

幼儿园音乐教育与幼儿的发展

幼儿园音乐教育是通过音乐实践促进幼儿音乐能力发展，进而促进幼儿全面发展的教育活动。

本章是对幼儿园音乐教育中基本问题的概述，具体探讨了幼儿园音乐教育的价值、幼儿音乐能力发展的特点、幼儿园音乐教育的目标与关键经验、幼儿园音乐教育的内容和策略等问题。

第一节　幼儿园音乐教育的价值

幼儿园音乐教育的价值不仅体现在促进幼儿音乐能力的发展上，也体现在促进幼儿的全面发展上。但同时，幼儿园音乐教育价值的实现也具有条件性。

一、对幼儿音乐能力发展的价值

音乐能力是指个体在从事表演、编创等音乐实践活动时表现出来的操作水平。这些操作水平体现在对节拍、节奏、旋律、音色、力度、速度、和声、结构等音乐形式元素及对情绪情感、风格等音乐文化元素的表现能力上。幼儿园音乐教育就是引导幼儿从事各项音乐实践活动，并使幼儿在从事音乐实践活动的过程中发展其音乐能力的一种教育。幼儿的音乐发展集中体现在节奏、旋律与辨别音乐性质三种能力上。

（一）促进幼儿节拍、节奏能力的发展

律动、舞蹈、打击乐等音乐活动在幼儿节奏感的培养中起着重要作用。人们对节奏的感受离不开肌肉活动，离不开动作。当人们听音乐时，需要积极投入的不只是听觉，还有运动觉。没有肌肉活动的加入，人们对旋律的感受性会有很大局限。所以，说"听音乐"可能不太准确，事实上人们在用耳朵听的同时，肌肉也在积极地感受它。对幼儿节奏能力的发展而言，身体的肌肉活动是不可缺少的。提供给幼儿大量随乐做身体动作的机会是发展幼儿节奏能力的前提。律动、舞蹈是随乐做出各种身体动作的音乐实践活动；打击乐则是听着歌曲或乐曲，用乐器敲击出节拍或节奏型的音乐实践活动。律动、舞蹈、打击乐这些音乐活动都与运动觉有密切的联系，从事这些音乐实践活动可以促进幼儿节奏能力的发展。

（二）促进幼儿旋律能力的发展

人类的听觉器官是在长期自觉使用的过程中获得高度发展的，音乐作为一种有声语言，是促进人类听觉发展的因素之一。

在人的一生中，学前阶段是听觉能力发展最迅速的时期。一项对成年专业音乐家进行的调查结果表明：在2—4岁开始接受音乐教育的人中，有92%的人可能获得绝对音高感；在4—6岁开始接受音乐教育的人中，这个比例下

降到 68.4%；以后继续下降，7—9 岁组是 41.9%；14 岁组只有 6.5%。这个研究结果揭示：听觉能力除受先天因素影响外，后天教育因素也起着重要的作用。苏联心理学家列昂列夫以一些看起来缺乏音乐才能的早期儿童为研究对象，设计了一套发展音乐听觉的特殊方法，最后，这批儿童全都获得了基本的音乐旋律能力。由此可见，成人若能为幼儿提供各种参与音乐活动的机会，并在活动中有意识地引导幼儿进行旋律探究，幼儿听辨旋律的能力和自觉性是可以得到提高的。

（三）促进幼儿辨别音乐性质能力的发展

音乐的不同特征与总体性质是通过音乐中声音的高低、快慢、强弱等音乐形式元素综合性地表现出来的。例如，表现狗熊走路的音乐，声音比较低沉，速度缓慢而且有一定的力度；表现鸟飞的音乐，则音区比较高，速度稍快，声音柔和。当幼儿随着狗熊走路的音乐做身体动作时，动作自然要缓慢、有力，而随鸟飞音乐做动作时，动作相应地就会变得轻快、柔和。经常随着不同性质的音乐从事类似的音乐实践活动，可以让幼儿借助身体动作辨别音乐的不同性质，从而促进其辨别音乐性质能力的发展。

二、对幼儿全面发展的价值

幼儿园音乐教育在增进幼儿大脑功能，促进幼儿身体、心理、智力、语言等方面的发展上也具有一定价值。

（一）促进大脑右半球活动，增进大脑功能

1993 年大提琴演奏家、哥伦比亚大学的劳舍尔（Rauscher）博士与加州大学的肖（Shaw）博士提出了一个大胆的假设：音乐和脑部神经发展之间存在某种联系。为验证这一假设，他们做了一项实验：将 36 名非音乐专业的大学生分为三组，采用不等组后测时间序列实验设计，并设定莫扎特《D 大调双钢琴奏鸣曲》、通俗音乐、无任何音乐刺激为三个自变量。听了 10 分钟音

乐后，采用斯坦福-比纳智力量表进行测查，结果发现，听了莫扎特音乐的学生其测查成绩比其他组明显高出八九个百分点，而且这种效果持续了10—15分钟。这个实验公布后，法国医生汤玛提斯（Tomatis）提出了"莫扎特效应"。自此，掀起了人们对音乐促进脑部神经发展的探索。

20世纪大脑研究的一个成果表明：人脑中有很大一片区域被分配用于聆听音乐，其中节奏与音的定位属左脑管辖，音色与旋律属右脑管辖，而负责空间思维的大脑区域恰好与处理音乐的这些区域有重合。就此，脑科学界得出这样一种推测：学习音乐有益于空间思维的发展。另外，美国脑科学家对爱因斯坦的脑组织进行了切片研究，发现其棘突触比普通人多。他们推测，这种现象可能与他从小就开始学习音乐并长期坚持从事音乐活动有关。可能是这些音乐活动发展了爱因斯坦的右脑，并扩展了左脑的工作功能，为他创造了获得最佳思维能力不可或缺的一部分物质基础（如更多的棘突触），同时增加了科学灵感出现的机会，使他能够做出独创性的伟大成就。

（二）促进心理的发展

1. 促进听觉的发展

在有声语言的影响下，人类的听觉器官得到高度发展，并成为高级的感觉器官之一。耳朵不仅是进行口头语言交流的感官，也是感受音乐的基础。在人的一生中，幼儿期的听觉处于最灵敏阶段，随着年龄的增长逐渐衰退。听觉能力除受先天因素影响外，后天的教育也起着重要作用。经常参与音乐活动，多听音乐，幼儿辨别声音的能力就会得到提高。在及早训练、培养的条件下，有的幼儿还能很快就具有绝对音高能力。

2. 促进记忆的发展

幼儿进行音乐活动时不仅要听，而且要记。他们要记住所学歌曲的歌词、曲调，记住律动动作、舞蹈动作的顺序，音乐游戏的规则，欣赏过的以及打击乐作品中的节奏型等，幼儿的音乐记忆正是在这一系列的活动中得到发展的。在一次对小班幼儿进行的有关模仿动作的测查中，曾出现这样的现象：

当他们听到模仿动作曲调最后一句的头几个音，甚至仅听了一两个音时，就能立即辨别、再认出是哪个模仿动作，并马上做好准备动作。例如，听出是兔跳音乐，就把手放在头上方当兔耳朵。在进行测试的 77 名幼儿中，对所测的鸭走、兔跳、猫走、拍球、鸡走及踮步六项内容中，全体幼儿几乎没有什么困难就能一一分辨出来，可见，音乐记忆在这些幼儿身上已经有了较好的发展。

3. 促进情感与个性的发展

南斯拉夫一所实用音乐学校经过多年的实验研究发现：在该校受过良好音乐启蒙的孩子，到了成年以后，仍然能保持强烈的好奇心，对周围的音乐活动及所有富有创造性的活动形式抱着很大的热情，在生活中勇于克服困难、不怕失败。更重要的是，这些孩子都成了独立的、多才多艺的、能干的社会成员，而不是一群缺乏个性的人。研究者认为，这就是音乐启蒙的成就。音乐启蒙的意义就在于保护和不断发展儿童的创造能力与个性发展，使它不至于随着年龄的增长而丧失。

（三）促进语言的发展

英国音乐心理学家弗伦奇（French）认为，有音乐才能的儿童在学习外语时有一定的优势。另有研究认为，在西肖尔音乐测试中获得成功的人，可预测他的外语学习也会成功。英国音乐心理学家汉利（Hanley）发现，语言能力和西肖尔音乐能力测试中的两个因素（音调记忆和音高）成正相关。

幼儿园音乐教育对幼儿的语言发展有巨大的促进作用。一首好的歌曲往往也同样是一首好的诗歌，幼儿在大量接触优秀歌曲和有节奏地朗诵诗歌的过程中，不仅积累了音乐词汇，而且也扩大了语言词汇的积累，增强了对文学语言的理解和运用能力。

与语言学习一样，音乐学习也是一种听辨、记忆、再现声音符号的学习。教师在教幼儿唱歌时，坚持要求正确的咬字、吐字，会帮助儿童养成口齿清楚的语言表达习惯。此外，音乐与口头语言同样具有高低、强弱、快慢、音色变化等表情因素，在音乐活动中，教师可以有许多机会促进幼儿认识这些表情因素，这对提高幼儿的口语表达能力是很有益处的。

（四）促进智力的发展

英国音乐心理学家萨金特（Sergeant）和撒切尔（Thatcher）采用本特利的音乐测试，并把测试分数与学生在斯科内尔基本智力测验中的分数进行对照，发现学生的智商与音乐测试的得分（总分和分项得分）有较高的相关性。

美国音乐心理学家戈登的儿童音乐能力初级水平测验适用于5—8岁儿童，这是适宜测试对象年龄最小的一种测验。测验只有两项：音调和节奏。每项测验都是40道题，测验形式都是比较两个声音模式的异同。戈登的测试发现，节奏测试成绩与智力水平关系最密切，音调测试成绩与智商的关系次之。

（五）促进身体的发展

1. 促进幼儿动作协调能力的发展

幼儿期是动作发展的重要阶段。幼儿的律动动作、舞蹈动作的发展存在着一个由易到难的过程，从简单的上肢动作到复杂的需要手脚协调、手眼协调的动作，从中等速度到稍快的速度并需要有渐快、渐慢变化的速度。打击乐中也有从开始稍慢、简单的齐奏到需要动作灵活地打出复杂节奏的过程，幼儿若能有机会经常进行律动、舞蹈及打击乐活动，他们的动作就有机会得到练习，也就能发展得更为灵活协调、自如优美。

2. 促进幼儿运动能力的发展

幼儿的音乐学习绝大多数都伴随着身体的运动。在各种伴随音乐进行的动作表演活动和乐器演奏活动中，幼儿可以获得锻炼身体各相应部分的大小肌肉、骨骼和韧带的机会，提高神经系统反应的速度和协调能力，增强心肺等器官的耐受力。经常参加韵律活动的幼儿，更有可能获得健美的体形、端正的姿态和良好的发育。即便是歌唱活动，也对发音器官、共鸣器官和呼吸器官的发育起到了一定的促进作用。因此，教师可以有意识地利用音乐教育活动来促进幼儿的身体发展，提高幼儿的身体运动能力。

三、幼儿园音乐教育价值实现的条件

价值是关系范畴，是客体在满足主体需要中的有用性。幼儿园音乐教育价值的关系双方分别为作为主体的幼儿与作为客体的幼儿园音乐教育，幼儿园音乐教育是否有价值，取决于幼儿园音乐教育这一客体是否具有满足作为主体的幼儿需要的属性，确切地说，取决于幼儿园提供的音乐教育是否能够满足幼儿的自我成长需要。如果具有满足幼儿成长需要的属性，那么幼儿园音乐教育所具有的促进幼儿音乐能力发展、促进幼儿全面发展的价值就有可能得到实现。所以，幼儿园音乐教育价值的实现取决于幼儿园音乐教育是否具有满足幼儿人格发展需要的属性或特征，这些属性或特征就是实现幼儿园音乐教育价值的条件。能够实现价值的幼儿园音乐教育应该具有以下四种特征。

1. 能提供一种使音乐挑战与幼儿应对音乐挑战之间达到平衡的音乐教育环境；

2. 能使幼儿进入一种完全置身于从事音乐实践活动之中的状态；

3. 具有促进幼儿专注于音乐实践活动的明确的任务导向与及时有效的反馈；

4. 幼儿专注从事音乐实践活动的动机来自音乐活动本身，而非音乐活动之外。

第二节 幼儿音乐能力发展的特点

在描述幼儿音乐能力发展的特点时，我们以哈佛大学心理学家加登纳教授儿童发展的制作、知觉与感受三系统为框架，分别对幼儿的音乐制作、知觉与感受特点进行讨论。

一、早期儿童音乐能力发展的三系统与三阶段

（一）儿童音乐能力发展的三系统

美国心理学家加登纳认为，要想理解儿童的艺术发展就需要理解生命过程中的三大系统：制作（making）系统、知觉（perceiving）系统和感受（feeling）系统[1]。制作系统的产物是行动（action），而行动是指向目的的，不只是单纯的身体运动；知觉系统的产物是识别（distinction），从音乐学习的角度来说，是对各种音乐形式元素的辨别、确认；感受系统的结果是情感（affect），从音乐学习的角度来说，这种情感可以包括任何有关儿童的情绪情感反应，如从微小到夸张的快乐，从舒展到紧张的状态等，但无论是怎样的情感反应，都有注意的参与。幼儿艺术发展的过程是三大系统整合、交互作用、产生动态合力的过程。

（二）儿童早期音乐能力发展的三个阶段

加登纳经过长期研究，最后把儿童从出生到青年期（20岁）审美感知的发展分为五个阶段。由于我们的研究只涉及儿童早期，所以还是介绍加登纳

---

① 加登纳. 艺术与人的发展［M］. 兰金仁，译. 北京：光明日报出版社，1988：49.

在 70 年代初的研究成果，当时他把儿童的艺术感知发展分为以下三个阶段①。

第一阶段：（0—1 岁）前符号阶段。

这一阶段儿童的艺术感知特征是感官原动性，即感知能力与艺术感知能力还没有分化，艺术品的呈现只是作为一般的刺激物，只是起到促进儿童一般感知能力发展的作用，儿童还不能把艺术品当作审美对象。这一阶段，所有的艺术偏爱都是由"本能性"的感觉特征决定的。

第二阶段：（2—7 岁）符号运用阶段，这一阶段又可分为以下三个阶段。

（1）沉浸在符号媒介中，形成符号系统。在音乐学习中，具体表现为：能够学习力度、速度、音色等非核心音乐元素的表现特征，学习与经验情境相联系的音调，学习基本的节奏技能。

（2）对符号的探索与扩大。在音乐学习中具体表现为：灵活地歌唱，进行演奏的实验，能掌握音乐主题。

（3）审美形式感形成。在音乐学习中具体表现为：掌握音乐形式元素的一些特质。

在这一阶段，儿童脱离了对事物、人物的"直接知识"，可以借助符号间接地来理解事物、人物了。从音乐学习的角度来看，这一阶段的儿童对音乐作品的内容、主题感兴趣，而对音乐风格、音乐个性不加注意。

第三阶段：（8 岁后）继续进步与可能的退步阶段。

8 岁后进入艺术发展的分水岭，如果儿童在 8 岁前在三大系统的合力作用下已经获得了全面而基本的音乐经验，那么，这样的儿童 8 岁后会继续发展他们的音乐才能，他们会在音乐上变得更加自信，在音乐经验上朝着更加老练、更有深度的方向发展。获得基本的音乐经验后，儿童所具有的表现行为是：能根据对音乐形式元素特征的确认进行比较自如的音乐制作活动，并在音乐制作活动中具有来自内在的兴趣，或具有感受音乐中情绪情感的敏感

---

① 加登纳. 艺术与人的发展［M］. 兰金仁，译. 北京：光明日报出版社，1988：305.

性。有人①这样来比喻 8 岁前与 8 岁后音乐学习的区别，他们认为 8 岁前是音乐经验量的积累期，就好像做一个陶瓷品，你想要做多大就先做多大，先把形状用泥坯定型。8 岁后才是音乐经验质的深化期，即 8 岁后才开始在大小已经定型的泥坯上做细节性、精致性的文章。这一陶瓷品是否能成为精品，就看细节。但是，因为已经成型，无论是否成为精品，它肯定是一件陶瓷品。

令人遗憾的是，由于在人格发展上出现自我意识快速增强、自我批判意识已经形成等特征，许多 8 岁后的儿童其艺术表现能力从这一年龄阶段开始大踏步地退化，表现为知觉能力、感受能力的丧失，制作与创作兴趣的丧失，进而远离艺术。用上面的比喻来解释，艺术感退化的儿童就是没有在 8 岁前做成陶瓷品的泥坯，在音乐经验上没有达到量的积累，8 岁前对音乐的感知、感受、制作过程没有成为音乐经验的获得过程。

二、幼儿音乐能力发展的特征

关于儿童音乐发展的特征，本书首先描述了舒特·戴森归纳的儿童早期音乐能力发展的一般年龄特征，以让读者对儿童早期音乐能力发展的一般趋势有个大概的了解，然后再分别描述幼儿音乐三系统的发展特征。

（一）儿童早期音乐能力发展的一般年龄特征

英国音乐心理学家舒特·戴森归纳了儿童早期音乐能力发展的一般年龄特征，具体如下。

0—1 岁：对声音做出各种反应。

1—2 岁：自发地、本能地"创作"并歌唱。

2—3 岁：开始能把听到的歌曲片段模仿地唱出来。

3—4 岁：能感知旋律轮廓。如果此时开始学习某种乐器的演奏，可以培养绝对音高感。

---

① 这些人包括柯达伊、约翰·费尔阿本德等儿童音乐教育家。

4—5 岁：能辨别音高、音区，能重复简单的节奏。

5—6 岁：能理解、分辨响亮之声与柔和之声；能从一些简单的旋律或节奏型中辨认出相同的部分。

6—7 岁：在歌唱的音高方面已较为准确，明白有调性的音乐比不成调的音的堆砌好听。

舒特·戴森的归纳是以欧美儿童音乐发展的情况为背景的，突出了儿童音乐发展过程中最主要的一些特征，非常概括，但是对整体把握儿童音乐发展的脉络，对观察与描述我国儿童早期音乐能力的发展历程还是具有参考价值与启发意义的。

（二） 幼儿音乐能力三系统的发展特征

在幼儿音乐能力三系统的发展上，知觉系统与制作系统的发展很难截然分开，因为知觉是心理内部活动，只有通过制作行为才能被确认。鉴于此，我们把幼儿音乐能力的知觉系统与制作系统发展特征合起来描述。

1. 幼儿音乐知觉系统与制作系统的发展特征

儿童音乐能力的发展与儿童在其他学科、其他艺术门类能力上的发展具有显著的差异，即音乐智能的先天[①]成分比较明显。音乐中的节奏与旋律感受力，音高、音色、音强辨别力，音乐记忆力，都属于感性认知能力的范围，较多受先天影响。而情感感受力、音乐理解力则属于理性认知能力的范围，较多受后天个人经历和文化积淀的影响。一个三岁孩子的歌唱、音乐创作能力可能超过许多成年人，这种现象在其他学科、艺术门类中是很难出现的。但是，我们研究的儿童早期音乐能力发展特征与音乐教育是针对普通儿童的。虽然发现天才儿童是幼儿园教师当仁不让的职责，但是，让普通幼儿顺利获得其年龄阶段所应该获得的音乐经验与个性发展是幼儿园音乐教育工作的核心。所以，下面描述的幼儿音乐能力发展的心理特征是针对普通幼儿的，是幼儿音乐能力发展的常模水平。

---

① 这里的"先天"指遗传加 3 岁前的教育。

（1）音乐旋律知觉与歌唱的发展

在音高辨别方面（旋律知觉能力），3—4 岁能辨别八度及八度以上距离的音有明显的"空间"差异；4—5 岁能辨别五度及五度以上的音有明显的"空间"差异，并能从前奏中辨别熟悉的歌曲；5—6 岁能辨别三度距离的音有明显的"空间"差异，另外能够从前奏、间奏中轻松地辨别熟悉的歌曲；7—8 岁儿童在实验情境下已经能够辨别全音、半音、四分之一音的音高差别，辨音功能在这一时期已经成熟。

在音高歌唱方面（歌唱制作能力），12—18 个月的婴儿在歌唱时，其音高是模糊不清的；19 个月开始出现分离的音高，主要是二度音程与小三度音程更清晰；17—23 个月，半数以上的清晰音高还是二度音程，但音程的跨度随年龄的增长而增大；到 2 岁半左右，四度、五度音程已经出现，但大二度与小三度仍是能清晰歌唱的主要音程。

在旋律轮廓线歌唱①**方面（歌唱制作能力）**，直到 3 岁半左右才能唱出规则的旋律轮廓线。在旋律轮廓线辨别方面（旋律知觉能力），5 岁左右已经能够辨认级进的上行、下行旋律轮廓线，已经能够辨认跳进旋律轮廓线，但只是轮廓线而不能准确辨别音程，所以歌唱时音程跳度是不稳定的。

1984 年，英国音乐心理学家塞拉菲尼（Serafine）、克劳德（Crowder）和雷普（Repp）做了一个实验研究，结论是：幼儿在学习歌曲时，旋律和歌词是一个整体而不是分散的部分。幼儿掌握一首歌曲有一个渐进的过程：先要学会歌词，接着是节奏，然后才是旋律轮廓和音程。这个过程就是幼儿歌曲学习的一般过程或者说是幼儿歌曲学习的一般特点，具体可以描述为以下四个阶段。

阶段一， 掌握歌词阶段，能理解与歌词结构关系密切的乐句、乐段结构。在掌握歌词阶段，节拍感、基本的速度感已经建立。

---

① 达到准确歌唱需经历三个水平：水平一，念歌，指完全没有音的高低概念，所有音都在一个高度上，像语言一样被念出来。水平二，旋律轮廓线歌唱，指有意或本能地理解音与音之间有高低差别，通过模仿能近似地歌唱，但不理解也唱不出每个音所具有的准确位置。歌唱时表现为以句子为单位，唱一句时有音的高低走向（旋律轮廓线），但换句时就跑调了。幼儿的歌唱水平主要处于这个层面。水平三，准确歌唱。已建立音准概念，理解每个音所处的音位并能歌唱。

阶段二，　掌握节奏阶段，能用打击乐器演奏出歌曲的节奏，歌唱时基本做到节奏、句读准确，但音高只是近似，音程尚不准确，也无调性的稳定感。

阶段三，　大致掌握音高轮廓阶段，已能唱出每一乐句的音高轮廓，但乐句间、乐段重复之间仍缺乏调性的稳定感，每次转换都可能改变音程。

阶段四，　初具调性感阶段，前面三个阶段的成绩得到巩固，虽然音程仍不甚准确，但已初具调性的稳定感；能从节奏中抽出节拍，已能理解并在一定程度上运用速度的变化表达不同的情感，如悲伤的情绪用较慢的速度。

（2）音乐节奏知觉与身体动作的发展

节奏型发展方面（节奏知觉能力与身体动作制作能力），从 18 个月开始，做出试图使身体动作与听到的歌曲合拍的努力；到 4—5 岁时，幼儿能成功地模仿打出由 2—4 个音符组成的简单节奏型；6 岁时，幼儿大多能准确地模仿由 3—4 个音符组成的节奏型。

用身体动作合拍方面（对节拍进行知觉与身体动作反应的能力），针对 3 岁幼儿的音乐活动，最初实际上是教师自己的歌唱表演，幼儿聆听或是伴随教师的歌唱做些有意思的固定位置的身体动作。身体动作包括根据歌词做固定位置的身体打击，也可以做一些走路的移动动作，合拍地走圆形队列。4 岁幼儿可以扩展到包括更复杂活动的圆圈队列活动，如弯腰、转向，改变队列方向和一起行走等，也可以走出像螺旋形那样更复杂的队列。5 岁幼儿能够表演有情节的、多角色扮演的游戏，做占据更大空间、更复杂的动作，可以走出两个圆圈的圆形队列、星状队列。

幼儿的节奏感发展状态（对节奏进行知觉与制作的能力），3—4 岁幼儿，可以通过大量的身体动作表演与打击乐演奏表演获得稳定的节拍感；4—5 岁幼儿，可以通过快与慢的配合理解节拍，通过歌谣朗诵理解节奏型；5—6 岁幼儿，已经能够理解歌曲的节奏型，能独立完成快慢节拍的变换，能理解节奏的主题、动机。

（3）音色、力度、速度知觉与制作的发展

格林伯格在 1972 年的一份研究报告中指出：当音高、旋律、旋律性节奏、和声、曲式结构还在以一个相当慢的步子前进时，拍子、速度和力度已在孩子身上迅速发展了。他的研究结论提醒我们：幼儿对非核心音乐要素（指力度、速度、音色等）知觉、制作、感受能力的发展远远早于核心音乐要素（指节奏、旋律与和声）的发展；核心音乐要素最早发展的是拍子，建立稳定的拍感是幼儿阶段的重要任务。

音色知觉。 对音色的注意早在婴儿时期就已经出现，但是婴幼儿对音色的知觉兴趣主要在于对日常生活中的音色，而不是音乐音响中的音色，比如：熟悉的动物叫声使他们兴趣浓厚；玩耍的物体能发出声音，让幼儿好奇心大发。对音乐音响中的音色来说，无论让幼儿分辨的是器乐音色还是声乐音色，幼儿感兴趣的还是那些区别明显反差大、能生动刻画事物的音色。美国音乐心理学家穆希德和庞德对幼儿的音色知觉发表了以下观点：作为幼儿感知音色的一个例子，苏联音乐家普罗柯菲耶夫的《彼得与狼》使我们饶有兴趣。在《彼得与狼》中，由法国号演奏的狼、双簧管吹奏的鸭子、大管刻画的老爷爷等主题，因它们鲜明生动，容易被幼儿听懂和记住；而那个旋律婉转的猫主题似乎很难被幼儿知觉到。从中我们可以看出，法国号、双簧管、大管这类有特点、易区别的音色容易被幼儿理解和掌握。同理，在人声中，男低音音色、花腔女高音音色，由于它们对比强烈、区别明显，往往也是最先被幼儿知觉的对象。

对于音色知觉，总的来说，3—4 岁幼儿能辨别 2—3 种有鲜明对比度的人声或乐器声；4—5 岁幼儿能更好地辨别不同的人声与乐器声；5—6 岁幼儿能很好地识别不同的声音和人声。

力度知觉与制作能力。 到了 3—4 岁，幼儿已经有比较声音强弱的能力了，能自如地辨别说、喊、悄悄话与唱的区别，并且能够用嗓音去表达这些区别；4—5 岁幼儿能辨别歌曲、讲话、打击乐中的强弱，并且能够用歌唱、打击乐演奏等制作方式去表达强弱；5—6 岁幼儿能辨别并理解强弱的所有变换关系。

速度知觉与制作能力。 3—4 岁幼儿能用简单的身体动作配合中速稍快和中速偏慢的音乐；4—5岁幼儿可以辨别渐快、渐慢，并能调节身体动作去配合速度；5—6岁幼儿能辨别与理解快慢的所有变换关系。在速度方面，对幼儿来说，最难辨别与操作的是严格的匀速。在歌唱与演奏时，幼儿比较容易越来越慢或越来越快。

2. 幼儿音乐感受系统的发展特征

感受系统的结果是情感，那么，能被幼儿感受到并激发出其情感的东西是什么？苏联音乐心理学家苏菲·艾克塞姆普拉斯基的研究结论表明，幼儿在与音乐交集时，以下三种要素是激发幼儿兴趣与本能的关键。

（1）音量要素是幼儿最主要的音乐兴趣。这里所说的音量不是单纯地指音的强弱、音的大小，而是指丰富、完美、令人异常愉悦、悦耳动听的音。总之，对幼儿来说，音乐首先是动听的声音。钢琴能对幼儿产生吸引力，首先不是因为钢琴演奏出来的音乐作品，而是因为钢琴能发出好听的声音，这些声音本身吸引着幼儿。这一研究结果提醒我们：第一，在让幼儿感知器乐作品时，我们有责任让幼儿听到最好的音响效果，劣质的音响源与音响设备会阻碍幼儿对音乐的兴趣；第二，在让幼儿感知器乐作品时，教师尽量少用嗓音，幼儿感兴趣的是丰满的音响效果，而不是教师唱出来的几句旋律；第三，在歌唱教学中，教师发出悦耳的声音非常重要。如果教师歌唱的声音本身对幼儿缺少吸引力，那么歌唱学习就难以让幼儿充满兴趣；第四，对打击乐器的演奏，幼儿感兴趣的是让他自己探究如何发出好听的声音并演奏，而不是一板一眼地非得按照教师要求的拿乐器的方式、教师要求的节奏型去打击。

（2）运动是幼儿对音乐感兴趣的第二重要因素，换言之，幼儿感兴趣的是让他用身体动作来感知、感受音乐。儿童的音乐感是由身体肌肉感引领的，这一观点在音乐教育界已经达成共识。对幼儿来说，通过倾听、静坐来感知音乐是不可能的，对音乐进行感知、理解、解释的过程就是幼儿身体运动的过程。幼儿对节奏感兴趣是因为他能跟着节奏做肌肉动作，也正是通过肌肉动作，幼儿感知到了节奏；幼儿对旋律感兴趣是因为这种旋律能被他唱出，也正是通过唱他感知到了旋律。

（3）让幼儿感兴趣的音乐作品类型是"关于"某些事情的音乐。关于小动物、小河、小湖、小星星、树林的音乐，讲着小熊一家、小朋友不听话、来了小客人的故事的音乐，都让幼儿沉迷。总之，音乐必须要有与幼儿生活相关的内容，这些内容吸引着幼儿。从音乐本体的特性来说，再现性的音乐是幼儿的最爱。所以，歌曲比器乐曲更能直接吸引幼儿，因为歌曲的歌词都是关于某个事物或对象的。在所有歌曲中，具有故事情节的歌曲是幼儿的兴趣之最，边歌唱边表演故事、扮演角色给了幼儿莫大的享受。对于器乐曲，当然首推有标题的音乐，因为音乐的标题往往把音乐内容主题给标示出来了，幼儿可根据标题展开联想，编造音乐可能发生的故事。

第三节　幼儿园音乐教育的目标与关键经验

　　教育是人类一种自觉的、有目的的、有计划的社会实践活动，它的自觉性、目的性和计划性表现在，在实施之前，人们就对教育结果有了一种期望，这种预先的期望就是教育目标。幼儿园音乐教育目标就是以标准形式呈现的、对幼儿园音乐教育的预先期望，它不仅制约着幼儿园音乐教育的整个实施过程，也是幼儿园一切音乐教育行为的出发点和最终归宿。

　　幼儿园音乐教育的关键经验则是指幼儿园音乐教育活动中，带给幼儿的、最基本的、最核心的学习经验，它包括幼儿音乐关键经验与幼儿音乐学习中的关键经验两部分。幼儿音乐关键经验在幼儿的音乐经验系统中起节点和支撑作用，具有音乐领域的特殊性。幼儿音乐学习中的关键经验强调音乐经验的形成依赖非音乐经验，强调幼儿音乐学习的过程是由非音乐经验走向音乐经验的过程。

　　幼儿园音乐教育的目标与关键经验具有紧密的关系：第一，关键经验是音乐教育目标中最基本、最核心的内容；第二，音乐教育目标比关键经验更具体、细化。不同类型的音乐教育活动具有不同的教学目标，但关键经验是相同的。

一、幼儿园音乐教育的目标

下面我们呈现幼儿园音乐教育目标的具体内容，包括总目标内容与年龄目标内容。

（一）幼儿园音乐教育总目标

2001 年版《幼儿园教育指导纲要（试行）》中的艺术教育总目标如下。

（1）能初步感受并喜爱环境、生活和艺术中的美；

（2）喜欢参加艺术活动，并能大胆地表现自己的情感和体验；

（3）能用自己喜欢的方式进行艺术表现活动。

这一总目标是从感受与表现两个维度来表述的，其中感受维度又分为第一条的感知维度与第二条的情感维度。对幼儿园音乐教育领域的实践工作者而言，我们还要熟悉幼儿音乐感知方面的目标和音乐表现方面的目标。

1. 音乐感知目标包括几个方面[1]

（1）节奏
- 稳定的节拍
- 疏密节奏型
- 强拍与弱拍
- 休止符

（2）旋律
- 声音的高与低

---

[1] 此目标为作者依据美国国家音乐标准总结而成。

- 旋律的上行与下行
- 旋律的级进与跳进

（3）音色

- 悄悄话、说话、唱、喊四种音色
- 打击乐器的音色
- 生活环境中的音色
- 自然界中的音色
- 机器的音色
- 钢琴、小提琴、吉他等乐器音色

（4）速度

- 快与慢
- 渐快与渐慢

（5）织体①

- 声势、舞蹈中的多层次
- 有伴奏与无伴奏比较
- 伴奏厚与薄的比较

（6）力度

- 轻重
- 渐弱、渐强

（7）结构

- 模仿句
- 问答句

---

① "织体"这一术语出自纺织行业，指织布机织布时纵线与横线不停交织后产生的一种视觉上的立体状态。音乐作品横向的句段结构与纵向的和声不停交织后产生的一种音响立体结构状态与织布中的织体状态很像，仅是听觉与视觉的差异，所以音乐领域借用了纺织业的这一术语。音乐领域在使用"织体"这一术语时，一般指横向的句段与纵向的和声在一起的音响结构，但也有其他状态的使用情况。在此处阐述幼儿园音乐教育目标时，由于幼儿园没有和声目标内容，纵向结构的层次局限于没有固定音高的打击乐层次、舞蹈动作层次以及有伴奏、无伴奏层次，这些纵向结构音响的立体性很明显，但又不是和声，所以只能把这种纵向立体性音响结构也用织体来指称。织体厚就是指纵向层次多或乐器多，织体薄则相反。

- 重复句
- 主副歌
- 三段体、回旋体
- 引子

（8）风格

- 摇篮曲
- 进行曲
- 舞曲

2. 音乐表现目标包括几个方面[①]

（1）节奏

- 稳定的节拍——用身体移动动作表达
- 疏密节奏型——用手的动作、身体动作、歌唱三种方式表达
- 强拍与弱拍——用身体移动动作、歌唱方式表达
- 休止符——用身体移动动作、歌唱方式表达

（2）旋律

- 声音的高与低——用讲故事、身体动作、歌唱三种方式表达
- 旋律的上行与下行——用身体动作、歌唱方式表达
- 旋律的级进与跳进——用身体动作、歌唱方式表达

（3）音色

- 悄悄话、说话、唱、喊四种音色——用说、歌唱方式表达
- 打击乐器的音色——用说、打击乐演奏、即兴创作三种方式表达
- 生活环境中的音色——用说、打击乐演奏、即兴创作三种方式表达

---

① 此目标为作者依据美国国家音乐标准总结而成。

- 自然界中的音色——用说、打击乐演奏、即兴创作三种方式表达
- 机器的音色——用说、打击乐演奏、即兴创作三种方式表达
- 钢琴、小提琴、吉他等乐器音色——用说、身体动作、打击乐演奏三种方式表达

(4) 速度

- 快与慢——用身体动作、打击乐演奏、即兴创作三种方式表达
- 渐快与渐慢——用身体动作、打击乐演奏方式表达

(5) 织体

- 声势、舞蹈中的多层次——用说、身体动作方式表达
- 有伴奏与无伴奏比较——用身体动作、即兴创作方式表达
- 伴奏厚与薄的比较——用身体动作、即兴创作方式表达

(6) 力度

- 轻重——用身体动作、歌唱、演奏打击乐、即兴创作四种方式表达
- 渐弱渐强——用身体动作、歌唱、演奏打击乐、即兴创作四种方式表达

(7) 结构

- 模仿句——用歌唱、身体动作、打击乐演奏三种方式表达
- 问答句——用身体动作、歌唱、打击乐演奏三种方式表达
- 重复句——用身体动作、歌唱、打击乐演奏三种方式表达
- 主副歌——用身体动作、歌唱方式表达
- 引子——用打击乐演奏、即兴创作方式表达

(8) 风格

- 摇篮曲——用身体动作、歌唱、说三种方式表达
- 进行曲——用身体动作、歌唱、说三种方式表达
- 舞曲——用身体动作、歌唱、说三种方式表达

（二）幼儿园音乐教育年龄阶段目标

在呈现幼儿园音乐教育年龄阶段目标时，需要做出两点说明：第一，由于感知目标与表现目标的内容指向是共同的，而感知是意识内的东西，很难评价，所以我们只呈现表现目标。第二，由于幼儿获得音乐经验的成熟条件与获得数理逻辑经验的成熟条件不同，数理逻辑经验有明确的年龄成熟条件与年龄界限，而获得音乐经验的成熟条件在 4 岁前后这段时间可能有比较明显的区别，在 5 岁前后没有非常明显的区别，所以我们只把幼儿园阶段音乐教育的年龄目标分为两阶段：3—4 岁（小班）与 4—6 岁（中、大班）。

表 1-3-1　幼儿园分年龄音乐教育的表现目标

3—4 岁	4—6 岁
一、节奏	
1. 稳定的节拍 ①用不移动动作合拍 ②用移动动作合拍 ③按二拍韵律进行身体摇摆	④用不移动与移动动作合强拍 ⑤按二拍、三拍韵律对 $\frac{6}{8}$ 拍、$\frac{3}{4}$ 拍音乐进行身体摇摆 ⑥用不移动与移动动作合弱拍 ⑦合速度与拍子交替的音乐
2. 疏密节奏型 ①合语言节奏的朗诵与身体打击 ②合音乐节奏的身体打击 ③节奏与节拍的分离	④分辨休止 ⑤分辨强拍节奏型 ⑥分辨弱起拍节奏型 ⑦分辨先紧后松节奏型 ⑧分辨紧凑与舒展节奏型
二、旋律	
1. 声音的高与低 ①分辨八度距离声音的高与低 ②分辨八度内声音的高与低	③继续分辨八度距离声音的高与低 ④继续分辨八度内跨度较大的高低声音 ⑤分辨五度、四度、三度跨度的高低声音
2. 旋律的上行与下行	①分辨级进上行与下行旋律轮廓线 ②分辨上行与下行旋律轮廓线

续表

3—4岁	4—6岁
3. 旋律的级进与跳进	①分辨级进旋律轮廓线 ②分辨跳进旋律轮廓线
三、音色	
1. 日常音色 ①探索生活环境中的音色 ②探索自然现象中的音色 ③探索各种动物的音色 ④探索机器的音色	⑤进一步探索生活环境中的音色 ⑥进一步探索自然现象中的音色 ⑦进一步探索各种动物的音色 ⑧进一步探索机器的音色
2. 打击乐器的音色 ①玩木质打击乐器 ②玩塑料质地打击乐器 ③玩铁质打击乐器 ④玩有固定音高的打击乐器	⑤分辨木质打击乐器的音色 ⑥分辨塑料质地打击乐器的音色 ⑦分辨铁质打击乐器的音色 ⑧分辨特殊音色打击乐器的音色
3. 人声 ①分辨说、唱、悄悄话与喊叫	②分辨童声与成人声 ③用嗓音模仿童声与成人声
4. 乐器音色	①分辨中国乐器的音色 ②分辨西洋乐器的音色
四、速度	
1. 快与慢 ①用不移动与移动动作合中速音乐 ②用不移动动作合快速音乐 ③用不移动动作合慢速音乐	④用移动动作合快速音乐 ⑤用移动动作合慢速音乐 ⑥在快速中完成二拍与三拍的身体摇摆 ⑦在慢速中完成二拍与三拍的身体摇摆 ⑧用移动动作合快、慢速交替音乐
2. 渐快与渐慢	①用身体动作表达渐快 ②用身体动作表达渐慢 ③用身体动作表达渐快与渐慢的交替

续表

3—4 岁	4—6 岁
五、织体	
1. 打击乐（包括身体打击与乐器打击）、舞蹈中的多层次	①分辨身体打击乐合作中的层次 ②分辨踢踏舞、铃圈舞中的层次 ③独立完成身体打击的多层次
2. 有伴奏与无伴奏比较	①分辨歌唱的有伴奏与无伴奏 ②歌唱与打击乐伴奏的合作 ③合作多层次的打击乐伴奏
3. 织体厚与薄的比较	①分辨钢琴伴奏与管弦乐伴奏的不同 ②分辨独奏与合奏 ③合作回旋曲的打击乐表演
4. 多声部歌唱	①分辨领唱与齐唱 ②合作二声部歌唱
六、力度	
1. 轻与重 ①用身体动作表达轻与重 ②用打击乐器表达轻与重 ③分辨音乐中的轻与重 ④用说话嗓音表达轻与重	⑤进一步用身体动作表达轻与重 ⑥进一步用打击乐器表达轻与重 ⑦用歌唱嗓音表达轻与重
2. 渐强与渐弱	①用身体打击表达渐强与渐弱 ②用打击乐器表达渐强与渐弱 ③用嗓音表达渐强与渐弱
七、结构	
1. 模仿句 ①能模仿老师歌唱	②用打击乐器表达模仿句
2. 重复句 ①能模仿老师歌唱	②用打击乐器表达重复句 ③为重复句创编不同的歌词并自如歌唱 ④为器乐曲的重复句创编同样的动作

续表

3—4 岁	4—6 岁
3. 问答句 ①能模仿老师歌唱	②用打击乐器表达问答句 ③为问答句创编歌词并自如歌唱
4. 主副歌	①为主副歌创编不同风格的动作 ②分辨主副歌歌曲中的主段与副歌 ③为主副歌配不同风格的打击乐伴奏
5. 三段曲、回旋曲	①以重复动作的方式找出三段体中重复段 ②为三段体乐曲配伴奏 ③以重复动作的方式找出回旋体作品中的重复段 ④即兴合作打击乐回旋曲
6. 引子	①分辨歌曲中的前奏 ②分辨乐曲中的引子 ③为歌曲配前奏 ④即兴创作打击乐合奏引子
八、风格	
1. 摇篮曲 ①在老师鼓励下，能抱娃娃唱摇篮曲	②独立歌唱二拍摇摆的摇篮曲 ③独立歌唱三拍摇摆的摇篮曲 ④理解没有歌词的摇篮曲，即抒情乐曲
2. 舞曲	①理解舞曲一般是活泼的乐曲 ②能用二拍、三拍身体摇摆的方式跳几类典型的舞蹈 ③能把舞曲中一些典型的节奏型迁移到打击乐演奏中
3. 进行曲	①理解进行曲一般都是适合行进的 ②理解进行曲本身也有多种风格

二、幼儿园音乐教育的关键经验

我们把幼儿园音乐教育的关键经验分为五项，这些关键经验是幼儿成功应对集体、小组或个别音乐活动的基础，对幼儿在所有类型音乐活动中的表现都具有重要影响。这些音乐教育方面的关键经验可以协助幼儿在所有类型音乐活动中取得成功，因为它们能：（1）为使用身体来学习的幼儿提供大量用身体动作进行表达的机会，提升动作表征水平；（2）通过身体动作发展幼儿稳定的节拍感，而节拍感是一切音乐能力的基石；（3）通过身体动作发展幼儿对音乐句段结构的敏感性，最终获得随乐表演的经验；（4）通过身体动作表达乐曲内容，可以为幼儿提供愉悦地进行音乐表演的途径与气氛，进而形成节奏意识与旋律意识；（5）使用语言描述熟悉的生活内容，进而描述歌词内容与身体动作，最后能对音乐的快慢、轻重、高低、重复与变化、句子与段落、喜悲等音乐元素与情绪特征做出描述，语言描述是音乐概念形成的重要辅助工具。

具体的音乐关键经验如下。①

关键经验1：合拍做动作（用身体动作表达出音乐节拍的稳定特质）；

关键经验2：合音乐结构做动作（用身体动作表达出音乐的句子与段落）；

关键经验3：具有旋律轮廓线地歌唱（能唱出歌曲中每一个句子的旋律起伏，但句子间的音程跳动容易迷失）；

关键经验4：用语言描述音乐内容与形式（包括用语言描述身体动作、音乐内容、音乐元素、组织形式与情绪特征）；

关键经验5：用动作描述音乐内容与形式（包括对音乐内容与音乐元素、组织形式与情绪特征的动作表现）。

在以上五种关键经验中，前三种为音乐关键经验，后两种为支撑音乐学

---

① 本书中所提出的音乐关键经验是在借鉴美国国家音乐标准、美国51个州的音乐领域教育标准以及高瞻课程的研究之基础上，结合作者本人多年研究成果得出的结论。

习的非音乐关键经验。幼儿的音乐学习与发展依赖于后两种与语言、动作有关的非音乐关键经验。音乐关键经验与非音乐关键经验相互交织、彼此促进，共同构成幼儿音乐学习中所需要获得的关键经验。

（一）幼儿园音乐教育关键经验的分类

以上五项关键经验可以分成三类：节奏关键经验、旋律关键经验与描述关键经验。下图对三类音乐关键经验的类属做出了说明。

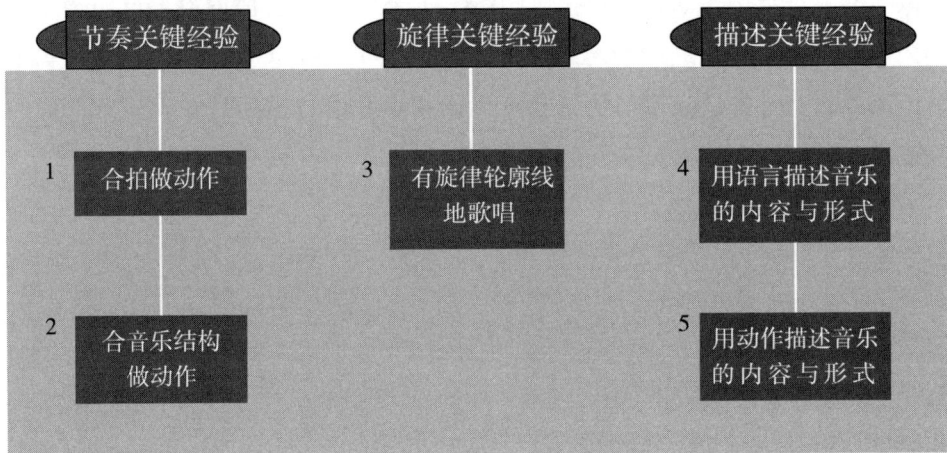

节奏关键经验	旋律关键经验	描述关键经验
1 合拍做动作	3 有旋律轮廓线地歌唱	4 用语言描述音乐的内容与形式
2 合音乐结构做动作		5 用动作描述音乐的内容与形式

在音乐教育活动中，节奏关键经验是指合拍做动作与合音乐结构做动作，合起来统称合乐做动作；旋律关键经验指有旋律轮廓线地歌唱；描述关键经验包括对音乐的内容与形式进行动作与语言的描述。在五项关键经验中，节奏与旋律关键经验属于音乐经验，是标识音乐能力的最终指标。而与动作和语言有关的描述关键经验不属于音乐经验范畴，一个人动作水平再高，语言能力再强，没人会认为他是音乐上的专家。但是，动作与语言经验是幼儿园音乐教育中不可或缺的工具性关键经验，运用、发展动作与语言经验对获得音乐经验具有巨大的推动作用。例如，动作经验是获得节奏经验的重要前提，动作经验（能力）与节奏经验（能力）仅一步之遥。在音乐活动中，教师小小的一个推力（让幼儿的本能动作合上音乐）就能使幼儿由动作经验走向节

奏经验。再如，语言是思维的工具，音乐实践活动中的身体动作、歌唱、演奏等都需要用语言来梳理步骤、方法，需要用语言反思、评价实践的过程与结果，语言经验的丰富能够加速幼儿音乐经验的获得。

（二）幼儿园音乐教育三类关键经验的含义

1. 节奏关键经验

在音乐理论知识中，节奏是指音的长短关系，节拍是指时值相等的强弱交替规律，而拍子是节拍的单位。在音乐经验中，提到节奏经验时，"节奏"的含义是广义的，涵盖音乐理论知识中所说的节奏与节拍两个概念。狭义的节奏经验是指对音符时值变化的感受与反应，狭义的节拍经验是指对拍子稳定特性的感受与反应。音乐经验中的节奏经验包括了狭义的节奏经验与狭义的节拍经验。但是，幼儿园音乐教育关键经验中的节奏关键经验特指节拍经验，是指对音乐中拍子稳定特性的感受与反应。节拍经验在音乐学科中处于基石的位置，节拍经验外的所有音乐经验都是在稳定节拍感的前提下建立起来的，节拍经验的获得有利于所有其他音乐经验的迁移及对音乐的深层理解。

（1）合拍做动作

合拍做动作是指根据拍子节律，一拍一下地做身体动作。合拍的要旨不只是有拍子，而是拍子一如既往地稳定，如果一首歌曲由 16 拍构成，合拍做动作不是指做了 16 下动作，而是指这 16 下动作是自始至终稳定发出的。引导幼儿合拍不能靠语言指令，而要靠教师准确的示范，单通过语言很难让幼儿理解什么是合拍，幼儿感受与掌握合拍要在大量的动作模仿活动中完成，所以，教师在动作表演中的稳定拍感是幼儿获得稳定拍感的充分必要条件。

（2）合音乐结构做动作

在幼儿园音乐教育中，音乐结构指音乐的句子与段落结构。合音乐结构做动作是指随着音乐的句子与段落变化做出相应的动作。就句子结构而言，身体动作要具有句子的起与落标记；就段落结构而言，身体动作的性质符合每一段音乐的性质。

合音乐结构做动作其实质是合音乐性质做动作，它把音乐的速度、力度、情绪、音色等所有音乐非核心元素①的特征"一网"打尽，它是进入音乐理解境界的指标。

2. 旋律关键经验：有旋律轮廓线地歌唱

旋律经验通俗地说就是准确歌唱的能力，能准确歌唱就是建立了音准概念。测查一个人是否建立了音准概念，可以采取以下四个步骤。

步骤一，耳朵辨认出音的高低；

步骤二，能准确模唱；

步骤三，唱准音程；

步骤四，能移调歌唱音阶。

这四个测查步骤也就是音准概念建立的四个标志，任何人建立音准概念都会经历这四个标志性的阶段。

就幼儿而言，音准概念的建立需要两个必要条件：第一，环境中存在具有音准概念的榜样人物；第二，环境中具有随时可以操作的音高乐器。目前我国很多幼儿园并不具备这两个条件，所以，我国幼儿园音乐教育中的旋律关键经验很难走向准确歌唱。因此，在建立音准概念的四级指标中，我们只能努力完成一、二级指标，第三、四级指标是达不到的。而处于一、二级指标的人，他们的歌唱处于对旋律有意识的阶段，又称"有旋律轮廓线地歌唱"阶段。

"有旋律轮廓线地歌唱"指四步骤中的前两个步骤。达到这两个步骤时，幼儿已经意识到音是有高低的，也能意识到音的"空间"位置，但还不能通过自己的嗓音准确地表达出音的"空间"位置。就幼儿来说，"有旋律轮廓线地歌唱"是指幼儿能把歌曲中句子的旋律线有意识地唱出来，但还缺少把握句子与句子之间音程跳动的能力。

① 我们把音乐元素分为核心元素与非核心元素两类，核心元素为节奏与旋律两种元素，非核心元素包括音色、速度、力度、织体等，把核心音乐经验规定为节奏与旋律的依据也来自于此。

3．描述关键经验

描述关键经验是指用一种符号去解释另一种符号，或者用同一种符号做出不同解释的经验。

（1）用语言描述音乐的内容与形式

语言经验能够推动幼儿音乐经验的形成，在描述音乐的内容与形式方面，语言有大量工作可做。

第一，用语言描述音乐的内容。

音乐内容可以用语言描述，也可以用动作描述，于是语言肩负着描述音乐内容与身体动作状态的双重任务。在描述音乐内容方面，语言把音乐主题所表达的人物、事物、事件、情境等内容做出生活化、戏剧化的说明，借助这些语言描述，展现出幼儿对音乐内容的理解程度。在描述身体动作状态方面，语言可以把包括动作类型（跳、走、爬、飞、飘等）、动作方位（侧、前、后等）、动作高低层次（高、中、低等）的各种动作状态表达出来，借助这些语言描述，可以对幼儿用动作表达音乐内容的思维过程进行梳理，使幼儿的动作表现行为更具目的性，而不是停留于本能水平。

第二，用语言描述音乐的形式。

音乐形式包括音乐元素、音乐组织手法、音乐情绪特征等内容。在幼儿园音乐教学中，让幼儿用语言描述音乐形式特征的活动不能单独存在，离开音乐操作活动的语言描述是无意义的。然而，在幼儿已经使用身体动作、嗓音、乐器等体验过某种音乐元素的特征、组织手法或音乐情绪时，可以请幼儿用语言描述这种音乐特征，这种操作体验与语言描述交织使用的方式有利于幼儿音乐概念的建立。

用语言描述音乐元素。 音乐元素是指构成音乐的基本要素，具体为节奏、节拍、旋律、音色、力度、速度、调式、和声等。每一音乐作品都涉及这些音乐的基本要素，但是每一作品又往往会在一个或几个要素上表现出特色。某一音乐作品特别凸显的某种或几种音乐元素，正是音乐教学内容的重点，这些重点内容不仅需要幼儿通过操作方式来感受与反应，而且也需要幼儿能用语言做出反应。比如，这首歌曲的速度是快的、慢的还是中速的？这一句为什么要唱得特别轻或特别重？这一句的旋律是从高到低，还是从低到高？哪一句的声音应该唱得很粗、很重，哪一句要唱得细细的、柔柔的？这些问题都是有关音乐元素的。在幼儿表演过程中，教师能及时、清晰地提出这些问题，让幼儿思考与回答，可以帮助幼儿梳理音乐思维，使幼儿的音乐表演更具有目标指向性，从而更加有效。

用语言描述音乐组织手法。　音乐组织手法包括重复、对比及曲式结构等。音乐作品是音乐重复与变化的交织过程。在音乐活动中，幼儿不仅需要用耳朵分辨音乐作品句子、段落的重复与变化，而且需要用重复与变化这些音乐术语来描述音乐中出现的重复与变化。在幼儿园音乐教学情境中，幼儿用语言表达音乐的重复与变化是有条件限制的，是以身体动作这一表达方式为中介来表达的。例如，一个 ABA 三段体的音乐作品，我们不能直接通过耳朵听来让幼儿回答这个曲子有几段，哪两段是重复的。这种直接死教知识的方式对幼儿来说是无效的。我们一般会通过情境中角色的冲突来解释这首曲子的三段结构。最常见的，第一段，弱小动物出来了；第二段，凶猛动物出来了，弱小动物逃跑或躲藏；第三段，危险解除，弱小动物又出来了。幼儿通过动作表演体验三段音乐的相同与不同，在顺利完成动作表达后，才能进入让幼儿用语言来表达这个音乐"开始谁出来了、做了什么""后来谁出来、做了什么""最后谁出来、做了什么"等这样的结构方面的概念。

用语言描述音乐情绪特征。　就 3—6 岁儿童的音乐学习而言，我们可以把音乐情绪特征集中在三种体裁特征范围：摇篮曲、舞曲与进行曲。这三种体裁凸显了三类音乐情绪：像摇篮曲一样慢速、抒情、柔和的音乐，像舞曲一样快速、活泼、跳跃、欢乐的音乐，像进行曲一样中速、适合行走的音乐。不同的音乐情绪特征就会有不同的动作、嗓音、演奏等表现方式，所以，能用语言描述歌曲的情绪特征时，幼儿的表演才更具目的指向性，从而进入音乐理解的层面。

（2）用身体动作描述音乐的内容与形式

就歌曲而言，音乐内容即歌词；就器乐曲而言，音乐内容是指音乐形式所表达的音乐形象，这种音乐形象一般需要教师的二度创作，绝大多数乐曲本身并没有清楚地交代音乐形象。

音乐形式包括音乐元素、音乐组织手法、音乐情绪特征等内容。音乐形式元素，包括核心元素（节奏与旋律）和非核心元素（音色、速度、力度、织体等）。在幼儿园音乐教育领域内，我们往往对音乐组织手法、音乐情绪特征进行了概括与简化，使之进入音乐元素范畴。因而，我们可以把音乐形式元素统称为八大元素（具体参看本书前面幼儿园音乐教育目标中所列的八大标准）。

用身体动作表达音乐的内容与形式属于音乐想象范畴，是把头脑中已经建立的音乐形象用身体动作类比出来。这种类比的心理过程是一种动作探究，而探究是否能切实展开并深入的关键在于，教师能否使幼儿真切地感受到音乐的内容与形式，从而在幼儿的头脑中形成音乐形象。

第四节 幼儿园音乐教育的内容

新中国成立后，我国幼儿园音乐教育的传统是把教育活动内容划分为歌唱、韵律、欣赏、打击乐四种类型。但是，在 20 世纪末、21 世纪初，世界音乐教育格局发生了巨大变化：由审美音乐教育一统天下转向审美与反思性实践音乐教育各占半壁江山，以及审美音乐教育逐渐走向弱势。这种变革的背后是音乐教育价值的重新确认：认为音乐是听觉艺术，音乐教育是培养欣赏者的价值观被质疑；认为音乐是实践艺术，音乐教育是从事音乐操作活动进而发展独立人格的价值观被确立。这场变革对学前教育的直接影响表现为，在美国 51 个州的早期儿童发展指南中，所有州都把律动作为艺术教育的一项内容，超半数的州把律动单独作为一个艺术领域，从而与音乐、美术等艺术分领域"平起平坐"。毋庸置疑，律动（合节拍地做动作）是学前儿童音乐操作的核心内容。幼儿对各类身体动作（包括生活自理能力操作）的学习抱有"宗教"般的虔诚，以律动方式来突破幼儿在音乐感受中的瓶颈，已在世界范围内达成共识。

21世纪开始以来，我国的幼儿园音乐教育改革实践也证实：无论是歌曲还是器乐曲，在音乐感受环节，我们都离不开律动这一操作途径。鉴于此，我们"解构"了韵律活动①，因为它已经重要到不只是一种教育活动类型，而是每一类音乐教育活动都离不开它，它贯穿在所有的音乐教育活动中。所以，我们把幼儿园音乐教育内容的类型重新划分为以下五种：歌唱、欣赏、打击乐、集体舞、音乐游戏。此划分的依据是音乐作品的最终表现方式。最终表现方式为歌唱或用嗓音表现的，即为歌唱活动；最终表现方式为身体动作表现的，即欣赏教育活动；最终表现方式为演奏的，即为打击乐活动；最终表现方式为集体合作舞蹈的，即集体舞活动；最终表现方式为有竞争性游戏规则表演的，即音乐游戏活动。

一、歌唱活动

幼儿园歌唱教育活动是指针对某一歌曲展开的音乐实践活动，其最终目标是指向旋律关键经验，即嗓音表现。

（一）幼儿歌唱的要点

姿势。　保持身体和头部的正直、放松；两臂自然下垂或放在腿上；两眼平视，两肩放松；口形保持长圆形，嘴唇动作自然，根据正确咬字及发音的需要适当地张开嘴，避免嘴角向两边延伸呈扁圆形。

呼吸。　自然吸气，均匀地用气，尽量在呼吸时一次吸入足够的气息并保持住，然后在歌唱时根据乐句和表情的需要，慢慢地、有节制地运气。在呼吸时不抬头、不耸肩、不发出很大的吸气声，不要在乐句的中间随便换气，尽量按照乐句的规律来换气。

---

① 韵律活动：以律动的方式展开的音乐教育活动。

发声。 下巴放松，嘴巴自然打开歌唱；不大声喊叫，也不过分克制音量，声音自然。

咬字、吐字。 一方面要培养幼儿吐字器官——唇、齿、舌、喉之间互相配合、协同动作的习惯，另一方面要让幼儿区别歌唱中汉语的声母与韵母。一般而言，歌声的延长主要依靠韵母，韵母能使歌声流畅并富有色彩变化。声母的发音部位和发音方法需要根据歌曲性质来区别对待：演唱轻柔、抒情的歌曲，不必太强调声母；演唱雄壮、有力的歌曲，声母的发音则要相对有力。

协调一致。 是指在集体歌唱活动中，幼儿掌握一些正确地与他人合作的行为习惯，具体表现为：首先，不使自己的声音突出，能够将自己的歌声融入集体的歌声中；其次，在接唱、轮唱、合唱等不同表演活动中，能够做到准确地与他人、他声部相衔接，保持在音量、音色、节奏等方面的协调，在声音、脸部表情与动作上和谐一致。

嗓音保护。 不大声喊叫、歌唱，不在剧烈运动时或运动后大声地歌唱，不长时间地连续歌唱，不在空气污浊的环境中歌唱，不在咽喉发炎、嗓子红肿时歌唱。

（二）幼儿歌唱的基本形式

独唱。 一个人独立地歌唱或表演唱。

齐唱。 多人在一起整齐地唱同一首歌曲。

接唱。 将一首歌曲分成几个乐句，分组或一个一个人轮流、一句句地唱。

对唱。 个人与个人、小组与小组之间，以问答方式各自唱歌曲中的问句和答句。

领唱、齐唱。 由一个人或几个人唱歌曲中比较主要的部分，集体唱歌曲中配合的部分。

轮唱。 两个声部、按一定间隔，先后开始唱同一首歌曲。

合唱。 两个不同声部相配合的集体演唱。适宜于幼儿的合唱形式有三种：（1）同声式，指两个旋律、和声相同。可以一个声部唱歌词，另一个声部用同一旋律唱衬词；可以一个声部用哼鸣的方式唱旋律，另一个声部按韵律朗诵歌词。（2）固定低音式，指一个声部唱歌词，另一个声部唱固定音型或延长音。（3）填充式，指一个声部唱歌词，另一个声部在歌曲的休止音或延长音部分适当填充词或音进行歌唱。

（三）幼儿园歌唱活动中的教师范唱

从来源来分，范唱可分为教师亲身范唱与媒介范唱两种类型。在音乐教育界，关于教师亲身范唱与媒介范唱到底孰优孰劣的争论相当激烈，双方各执一端，各有各的道理，难以定论。争论的焦点在于两种范唱使用条件的把握，而非两种范唱类型本身。在绝对条件状态下，即教师的亲身范唱可以达到表演水准的情况下，亲身范唱一定是优于媒介范唱的。这时，教师亲身范唱的优势在于：（1）教师即兴、现场的演唱是活生生的，富有灵气的，充分体现了音乐艺术的本质是表演艺术；（2）教师即兴、现场的演唱方式，能形成表演者和欣赏者现场的互动与交流，这种现场的互动、交流最能感染幼儿的情感，最能激发幼儿的模仿欲望。问题在于，目前，幼儿园教师中能达到亲身范唱这种绝对水平者很少，这种情况下，用质量较好的、达到表演水准的歌唱录音带替代教师的亲身范唱，可以达到更好的范唱效果。这时，媒介范唱的优势在于：（1）最大可能地保持了原作品的形象完整性，又在准确再现的基础上进行了再创作，具有比较高的艺术魅力；（2）对一些歌唱水平较差、自弹自唱能力较低的教师来说，是一种教学上的支持与帮助，如果运用得当也不会阻碍师幼间的情感交流。

二、欣赏活动

幼儿园欣赏教育活动是指针对某一乐曲或歌曲展开的音乐实践活动，其最终目标是指向节奏关键经验中的身体动作表现。

（一）"幼儿园音乐欣赏"概念的重新界定

以往，我国幼儿园音乐教育方面的图书对"幼儿园音乐欣赏"这一概念的界定还基本停留在审美音乐教育的框架内，认为"幼儿园音乐欣赏"是让幼儿通过倾听音乐，对作品进行感受、理解、初步鉴赏的一种审美活动。

我们认为，只通过倾听音乐，幼儿很难进入对作品进行感受与理解的层面，幼儿的感受与理解离不开身体肌肉经验，所以，幼儿园音乐欣赏的过程应该是幼儿进行身体动作操作的过程。所以，我们认为，"幼儿园音乐欣赏"是指让幼儿通过身体动作操作对音乐作品进行感受、理解、表现的一种音乐实践活动。简单地说，幼儿园音乐欣赏活动就是一种律动活动，从幼儿用身体动作表达音乐开始，经历教师对幼儿身体动作表达的改造、合乐等提升过程，最后就是幼儿能用身体动作合乐地表达音乐中的情绪与形象化内容。

（二）幼儿身体动作的类型

从动作形态的角度来分，我们可以把幼儿在欣赏活动中的身体动作分成三种类型。

第一，非移动式的身体动作，指身体在个人空间或固定位置上所做的动作，可以是躺着、坐着、跪着与站着。这些动作可能是手臂的单独移动，或者是脚的单独移动；可能是在坐着、躺着时双手以及双脚的移动；也可能是躯干或头部的移动。

第二，移动式的身体动作，指身体在公共空间到处移动，如步行与跑步，双脚跳与单脚跳，并步跳与蹦跳。移动式动作涉及重心在双脚间的转移，通常比非移动式动作需要更多的力气与更好的平衡。

第三，与物体一起做身体移动，指当物体伴随身体时，做一些非移动或移动的动作。进行这类动作时，有时是手拿一些物体，如布袋、棒子；有时则是以脚移动物体，如球、踏板；弹奏乐器、跳绳也属于与物体一起做身体移动的动作。

（三） 对每类身体动作进行多维度的探索

为了在欣赏活动中更好地做动作，教师应让幼儿探索以上三种身体动作可能涉及的所有维度。通过探索，幼儿会逐渐理解与身体动作相关的时间、空间概念，进而在随乐做动作时有开阔的思路与唾手可得的动作储备。

1. 非移动动作的探索

（1） 意识到身体的部分与整体

◇让幼儿意识到整个身体的动作，如原地转腰、原地弯腰、坐在小椅子上抱腿等。

◇让幼儿意识到孤立的一个身体部位的动作，如坐着做手腕转动、头的转动等动作。

◇让幼儿意识到由一个身体部位发起，然后带动其他身体部位的动作。例如，先用手指画圈，然后牵动手腕画圈，再进入到用手肘画圈、手臂画圈，一直到用整个身体画圈；再比如，先动脚指头，然后动膝盖、手肘、头、舌头、眼睛。

（2） 意识到空间

◇意识到私人空间。例如，可以做"泡泡"游戏活动：想象一个"泡泡"，它落下来，接住它；拿出一个吸管，吹大那个"泡泡"；吹啊吹，吹得很大，大到把自己装进"泡泡"中。当把自己装进"泡泡"中时，我们就只能在"泡泡"中活动，这个"泡泡"的内部就是私人空间。

◇意识到在私人空间中的直接与非直接路线。例如，直接把手举过你的头顶，这是在私人空间中的直接路线；把手扭来扭去举到你的头顶，这是在私人空间中的非直接路线。

（3）意识到层次

◇意识到在私人空间内的高层次、中等层次、低层次。例如，还是刚才的"泡泡"游戏，想象自己如何在"泡泡"中把手从最高的地方移到最低的脚边。

（4）意识到重量

◇意识到重与轻。例如，想象在雨中踏水坑的情境，为了把水溅起来，我们把脚踏得越重越好；如果不想把水溅起来，那就要走得越轻越好。

2. 移动动作的探索

（1）意识到身体的部分与整体

◇边移动边做整个身体的动作。

◇边移动边孤立地做一个身体部位的动作。

◇一个身体部位引领的移动动作。例如，教师用假想的钓鱼竿做游戏，假想钓到幼儿的耳朵、膝盖、肩膀、后背等部位，幼儿由这个部位带着走。

◇由一个部位发起的移动动作。例如，先用手指画圈，然后用手腕、手肘、手臂、整个身体转圈；再比如，先动脚趾头，然后动膝盖、手肘、头、全身。

（2）意识到时间

◇对快与慢的意识。例如，假想有一个快国与一个慢国，两国人各自在自己的国土上运动，快国人只能做快的动作，慢国人只能做慢的动作。然后互访，快国人一进慢国边界就做慢动作，反之亦然。

◇对时间长度的意识。例如，假想有一堵墙，幼儿在教师数 10 下时正好触墙，幼儿在教师数 15 下时正好触墙，幼儿在教师数 5 下时正好触墙。

（3）意识到空间

◇意识到私人空间与公共空间。还是"泡泡"游戏活动，但由私人空间扩展到了公共空间：想象一个"泡泡"，它落下来，接住它，拿出一个吸管，吹大那个"泡泡"；吹啊吹，吹得很大，大到能让自己走进那个"泡泡"；把"泡泡"涂上颜色，我们带上这个"泡泡"移动，一部分一部分地用身体各部位推着这个"泡泡"动起来；然后把"泡泡"推到原位，让"泡泡"变小，让"泡泡"落下，直到落到地板上。

◇意识到公共空间中的直接与非直接路线。例如，在教室内先走一条直线，然后弯弯曲曲地走回来。

◇意识到向内的动作。例如，穿过一个"岩洞"，但不能碰到任何的"蜘蛛网"。

◇意识到向外的动作。例如，假想带着一个"大气球"，推着它从一个地方到另一个地方。

◇意识到对着一个面的动作。例如，向任何方向走，但脸始终朝着老师。

◇意识到远距离的动作。例如，用鼻子与手指来比画一支钢笔的长度，用两个手肘比画一根香蕉的长度，走出自行车的长度，走出一辆轿车的长度。

（4）意识到层次

◇意识到在公共空间中的高层次、中等层次、低层次。例如，跟着教师做动作的游戏：幼儿自由地分散占据一个空间位置，位置落实后，教师跑到与有的幼儿可能会起空间摩擦的一个位置，然后做具有高、中、低三个层级的动作，幼儿需要做与教师一样的动作，但需要调整空间位置状态，做到不碰到教师，同时把动作的三层关系表达出来。教师不断变换位置更换动作，以便考察不同幼儿对空间位置与层级的调整能力。

（5）意识到重量

◇意识到公共空间中的重与轻。例如，在雨中踏水坑，越重越好，可以移动位置做动作。
◇意识到紧张与放松。例如，两个幼儿一对，让一个幼儿拉动另一个躺着的幼儿的身体各部位，体会放松；相反，躺着的幼儿僵直身体部位，不让站着的幼儿拉动，体会紧张。

（6）意识到移动

◇走、跑跳、跑、单脚跳、双脚跳、小跑步、快跑、大步走、拖步等，这些动作又称基本步。能自如地做这些动作后，便于幼儿在音乐中寻找不同节奏型，使用不同的基本步。举例来说，每一个基本步都内含着一种节奏型，如走路就是四分音符构成的节奏型 × × × ×｜，跑类的动作是八分音符构成的节奏型 ×× ×× ×× ××｜，拖步是四分附点音符构成的节奏型 ×.× ×.×｜ ×.× ×.×｜。对幼儿来说，能完成走、跑、双脚跳三类基本步就行，其他类型的基本步到小学后完成。当幼儿基本会做走、跑、双脚跳三类基本步后，教师可以带领幼儿做以下三个游戏。游戏一，像老师一样做动作。老师做什么动作，幼儿模仿什么动作，旨在观察幼儿是否会做这些动作。游戏二，有时间差做动作。老师做动作时，幼儿不能做动作，只能看；老师停时，幼儿开始做，但动作要与老师一样。游戏三，有时间差变换做动作。老师做动作时，幼儿停；老师停时，幼儿做，但动作不能与老师一样。

（7）意识到流动

◇意识到突然与持续的动作。例如，让幼儿创作两个塑像造型，并记住自己的两个造型。教师敲鼓，猛敲时迅速做造型，连续敲时持续、连绵地做造型动作。

◇意识到接连与同时动作。例如，让幼儿围成一个圈，面朝顺时针或逆时针方向，跟着前面一个小朋友做动作。教师先指定一个幼儿做一个动作，然后下一个幼儿跟着做动作，过一会儿发现，整个圈的动作是接连发生的。又比如，让幼儿围成一个圈，教师站在圈中，幼儿看着教师的动作，大家一起做。这样做熟练以后，就可以玩"谁能猜出领袖"的游戏：请一个幼儿做猜的人，先站到圈外闭上眼睛。这时，教师确定一个领袖，其他幼儿知道领袖是谁后要跟着领袖变换动作。然后，请猜的幼儿站在圈心，来猜到底谁是领袖。

◇意识到受阻的动作。例如，假想我们在一个装满果冻的大碗中，艰难地提腿、转身，把手臂往下放、往上提。

◇意识到自由的动作。由于幼儿太擅长自由动作，所以我们往往只让他们自由地动身体的一个部位。例如，玩游戏"神奇的手套"，只有戴上"神奇手套"的那只手才能自由地动作。

（8）意识到其他人

　　◇意识到舞伴。例一，用慢音乐伴奏，做照正常镜子的游戏，再做照哈哈镜的游戏。例二，像玩玩具一样，先把假想的舞伴弯曲，然后自己模仿这个动作。例三，你的手指跟着舞伴的手指走。例四，两位幼儿合作造型，一位幼儿先开始做一个动作造型，第二位幼儿与其合作时需要考虑两人是否能进行眼神的交流，动作是否具有层次变化，两人的动作是否融合等问题。

　　◇意识到小组成员。例如，想象自己是"小星星"，然后两颗"星星"一起跳舞，三颗"星星"一起跳舞，整个"银河系"一起跳舞。后面的"小星星"做什么动作必须依据前面"小星星"的动作情境，要有都是"小星星"、同在一个"银河系"内的逻辑。

3. 与物体一起做身体移动

（1）丝巾与彩带

可以让幼儿随意挥动丝巾、彩带之类的飘逸道具，幼儿对这种挥动本身就会很感兴趣。把这种挥动与音乐结合效果更好，有关速度快慢，二拍、三拍不同节拍的表达，特别适合使用这种方式。

（2）筷子或竹棒

筷子或竹棒主要是在非移动动作中使用。幼儿园经常用来做声势动作（拍手、拍腿、拍肩等），如果我们让幼儿拿着竹棒来认识一下自己的身体，可能会另有一番情趣。竹棒要轻，要光滑，长 25—30 厘米、直径 1.3—2.5 厘米的竹棒最适合幼儿使用。第一种方式，让幼儿双手拿筷子或竹棒，轻轻地敲击自己的身体部位，如腿、肩、脚、膝盖等，幼儿会很乐意做；第二种方式，让幼儿把筷子或竹棒当作鼓棒，把小椅子翻过来当作小鼓，让幼儿练习敲鼓，幼儿会非常有兴致地完成敲鼓任务。

（3）纸盘与地毯

使用纸盘与地毯对幼儿理解个人空间是有帮助的。另外，纸盘也可以与筷子或竹棒结合使用，即把纸盘当作鼓、把竹棒当作鼓棒使用。如果把纸盘当作划分个人空间的工具，那么纸盘最好是直径为 20—23 厘米大小；如果把纸盘当作鼓来敲，那么选择直径为 13—15 厘米的纸盘为宜。

（4）沙袋或豆袋

在科学活动中，把沙袋或豆袋用作认识方位空间的工具是不错的想法，例如，让幼儿按教师的口令丢沙袋，丢到身体的前面、后面、旁边等。如果要让沙袋对音乐有直接铺垫作用，可以让幼儿学会上下扔沙袋，这种扔法有助于幼儿理解声音的高与低。另外，可以把沙袋放在身体的任何一个位置，如把沙袋放在头顶、肩上、腿上、脚上、手上等。沙袋或豆袋的直径 10—15 厘米为宜。

（5）呼啦圈

呼啦圈的使用范围非常广泛。例如，呼啦圈可替代纸盘与地毯，作为认识个人空间的工具：把呼啦圈放在地上，要求幼儿在呼啦圈所在范围内做所有动作。又如，呼啦圈可作为合作造型的工具：两个或更多幼儿各拿一个呼啦圈，互相合作造型。再如，呼啦圈可作为辨别音乐高低的工具，请幼儿边听音乐边走动，根据音乐的高低把呼啦圈上举或下放。

三、打击乐活动

幼儿园打击乐教育活动是指针对某一音乐作品展开的音乐实践活动，其最终目标是指向节奏关键经验中的打击乐演奏表现。

（一）幼儿打击乐器种类

在讨论幼儿适用的打击乐器时，我们不得不提奥尔夫乐器。在 20 世纪之前，对幼儿园音乐教育来说，"没有一种乐器能够被认为是理想的"。奥尔夫乐器的出现填补了这种缺憾。下面我们简要介绍一下奥尔夫乐器，然后再谈谈适合我国普通幼儿园使用的乐器。

1. 奥尔夫乐器

奥尔夫乐器由打击乐器与音条乐器两大类构成。

（1）打击乐器

打击乐器是指无固定音高的一类乐器，又可分为四类：皮革类、木质类、金属类、散响类。

● 皮革类，即鼓类。

主要有手鼓、铃鼓、军鼓、大鼓等。皮革类乐器的特点是共鸣较好，音量相对较大、低沉、浑厚，适合担任低音声部，尤其是低声部的强拍。

● 木质类

主要有双响筒、响板、木鱼、节奏棒等。木质类乐器的特点是声音清脆、明亮、短促，颗粒性强，适合担任旋律声部，敲打节奏复杂、速度快的节奏型。

● 金属类

主要有三角铁、碰铃、锣、钹、钗等。金属类乐器的特点是声音延绵、明亮，有穿透力。锣、钹、钗等乐器音量较大，一般不作为常规乐器而是作为特色乐器使用。碰铃、三角铁的音量小、有余音，不适合演奏音符密、速度快的节奏型，适合在弱拍演奏音符少、速度慢的节奏型。

● 散响类

主要有串铃、手铃、铃鼓（摇）、沙球、沙蛋等。散响类乐器的特点是声音细碎、不干净。这类乐器的使用分两种情况：一种是演奏长音、持续音，这种使用能够充分发挥散响类乐器的声音特点；另一种是当节奏型特别快、幼儿很难用其他乐器敲击出来时，用散响类乐器演奏音符密的节奏型，可降低幼儿的演奏难度。

（2）音条乐器

音条乐器是指有固定音高的敲击乐器，可分为三类：钟琴、金属琴与木琴。奥尔夫音条乐器的共同特点是，每种乐器的音条可以自由卸装和更换。这样，在演奏初期，只在乐器上留幼儿要用的几块音条就行了，使幼儿的演奏变得简单而有效果。

● 钟琴

由 13 根左右金属音条构成，金属音条一般是硬质的镀镍金属。钟琴的特点是声音清脆明亮、持续绵长，不宜演奏快速的音乐。在音条乐器中，钟琴音区最高，适用于高声部。

● 金属琴

又有钢片琴、铝板琴、铁琴之分。金属琴的音条比钟琴厚、大，一般由 11—13 根音条构成，并可分为高、中、低音三种金属琴。金属琴的特点是声音比钟琴柔和，具有神秘色彩，但比钟琴的声音更响、更绵长，不适合演奏快速的音乐。

● 木琴

一般由 13 根木条构成，可分为高、中、低音三种木琴。木琴的特点是音色温和，声音清晰、有颗粒，适合演奏旋律声部。

2. 普通幼儿园有条件使用的乐器

毋庸置疑，奥尔夫乐器是幼儿演奏的最佳乐器。但适宜的教育才是最好的教育，现实中，教学模式是受物质条件制约的。中国幼儿园中，有条件使用德国制造的奥尔夫乐器的很少，有条件使用台湾制造的奥尔夫乐器的也不多。事实上，我们的幼儿园中，普遍使用的是中国自己制造的打击乐器，音条乐器几乎未涉及。

购买中国自己制造的打击乐器，在皮革、木质、金属与散响四大类乐器中，每类各配两到三种乐器，这种配置是中国城市幼儿园中比较常见的。

(二) 幼儿园打击乐教育活动的常规

常规是指具有重复性特征的规范、秩序、行事方式。与歌唱、欣赏等教育活动相比，幼儿园打击乐教育活动的突出特点是常规多。常规并非只是指向幼儿的，它也指向教师。

1. 幼儿拿放打击乐器的常规

演奏乐器时需要拿乐器，演奏结束时需要放乐器，这是打击乐演奏过程中需要反复从事的行为。如果这种行为从小班开始就以一种固定的形式保留下来，那么这种行为就能成为幼儿的一种习惯，即教学常规。一旦建立起常规，这种行为就会变得自动化、自然化，给集体教学节约时间，并带来极大的方便。

　　教师可以用自己喜欢的方式让幼儿学习拿放乐器。如，有的教师喜欢课前把乐器放在幼儿的椅子下面，演奏前让幼儿从椅子下面取出乐器，演奏结束后放回；有的教师喜欢把乐器放在筐里，一类乐器放一个筐，演奏前幼儿分组拿乐器，演奏结束后分组放回筐中；有的教师喜欢自己分乐器给幼儿，演奏结束后再从幼儿手中取回。无论用哪种方式，只要教师觉得既省时间又能维持秩序就好。在节省时间、维持好教学秩序的前提下，教师选择一种自己喜欢的方式，然后一以贯之地实施这种方式，一段时间后，幼儿就会习惯这种行为，并达到自然的程度。

　　放乐器的常规相对比较容易遵守，比较难的是拿乐器常规的遵守。幼儿拿到乐器后一定会对自己手中的乐器好奇，不免会摆弄几下。一个班 30 多个幼儿，全都这么摆弄几下，课堂立马变成"市场"，喧闹非凡。这时教师往往就会着急，就喊开了。事实上，这时，越喊越无效。处理这种问题：第一，教师的心态要好，要理解这时幼儿摆弄几下乐器实属正常；第二，教师的教学节奏在这里要转换得够快，快速进入演奏状态，不要在此时处理教学上的其他事务；第三，用指挥动作让全体幼儿齐奏乐器，由弱到强、由强到弱来回演奏几遍，让幼儿先熟悉手头的乐器，然后结束在极弱上，并进入演奏教学环节。

　　2. 教师指挥站位常规

　　在打击乐集体教学中，幼儿的座位一般采用马蹄形或品字形，这是一种比较封闭的队形，适宜集体教学情境。根据作品音色或乐器种类的需要，单马蹄形、双马蹄形、品字形可能都会出现，所以教师对自己指挥时如何站位要有足够的意识，心中要清楚，如何站位才能让所有孩子不费劲地看到你，而你自己也能不费劲地看到所有的孩子。当你确认你的站位合理后，就逐渐固定你自己的站位，并习惯化。教师对自己站位有清楚的意识并常规化，是打击乐教学有效的重要保证。

　　3. 教师指挥动作常规

　　（1）手形与手的位置

　　常规指挥要求的手形是弹琴形状，但如果这种手形运用得不够规范，会导致手形太花,影响动作的明确性。对幼儿而言,教师的指挥动作越简洁、越明确越好。所以,针对幼儿的指挥可以用手指并拢、五指完全伸直的手形。

手的位置要求摆放在胸前,无论手掌如何地上、下、左、右摆动,但手指方向永远与身体垂直、与地面平行。

（2）指挥常规的二、三、四拍子乐曲

对 $\frac{2}{4}$、$\frac{3}{4}$、$\frac{4}{4}$ 拍乐曲,无论是强拍起还是弱拍起,都能自如指挥;对 $\frac{6}{8}$ 拍乐曲,要用 $\frac{2}{4}$ 拍的指挥动作指挥。

（3）乐句转换处指挥自如

乐曲的引子、歌曲的前奏处,要会等待;引子与前奏结束后,起拍动作准确、流畅;乐段转换动作明确、清晰;结束动作明确、合拍。

（4）完整与局部指挥

不仅能完整指挥乐曲,当教学需要时,在乐曲的几个关键位置能做到随时局部指挥。

四、集体舞活动

幼儿园集体舞教育活动是指针对某一音乐作品展开的音乐实践活动,其最终目标是指向节奏关键经验中的合作性身体动作表现。

（一）幼儿园集体舞种类

幼儿园常用的集体舞类型为邀请舞、单圈舞、双圈舞与直列舞,下面通过举例说明每种类型集体舞的基本特点。

1. 邀请舞

邀请舞是一种找舞伴并与舞伴对舞的集体舞。它可以没有队形,也可以围成圈进行;与舞伴之间的关系可以是始终固定的,也可以不断变换。下面所举的例子,在队形上是自由的,在与舞伴的关系上是变换舞伴的。

范例 1-4-1

儿童波尔卡

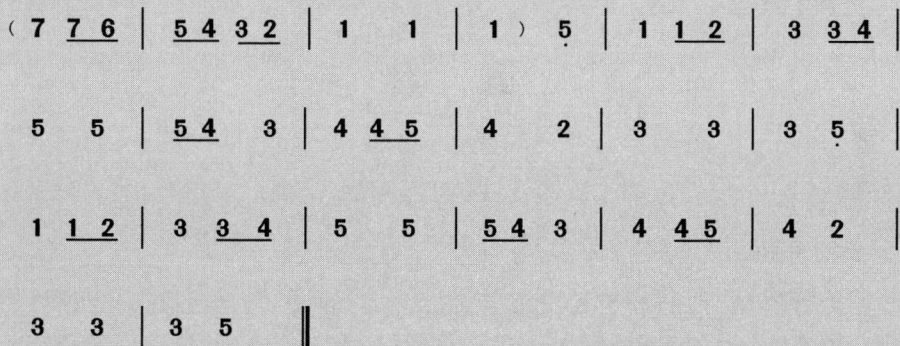

B段

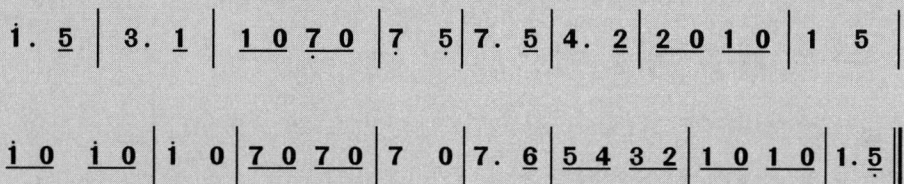

[动作说明]

A段：由两句组成。

第一句：自选舞步与动作进行表演。

第二句：自选舞步与动作进行表演，但转一个方向。最后四小节内找到一个舞伴，并与舞伴面对面。

B段：由两句组成。

第一句：拍腿两拍，拍手两拍，与舞伴对拍手四拍，然后重复。

第二句：先一只手做再见动作，再另一只手做再见动作，最后在原位自转一圈，向舞伴弯腰告别。

2. 单圈舞

单圈舞是全体围成一个圈，以圈为基本队形而进行的集体舞。全体舞蹈者可以朝顺时针方向，也可以朝逆时针方向，边行进边舞蹈；可以朝圆心，也可以朝圈外，边行进边舞蹈。单圈舞可以形成双舞伴关系，即左右两个舞者都可以成为自己的舞伴。

范例 1-4-2

彩　带

$$1 = B\ \frac{2}{4}$$

A段，中速

| 6̣ 1 3 | 6̣ 1 3 | 2 6̣ | 6̣ - | 6 - | 5 4 | 3 6̣ | 3 - | 3 - |
| 3 4 5 | 3 4 5 | 6̣ 5 4 3 | 2 6̣ | 1 - | 2 1̣ 2 | 3 - | 3 - |
| 3 4 5 | 3 4 5 | 6̣ 5 4 3 | 2 6̣ | 1 - | 2 1̣ 7̣ | 6̣ - | 6̣ - ‖

B段，中速

| 5. 4̣ 3 | 2 6̣ | 1̣ 1̣ 7̣ 6̣ | 5̣ - | 6̣ 6̣ 6̣ | 1̣ 6̣ | 1̣ 3 | 2 - | 2 - |
| 5. 4̣ 3 | 2 6̣ | 1̣ 1̣ 7̣ 6̣ | 5̣ - | 6̣ 1̣ 3 | 7̣ 2̣ 1 | 6̣ - | 6̣ - ‖

[动作说明]

全体围成圈，手拉手。

A 段：

第［1］至［4］小节、［9］至［12］小节、［17］至［20］小节，右脚起步，逆时针方向走四步，第四步身体转向圆心，脚步调节，准备左脚起步。

第［5］至［8］小节、［13］至［16］小节、［21］至［24］小节，左脚起步，顺时针方向走四步，第四步身体转向圆心，脚步调节，准备右脚起步。

B 段：

第［1］至［4］小节、［9］至［12］小节，右脚起步，向圆心走四步。

第［5］至［8］小节、［13］至［16］小节，右脚起步，退回圈上原位。

3. 双圈舞

双圈舞是全体围成两个圈，以双圈为基本队形进行的集体舞。如果里圈与外圈形成舞伴关系，具有呼应的动作，那么里圈与外圈要求人数相等；如果里圈与外圈不形成舞伴关系，那么里、外圈人数可以随意。

范例 1-4-3

德国波尔卡

$1 = F \frac{2}{4}$

A 段

5 5 3 | 6 6 5 | 5 5 4 3 | 4 - | 7 7 6 7 7 6 | 5 i 7 6 | 5 3 4 5 |

5 5 3 | 6 6 5 | 5 5 4 3 | 4 - | 7 7 6 7 7 6 | 5 5 6 7 | i - ‖

B 段

3 5 | i 6 5 | 4 5 | 7 - | 4 5 | 7 6 5 | 3 5 | i 7 6 5 |

3 5 | i 6 5 | 4 5 | 7 - | 4 5 | 7 6 7 | i i | i - ‖

C 段

3 3 3 3 5 | i i | 4 4 4 4 5 | 7 7 | 4 4 4 4 5 |

7 6 5 | 3 3 3 3 5 | i 7 6 5 | 3 3 3 3 5 | i i |

4 4 4 4 5 | 7 7 | 4 4 4 4 5 | 7 6 | 5 5 6 7 | i - ‖

[动作说明]

A 段第一句：全体幼儿拉手，朝顺时针方向走。

A 段第二句：全体幼儿拉手，朝逆时针方向走。

B 段第一句：里圈幼儿，左手搭前面舞伴的左肩，右手拉右边舞伴的手；外圈幼儿，左手拉左边舞伴的手，右手侧平举。双圈共同朝顺时针方向走。

B 段第二句：全体朝后转，动作与 B 段第一句相同。

C 段：

里圈幼儿面朝圆心，一拍一下做动作：先拍腿两下，再拍手一下，最后双手左右分开，同时拍左右舞伴的手一下。四拍一组动作，反复进行。

外圈幼儿面朝圆心，站在里圈舞伴的后面。从里圈舞伴的右边进入，由圈外向圈内走四拍，走到里圈下一个舞伴的前面；再由圈内朝圈外走四拍，走到下下一个舞伴的后面。

4. 直列舞

直列舞是指以两直列队形为基本队形的集体舞。人数较多时，可能有几组直列队形同时进行舞蹈；两列队形中的舞者可以面对面，也可以侧面而舞。

范例 1-4-4

杨基都德尔

$1=\flat A \dfrac{2}{4}$

A 段

| $\underline{1\ 1}$ 2 3 | $\underline{1}$ 3 $\underline{2}$ $\underline{5}$ | $\underline{1\ 1}$ 2 3 | 1 $\underline{7}$ | $\underline{1\ 1}$ 2 3 | $\underline{4}$ $\underline{3}$ $\underline{2}$ 1 | $\underline{7}$ $\underline{5}$ $\underline{6}$ 7 | 1 $-$ |

B 段

| $\underline{6\cdot\ 7}$ $\underline{6}$ 5 | $\underline{6}$ $\underline{7}$ 1 | $\underline{5}$ $\underline{6}$ 5 | $\underline{3}$ $\underline{4}$ 5 | $\underline{6\cdot\ 7}$ $\underline{6}$ 5 | $\underline{6}$ $\underline{7}$ 1 | $\underline{5}$ 1 $\underline{7}$ 2 | 1 1 |

[动作说明]

　　两列幼儿与舞伴面对面站立，各自向前平伸手臂，保留双手臂的空间。

　　A 段：由两句组成。

　　第一句：面对面向前四步，退回四步，一拍一步。

　　第二句：向前，右肩对右肩，右转身到舞伴位置。

　　B 段：由两句组成。

　　第一句：同 A 段第一句。

　　第二句：向前，右肩对右肩，右转身，回到自己的位置。

（二）集体舞教育活动的常规

　　就常规而言，集体舞教育活动与打击乐教育活动比较相像，活动过程都具有较多的常规。如果在活动之前，教师没能意识到并准备好这些常规，活动的展开过程会充满障碍。这也是相比歌唱、欣赏活动，打击乐与集体舞教育活动较少在幼儿园实施的原因，教师们很容易在实施打击乐与集体舞教育活动时经历挫败，而很多情况下，这些挫败仅是缺少常规意识导致的。

　　1. 集体舞活动需要建立的幼儿行为常规

　　（1）几种基本队形：下位原地队形；散点队形；单圈队形。

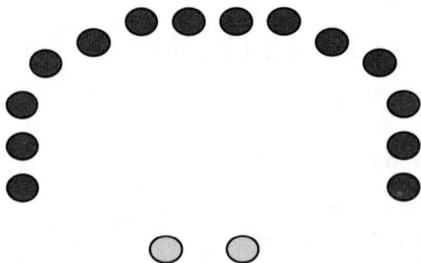

图 1-4-1　下位原地队形

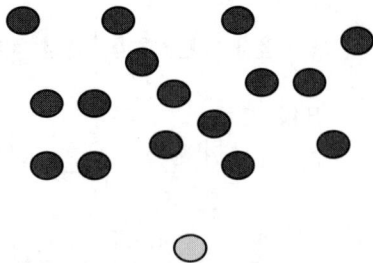

图 1-4-2　散点队形

图 1-4-1 表示幼儿按半圆形就座，当教师要求站"下位原地队形"时，幼儿离开座位，但只在座位的前面、属于自己的空间位置上站立，队形仍然是半圆形。图 1-4-2 表示幼儿离开座位，随便找一个空间位置站立。幼儿的站位是没有成形的队形，所以称散点队形。

（2）几种圈上站位：面朝圈上（一般是逆时针方向，开始需要用手腕花或白手套等手段帮助幼儿建立常规）；面朝圆心；面朝圈外。

（3）拉圈时手臂定位：V 字形手臂，指幼儿在拉圈时手臂与肩形成 45°角，这是最常用的拉圈手法；一字形手臂，指幼儿在拉圈时手臂与肩平行。

2. 集体舞活动需要明确的教师行为常规

（1）教师的示范站位

◇单圈集体舞：教师可以与幼儿一样，站在圆圈上示范，全体幼儿都可以看清教师的运动方式与姿势。

◇双圈集体舞：教师一般站在内圈上示范比较合理，便于全体幼儿看清。

◇直列集体舞：教师一般独立地站在方阵之外，最常用的是站在方阵之前与幼儿相向而立，做镜面示范。不过，依据动作的方向要求，教师可以站在方阵的前后、左右任何一个点位。

（2）教师示范站位与幼儿注意力的关系

◇幼儿站成单圈队形，教师站在圈中：这是一种全封闭状态，幼儿的注意力最容易集中。

◇幼儿站成半圆队形，教师站在队伍前面：这是一种半封闭状态，幼儿的注意力比较容易集中。

◇幼儿站成几组直列队形，又称秧田式，教师独立地站在方阵之前：这是一种半开放状态，少数幼儿的注意力容易分散。

◇幼儿站成自由式，教师独立站在前面：这是一种全开放状态，幼儿容易兴奋，不容易把持住注意力。

（3）幼儿练习动作时教师的角色

◇当教师示范完毕、幼儿进入模仿性动作表演时，教师最好不要退出示范者的角色，应与幼儿一起继续做动作，充当幼儿的表演榜样；如果舞伴之间有动作、方向等区别，教师要根据需要，分别示范两个角色，以便为两组幼儿提供示范表演。

◇当教师示范完毕、幼儿进入即兴动作表演时，如轮流做领头人这种方式时，教师需要退出示范者的角色，预先站在将要表演的幼儿旁边进行提醒与指导。

3. 集体舞教学中的标记运用

（1）手腕花与白手套

集体舞是一种有方向性要求的舞蹈，需要全体幼儿在动作与方向上配合一致，以达到反复循环、持续舞蹈的效果。而幼儿阶段还没有建立左右、顺时、逆时这些概念，所以想要幼儿的动作在方向上保持一致，戴上区别左右方向的手腕花或白手套显得格外重要。

（2）地板贴图

集体舞多数是在规整的队形中跳舞，单圈、双圈是集体舞中最常用的队形，对小、中班幼儿而言，在教师的指令下快速拉起一个单圈或双圈是比较困难的。所以，幼儿园常常采用地板贴图标记，即在活动室的地板上贴上彩色圆形粘纸，并构成单圈与双圈形状，幼儿只要找一张粘纸，并在此位置站好，全班的队形就形成了。这是目前幼儿园普遍采用的集体舞标记，有利于幼儿的队形站位。

关于地板贴图标记，我们想强调的不是使用，而是不使用或撤离。就集体舞队形常规建立而言，到了大班，幼儿应该能在教师的指导与指挥下，在没有地板贴图的情况下，排列所有队形。所以，地板贴图标记在小、中班使用比较合适，到了大班就不应该再使用了。

五、音乐游戏活动①

幼儿园音乐游戏活动是指针对某一音乐作品展开的音乐实践活动，其最终目标是指向节奏关键经验中的有竞争规则的身体动作表现。

（一）幼儿园音乐游戏活动的界定

1. 游戏的分类

从不同的角度出发，游戏可以分成不同的类型。

第一，从有无规则的角度出发，可以分为一般游戏与规则游戏。这种分法是游戏类型最基本的分法，可以分别用两个英语单词来表达："Play"和"Game"。"Play"即一般游戏，或称无规则游戏，也就是一般说的"玩儿"；"Game"即规则游戏。一般游戏"Play"最突出的特征是无限制，在游戏的内容、方式、人数上都是自由的。规则游戏"Game"强调的是规则，既然有规则，那么它就有游戏的内容、方式、人数上的一些规定。

第二，皮亚杰从儿童认知发展水平出发，把游戏分为以下四类。

（1）练习性游戏：这种游戏由简单的重复运动组成，主要获得力量性、运动性的愉快，主要是婴儿期、幼儿早期的游戏。

（2）象征性游戏：是幼儿借助于自己的身体或其他物品，来再现不在眼前的事物和生活情景，包括动作象征性游戏和角色游戏。

（3）结构性游戏：是幼儿利用各种材料来建构某种物体的游戏。

（4）规则游戏：指儿童按照预先规定的规则进行的游戏。

皮亚杰认为，幼儿的游戏水平一般只达到第三层结构性游戏水平，规则游戏是儿童进入小学后才能达到的水平。

---

① 本书作者所说的"音乐游戏"与我们平常所说、所理解的"音乐游戏"并非一个概念，它特指一种把竞争性规则植入音乐作品中的身体表现活动，不包括我们通常所说假扮类音乐游戏。——编辑注

第三，柏顿以儿童社会性发展水平为依据，把游戏分为以下六类。

（1）无所事事的行为，如在房子里走动、东张西望等。

（2）袖手旁观的行为，指看着别人游戏，自己不参加，有时发表一些口头意见。

（3）孤独的独立游戏，指不与旁人发生关系的单独游戏。

（4）互相平行的活动，指玩与其他儿童一样的玩具，但互相不做交往。

（5）结伴游戏，是一种没有组织的共同游戏，可以互借玩具，可以加入也可以退出。

（6）合作游戏，指有组织、有规则、有首领的共同活动。

就柏顿的游戏分类而言，6岁幼儿能达到结伴游戏的水平，合作游戏是进入小学以后才能达到的水平。

以上两种游戏分类法解释了3—6岁幼儿在认知与社会性发展水平上可以达到的游戏水平。从认知发展水平上看，幼儿还没有达到玩规则游戏的水平；从社会性发展水平上看，幼儿还没有达到玩合作游戏的水平。而这两类游戏都是真正的规则游戏，即"Game"。所以，如果没有教师指导，幼儿是没法玩规则游戏的。

2. 规则游戏的内涵

规则游戏最后是需要分胜负的，所以它具有竞争性；竞争要在规则内进行，是有序的竞争；有竞争、有规则就必然有对手，所以它是一种集体性游戏。鉴于此，我们认为规则游戏是指集体性的、按一定规则进行的一种竞争性游戏。

规则游戏中的规则是非常正式的，它制造输赢，所以要求参与者必须遵守规则，否则就要接受惩罚和制裁。所以，规则游戏在培养幼儿建立规则意识、形成良好行为习惯方面具有特殊的价值。

为了使"Game"这种规则游戏不与一般日常生活中所指的规则游戏混淆，我们称这种规则游戏为竞争性规则游戏。

在幼儿园教育领域，幼儿玩的集体性游戏类型很多，如领袖模仿游戏、情境表演游戏、智力挑战游戏等，这些游戏似乎都有规则。事实上，这些游戏的规则是松散的，其规则性不鲜明。例如领袖模仿游戏，游戏的玩法是指定一个人当领袖，其他游戏者模仿他的行为，无论这位领袖是否影响了游戏的结果，当游戏重新开始时都要再指定一个人当领袖。在此游戏中，指定一个人当领袖，让其他人模仿他的行为，这只是游戏的玩法规定，还不足以构成规则，所以，领袖模仿游戏是属于集体性的一般游戏，而不是规则游戏。情境表演游戏、智力挑战游戏等都与领袖模仿游戏一样，只是具有一般游戏的玩法规定，而不具有鲜明的规则性，所以都不属于我们所指的竞争性规则游戏。

总之，我们所指的竞争性规则游戏是同时具有集体性、竞争性与规则性三个特征的游戏，规则的含义是在集体中，通过竞争方式决出输赢。

3. 幼儿园音乐游戏的含义

幼儿园音乐游戏活动是指在幼儿园音乐教育情境中，把竞争性规则游戏植入音乐作品的一种身体动作表现活动，旨在提高幼儿随乐的规则性身体动作表现能力与社会性规则意识。

就认知发展水平与社会性发展水平而言，3—6 岁幼儿还未达到自主开展竞争性规则游戏的水平，所有的竞争性规则游戏都需要在教师的引导下展开，因而幼儿园音乐游戏也需要在教师的引导下开展。

（二）幼儿园音乐游戏活动的特殊性

1. 主要在大班、中班第二学期实施

受认知与社会性发展水平以及合作性身体动作表现能力的制约，在小班与中班第一学期，让幼儿完成竞争性音乐规则游戏会有较大困难，因此也很难开展音乐游戏活动。幼儿园音乐游戏活动多是在队形中完成的，涉及大量的下肢身体动作。仅合乐一项要求，对小班、中班第一学期的幼儿来说，下肢身体动作就具有相当大的难度。如果要求小班、中班第一学期幼儿在进行合乐的下肢动作的同时，再保持良好的队形距离、遵守游戏中的竞争规则，这基本是不可能的，大大超出幼儿在音乐、动作、合作、规则意识、竞争意识等方面的发展水平，其结果就可能是把音乐规则游戏演变成非音乐的规则

游戏或体育规则游戏，遗漏了教育活动过程的发展性目标，尤其是幼儿学习品质方面的目标。鉴于幼儿受各方面发展水平的制约，幼儿园音乐游戏活动一般只在大班进行，经常开展集体舞活动的班级有可能在中班第二学期进行。

2. 以集体舞教育活动为基础

有序的集体性竞争游戏都是在队形中完成的，涉及队形，就一定涉及集体舞教育活动，因为集体舞其实质是队形变换游戏。而音乐游戏其实质是有规则的队形变换游戏。所以，音乐游戏教育活动需要以集体舞教育活动为基础。

幼儿园音乐游戏活动中使用的音乐规则游戏经常来自于集体舞，在集体舞中植入一个竞争性规则游戏，就使集体舞成为音乐游戏。幼儿园音乐游戏教育活动往往需要像集体舞教育活动一样，先完成原地的身体动作表现，再完成队形中的身体动作表现，教育活动前几个环节的推进与集体舞是一样的，看上去就是集体舞教育活动。正是在这个意义上，我们说，集体舞教育活动是音乐游戏教育活动的基础。

六、一日生活中的音乐教育

一日生活是幼儿在幼儿园一天的全部经历。一日生活中的音乐教育是指幼儿在一日生活中各环节所开展或渗透的音乐教育。

（一）一日生活中的音乐教育内容

一日生活中的音乐教育内容包括在生活环节中渗透的音乐教育、晨间户外活动中的音乐教育、区角活动中的音乐教育、其他领域中渗透的音乐教育及幼儿自发的音乐行为等。

在生活环节中渗透的音乐教育内容主要是入园/离园、进餐、午睡等环节播放的背景音乐，如进餐前引导幼儿欣赏的各种各样的音乐作品，散步时引导幼儿聆听并欣赏的大自然中好听的声音等。

晨间户外活动中的音乐教育内容主要包括晨间操音乐的选择和动作的

编排、晨间体育活动中的音乐游戏、晨间自由活动中幼儿自发的音乐行为等。

区角活动中的音乐教育是教师通过创设音乐区域环境，包括设计格局、添置设备、提供乐器，从不同种类的音乐中、不同主题的内容中、幼儿发展的需求中选择适宜的音乐内容，并将之物化为材料，投放在区域环境中，让幼儿进行自发、自主、自由的音乐活动。

其他领域中渗透的音乐教育是指在其他教育活动如语言、科学、社会、美术等领域中渗透的音乐教育内容。

自发的幼儿音乐活动指在一日生活各环节中，幼儿自发的音乐行为或音乐活动，如自发性哼唱、自发性身体舞动、自发性节奏探索等。

（二）音乐教育融入一日生活的意义

教育的最高境界是"教无痕"，音乐教育可以自然地融入一日生活，实现教育与生活的一体化。教师应用更开放的视野去理解音乐教育，不仅仅集体音乐活动可以促进幼儿的音乐能力发展，一日生活中的区域音乐活动、生活环节中渗透的音乐教育等对幼儿音乐能力的发展也有着非常重要的意义，这些环节中的音乐活动更能发挥幼儿的主体性，是幼儿自发、自由、自主的音乐活动，会给幼儿更多自主欣赏、自主表达、自主创作的机会。

教师应充分把握一日生活各环节中所蕴含的丰富的音乐教育契机和内容，把音乐教育融入一日生活，为幼儿提供各种形式的音乐活动，为幼儿提供广泛的、丰富多彩的学习音乐和运用音乐的机会，丰富幼儿的音乐经验，挖掘幼儿的音乐潜能。

第五节　幼儿园音乐教育的策略与方法

在幼儿园音乐教育中，教师需要考量音乐作品的选择与再设计、集体音乐教育活动的组织与实施、音乐教育在一日生活中的组织与实施等问题。

一、音乐作品的选择与再设计

（一）音乐作品的选择

按使用功能来分，用于幼儿园音乐教育活动的音乐作品可以分为两类：（1）用于幼儿嗓音表现（歌唱）的歌曲；（2）用于身体动作表现（包括带器械的身体动作表现，如打击乐演奏）的器乐曲和部分歌曲。

用于嗓音表现（歌唱）的歌曲往往具有以下几个特点：（1）歌词生动，具有口语特征，朗朗上口；（2）歌词所描述的主题突出、故事性强，容易激发幼儿动作表达的欲望；（3）旋律音调与词调吻合，易于幼儿歌唱。

用于身体动作表现的音乐作品，无论是器乐曲还是歌曲，一般需要具备以下几个特征。

（1）具有音乐内容形象，再现特征明显。音乐内容形象越突出越好，但是，由于音乐内容形象突出的音乐作品不多，所以往往需要幼儿教师抓住音乐作品中微弱的内容形象线索进行二度创作。但无论如何，音乐作品本身都需要提供或多或少的内容形象线索，纯形式性的音乐作品很难在幼儿园使用。

（2）句式规整，段落对比性强。用于幼儿园音乐教育的所有音乐作品都需要适合幼儿进行身体动作操作或表演，能让幼儿进行身体动作操作或表演的作品才能被幼儿感受与理解。如果句式不规整、段落之间交接不清晰，幼儿就无法通过身体动作感受到音乐作品的句子与段落，于是幼儿就会以离开座位、大声喧哗、东张西望等行为方式拒绝这类音乐作品。换言之，用于幼儿园音乐教育的音乐作品，最好不要有太多的过渡句、过渡小节、华彩句、华彩小节等，整整齐齐八拍一句，四句或八句一段的音乐作品相对比较容易被幼儿接纳。

（3）音乐情绪风格欢快活泼，织体丰厚。在舒缓阴柔、庄严行进与欢快活泼三类音乐情绪风格中，幼儿宗教般虔诚地投向欢快活泼音乐的"怀抱"；在独奏、齐奏与合奏音乐中，幼儿不可救药地扑向音效响亮而热闹的音乐。

（二）音乐作品的再设计

目前，我国幼儿园音乐教育的内容是以音乐作品为单位进行选择与组织的，音乐作品是幼儿从事音乐实践活动、进而获得音乐经验的载体。当教师确定将某一音乐作品作为音乐教育活动内容后，需要完成对音乐作品的再设计。对音乐作品的再设计具体采用两种策略：用语言与直观教具呈现音乐内容形象；用身体动作呈现音乐的内容与形式。

1. 用语言与直观教具呈现音乐内容形象的策略

借用语言和直观教具呈现音乐作品内容形象时，歌曲与器乐曲的呈现难度有所不同。

（1）歌曲内容形象的挖掘

歌曲的歌词已经给出音乐作品的内容形象，但歌词所用的语言一般是简练、概括的，给出的内容形象往往缺少细节情境或角色的鲜活度，所以，教师需要借用故事、游戏、情境描述等语言表达手法，把歌曲所内含的内容形象更加鲜明、具有戏剧化效果地表达出来。一般而言，只用语言表达是不足以调动幼儿的思维与情感的，在语言表达的同时需要辅以图片、视频、情境设置等直观教具。在语言与直观教具双管齐下的条件下，可以把歌曲的内容形象鲜活、鲜明地呈现出来，从而激发幼儿歌唱的兴趣与本能。例如，《小猫叫咪咪咪》这首歌曲，其歌词为"小猫叫咪咪咪，小猫叫咪咪咪，叫我干什么？叫我把脸洗"。四句歌词确实表达了歌曲的内容，但这种表达太概括、不够鲜活，仅靠歌词是激发不出幼儿参与音乐活动的积极性的。就此歌曲，教师需要设置具体的洗脸情境，例如画一张图，图上一位小弟弟的脸很脏，教师提问："这位小弟弟的脸看上去怎么样?""怎么办?"启发幼儿思考，进入情境。进而整个歌唱活动可能就沉浸在帮小弟弟、小妹妹洗脸的情境中，幼儿在帮他人洗脸的过程中学习这首歌曲。

从概括的歌词内容中挖掘出具体、生动、细节化的歌曲内容形象是歌曲的再设计过程，再设计效果决定着歌唱教学的效果。

（2）器乐曲内容形象的挖掘

挖掘器乐曲的内容形象比歌曲难，表现在以下两方面：第一，器乐曲的内容形象缺少像歌曲的歌词那样的提示。器乐曲内容形象的出现是教师反复、持续感受这首器乐曲的结果，需要教师反复倾听、感受乐曲。第二，器乐曲的作品长度大大超过歌曲，一般由三段构成。其结构的复杂性决定了教师在感受器乐曲时，先要分析这首器乐曲的段落结构，然后才能进入对作品内容形象的挖掘。

（3）用语言与直观教具呈现音乐内容形象策略的教学功能

这一策略在音乐教育活动中的功能在于使音乐教育的内容与幼儿的生活经验接轨，进而启动活动中幼儿的思维与情感。音乐作品中的音乐符号是非常抽象的，直接用听的方式让幼儿感受音乐作品，远离幼儿音乐学习的最近发展区，很难产生效果。而音乐作品中的内容形象是教师以幼儿的生活情境为背景挖掘出来的，是幼儿耳熟能详、喜闻乐见的事，很容易激发幼儿的思维与情感，从而吸引幼儿投入到音乐活动中去。

2. 用身体动作呈现音乐内容与形式的策略

合乐做动作是幼儿节奏能力的集中体现。能合乐做动作表明幼儿能对音乐作品中的节拍、速度、力度、句子的段落结构等与节奏经验有关的音乐元素做出准确的反应，而节奏经验是幼儿音乐学习中的核心音乐经验。在音乐教育活动中，需要把节奏经验贯穿始终，唯此才有可能让幼儿获得节奏经验。教师设计出身体动作来呈现音乐的内容与形式，是音乐教育活动具有音乐性的关键策略，其功能在于把幼儿的生活经验提炼至音乐经验（节奏经验）。

为歌曲与器乐曲设计身体动作时，这些身体动作需要同时具备以下两个特征。

第一，它们是对用语言与直观教具呈现的音乐内容形象的身体动作演绎，身体动作与语言或图片等的内容具有严格的一致性。

第二，它们是对音乐作品中所包含的节拍、节奏、速度、力度、句子段落结构、音色、旋律、风格、重复对比组织等音乐形式特征的准确演绎。

这些身体动作还必须经过是否能进入幼儿动作最近发展区的筛选。当既符合音乐内容又符合音乐形式的一套身体动作被设计出来后，教师需要考量是否在幼儿的最近发展区内。一般而言，下肢移动动作、不同动作之间交替频率快的动作、速度过慢或过快的动作都在幼儿的最近发展区之外，在采用这些动作演绎音乐作品时需要有足够的理由。采用后，在学习这些动作时，需要提供给幼儿一些支架性策略。

如果音乐作品的段落结构有一定难度，可以用图谱演绎音乐的句子、段落结构，旨在给予幼儿身体动作表达的视觉支架，使幼儿的音乐理解路径变得更容易、更简短。

二、集体音乐教育活动的组织与实施

（一）由感受到表现的教学环节组织

幼儿园音乐教育活动的环节推进遵循由感受到表现的艺术心理过程，所以，音乐教育活动的大环节就是由感受与表现两环节构成。艺术感受作为一种心理活动，它是人通过感官感触、感知、接受艺术事件并产生艺术表象的一系列心理活动。就方向而言，艺术感受是由外向内的心理过程；就本质而言，艺术感受以情感为核心。艺术表现作为一种心理活动，它是基于艺术感受的，是把对外部世界的感受通过自身的独特方式表达出来。就方向而言，艺术表现是由里向外的心理过程；就本质而言，艺术表现的核心是目的性，所有的艺术表达都受艺术标准的制约，没有艺术标准指向性的表现就不能称为艺术表现。

幼儿音乐学习的过程是由生活经验提炼至音乐经验的过程。所以，就幼儿而言，感受环节本身需要分为音乐内容与音乐形式两个小环节。音乐内容感受环节是把音乐作品处理成落入幼儿生活经验范围内的内容，无论是歌曲还是器乐曲，所有音乐作品都需要进行幼儿化转换，而转换的结果之一就是使音乐作品有幼儿能看懂、听懂的内容情境。音乐形式感受环节则是音乐作品的音响出现的环节，是为第一小环节中让幼儿感受的音乐内容形象配上音乐的过程。

对幼儿来说，学习音乐的过程就是身体运动的过程，幼儿的音乐学习离不开身体动作。所以，幼儿园音乐教学中的表现环节也呈现出幼儿的年龄特征。表现环节又由节奏表现与其他表现两个小环节构成。无论是歌曲还是器乐曲，无论是演唱还是打击乐演奏，幼儿的音乐表现往往呈现出由节奏表现向旋律表现推进、由模仿性表现向创造性表现推进、由身体动作表现向演奏表现推进的趋势。

综上所述，幼儿园音乐教学活动中，完成一个音乐作品，一般由感受与表现两个大环节构成，具体如下图所示。

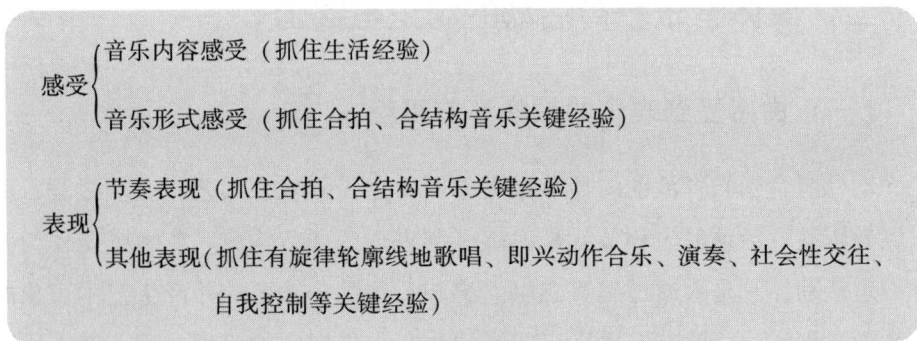

感受 { 音乐内容感受（抓住生活经验）
音乐形式感受（抓住合拍、合结构音乐关键经验）

表现 { 节奏表现（抓住合拍、合结构音乐关键经验）
其他表现（抓住有旋律轮廓线地歌唱、即兴动作合乐、演奏、社会性交往、自我控制等关键经验）

图 1-5-1 幼儿园音乐教育活动的基本环节

环节 1：感受

按前后顺序，感受环节经历了两个阶段：音乐内容感受阶段与音乐形式感受阶段。

第一，音乐内容感受阶段

在音乐内容感受阶段，教师要给出一个音乐作品的故事性情境、角色或情节等生活经验层面的内容，这是幼儿进入音乐形式感受的前提，没有音乐作品的内容导引，幼儿很难真正进入一个音乐作品的学习活动中。

第二，音乐形式感受阶段

想在幼儿园音乐教学过程中让幼儿获得音乐经验，那么音乐形式感受阶段是教学的核心部分，它是音乐知识的内核所在。每一音乐作品都由八大元素构成，同时，每一音乐作品往往会在几个音乐元素上突显其特点，突显每一音乐作品特殊性的这几个音乐元素就是教师特别需要幼儿感受到的音乐特征。如果某一音乐作品并没有能突显出来的音乐元素特征，那么就抓合拍做动作、合音乐结构做动作这两个节奏关键经验。事实上，节奏关键经验在任何一个音乐活动中都是教师要抓的核心经验。

如果说在音乐内容感受阶段，教师的主要任务是激发幼儿进行主动的身体动作探究的话，那么，在音乐形式感受阶段，教师的主要任务就是把幼儿本能层面的身体动作进行合拍、合音乐结构的整理，从而把生活经验层面的身体动作推向合乐做动作的音乐经验层面。

环节2：表现

表现环节一般经历两个阶段：节奏表现阶段与其他表现阶段。

第一，节奏表现阶段

音乐表现是一种有目的指向的表达，这种目的指向，一方面是指内容逻辑，另一方面是合乐规范。当幼儿能完整、主动地随乐做动作时，就由感受阶段走向了表现阶段，说明幼儿已经理解了表达的内容并遵守了合乐规范，具有一种表达的目的性。幼儿对音乐的理解与表演首先依赖于身体动作，所以，即使是最终走向歌唱的歌曲，幼儿也需要先用身体动作表现这一歌曲，然后再走向歌唱。

如果一个音乐作品中比较有特点的音乐元素较多，这些特征又是幼儿已有经验中没有的，那么就这一音乐作品而言，幼儿需要经历模仿性表现阶段，需要把感受到的音乐元素特征用表演的方式表现出来。音乐元素特征的感受阶段与模仿性表现阶段都处于表演或操作状态，但两者是有区别的。它们的区别在于：第一，表现阶段的表演是一个作品或一个大段落的完整表演；而感受阶段的表演往往是分句或小段落的表演。第二，表现阶段的表演是幼儿依赖自己头脑中对合拍、合音乐结构的理解而完成的表演，即主动表演；而感受阶段的表演则是在教师或他人示范的情境下进行的，表演是在榜样的带动下展开的。

第二，其他表现阶段

（1）演唱（嗓音表现）阶段

如果是一个歌唱作品，当合乐的身体动作表演完成后，就进入嗓音表现阶段。这一阶段往往是歌唱教学活动的第二课时，关注的关键经验是有旋律轮廓线地歌唱。这一阶段会有一些音的高低、嗓音如何表达情感等教学内容，是真正意义上让幼儿关注音乐形式本身的一个教学时间段。对没有建立音准概念的教师，我们不鼓励她进入这一阶段的教学。

（2）演奏（打击乐表现）阶段

如果是一个打击乐演奏作品，当合乐的身体动作表演完成后，就可以进入打击乐表现阶段。这一阶段往往是打击乐教学活动的第二课时，是把身体动作对音乐的表达迁移到演奏打击乐这一表演形式中。这一阶段，教学的主旨是通过探究，让幼儿自己寻找：（1）打击乐器与音乐形象的匹配；（2）原有的身体动作表演与每种打击乐器节奏型的匹配。

（3）动作即兴（创造性表现）阶段

在幼儿具有一定的模仿性表现经验积累，或者音乐作品的音乐元素特征比较单一、形象时，幼儿很容易进入即兴表现（创造性表现）阶段。这一阶段往往是欣赏教学活动的第二课时，是用身体动作深入理解音乐形式元素的实践活动。身体动作即兴表现可以分两种：第一种，已经经历身体动作的模仿性表现，然后，重给一个音乐作品的内容情境，根据新的内容情境创编新的身体表演动作。第二种，直接给幼儿一个音乐作品，教师对音乐作品的音乐元素特征只是使用言语或图片媒介进行提醒，请幼儿完成符合音乐元素特征的表演。

（4）借助动作进行社会性交往阶段

当幼儿掌握了一个舞曲的基本身体动作表演以后，可以进入借助身体动作进行队形变换，从而达到与不同舞伴进行眼神、肌肤接触等情感交流的机会。这一阶段往往是集体舞教学活动的第二课时，是体验合作跳舞带来愉悦情绪的阶段。

（5）借助音乐游戏规则进行自我控制阶段

当幼儿掌握了一个音乐作品的身体动作表演，并能在队形中进行表演以后，可以加入一个规则游戏，幼儿需要在遵循游戏规则的前提下，再合乐地进行游戏表演，这对幼儿具有很高的自我控制要求。这一阶段往往是音乐游戏教学活动的第二课时，是进行自我控制品格培养的活动。

集体课堂情境下的幼儿园音乐教学比较适合以音乐作品为单位展开教学活动，以上的两环节、四阶段也是一个音乐作品的学习过程，这个过程可以是一个课时或三个课时，但通常是两个课时。每个音乐作品的教学一定会让幼儿经历感受与表现两个大环节，但不是非完成全部四个阶段不可，有的作品只完成前面三个阶段，有的作品会跳过节奏表现直接进入其他表现。总之，两个大环节是不可缺少的，而具体的阶段则需根据作品的特性做出一定的调整。

（二）活动实施中的指导策略

在音乐教育活动过程中，很难预料幼儿对教学内容与方式的所有行为反应，这种教学的不确定性既是教学的魅力，也是教学的困难所在。但是，幼儿在课堂中的大部分反应是有规律可循、可预料的，针对这部分反应，我们有相应的策略去激发与回应。

1. 任务意识策略

任务意识策略是指教师使用一定方法，使教学现场呈现出环节清晰、任务明确、幼儿专注等特征。这一课堂特征表明教师对教学任务具有双层意识：第一，教师对每一环节"抛"给幼儿什么任务有意识；第二，教师对幼儿是否"接"到任务，即幼儿是否意识到任务有意识。第二层意识，让幼儿具有任务意识，是实现幼儿通过音乐学习具有专注品质的关键。

在幼儿园音乐教育活动中，让幼儿有任务意识直至完成一个学习任务的完整过程，一般启用提问或提要求、示范或探究、反馈等这一策略循环系统来实现。这些策略往往不是单一使用的，而是同时交错使用。使用是否有效的标准只有一个：是否真正做到让幼儿带着任务去学习。幼儿只有在任务明确的学习活动中才会表现出专注与内发的兴趣，学习才算真正发生。

（1）提问策略

提问的目的是集中幼儿注意力，并使幼儿明确接下去的学习任务是什么。有效的提问具有以下特征。

● 时效性

在幼儿园音乐教学中，教师在进行演唱、身体动作、演奏等各种类型的示范前往往会提问，这时的提问会吸引幼儿的选择性注意，使幼儿注意教师提问中提到的信息，从而跟踪教学内容。所以，示范前的提问是比较具有时效性的。

● 目的性

提问的目的性是指所提问题是针对教学任务的，表现为问题的设计是有助于幼儿对教学内容的理解和掌握，而不是无关紧要的。教师的提问体现了教学活动的目标、教学内容的重点难点，使幼儿很快明白这个教学环节他们要干什么。

● 语言清楚明了、简单易懂

提问清楚明了、简单易懂是指所提问题表意明确、重点突出，能让幼儿明白。清楚的问题往往表现为问题简单，所用语言简单。在幼儿园音乐教学中，提问的语言简单突出表现为使用幼儿听得懂的词汇与表达方式。

● 具有层次性

提问的层次性是指教师每次提的问题要少，但问题本身不能是终结性的，而是可以被累加、被追问的问题。简单的知识性问题一般就是终结性的问题，如："这是什么？"能被累加、追问的问题是指需要幼儿通过观察、倾听才能得出答案的一些问题，如："狐狸做了几个动作？"追问："第一个动作狐狸是怎么做的？""第二个……"再追问："哪个动作你觉得是容易做的？""哪个是难做的？"

（2）示范策略

音乐教学现场中的教师示范，一方面是音乐作品幼儿化处理后的呈现，另一方面是与提问、预令等策略交替使用过程中，促使幼儿在明确任务状态下进入音乐学习的重要策略。相比提问、预令等任务意识的其他下位策略，示范策略在音乐教学中具有超越教学策略意义的一些价值。教师准确优美的示范（范唱、范奏、动作示范）可以使幼儿对一个合乎音乐作品要求的声音、动作有直观的印象，使幼儿对教师产生钦佩与尊敬心理，从而信任教师，乐于跟随教师学习。同时，示范可以折射出一名音乐教师对职业的责任感和热情，反映出教师的专业水准、知识视野，甚至还包括他个人的气质所散发的独特魅力和感召力。所以，示范在音乐学科教学中具有突出的地位。

指向任务意识的示范往往与提问结合使用，示范前提问，示范后请幼儿回答问题。如果一遍示范幼儿还不能完整回答问题，就再次提问、再次示范。这种情况下，提问与示范就像演双簧一样把任务意识策略贯穿到底。有效示范具有以下特征。

● 时效性

就像示范前的提问比较具有时效性一样，提问后直接进入示范也是示范具有时效性的突出表现。尤其当教师在第一次示范后，幼儿还是回答不出问题，或者幼儿给出的答案很不一致时，教师可针对幼儿不明确的部分再次进行提问与示范，这时幼儿会聚精会神地观察教师的示范。这种把幼儿注意力完全集中的示范是我们追求的。

● 目的性

教师提问的指向就是示范的内容。提问要紧扣教学任务，示范紧扣提问，这样的示范是有的放矢的。

● 准确性

音乐表演示范的专业功能是对幼儿的表演起明示、启发、引导与榜样作用。如果教师的示范不准确，教学有效性的基石倒塌，所谓的音乐教学中的"音乐"就徒有虚名。

（3）预令策略

就幼儿这个年龄阶段的儿童而言，歌曲的前奏、间奏与歌唱部分的衔接，弱起拍歌曲的起唱，引子、过渡句与身体动作表演、演奏的衔接，不同风格段落之间的转换，等等，这些音乐衔接、转换环节都属于音乐学习中的难点，需要教师及时准确的提醒，这种在流动的音乐中的提醒行为称为预令。

预令分为语言预令与动作预令两种类型。在幼儿园音乐教学中，语言预令被大量使用，如前奏、间奏与表演的衔接，不同段落之间的衔接等。不过语言预令有一个局限，它只能用在正拍起的曲子中。动作预令主要用在弱拍起的曲子中，因为弱起拍的预令只靠语言是没法完成的，所以还需要动作辅助，这时的动作预令相当于指挥。为了确保幼儿清楚音乐流动或转换的状态，语言预令与动作预令经常被同时使用。无论是在完成歌唱任务，还是在完成身体表演任务与演奏任务的过程中，教师的预令都是幼儿完成学习任务的重要支撑。有效的预令具有以下几个特征。

● 准确性

预令是一种提醒行为，其提醒的内容不是音乐转换、衔接本身，而是准确地进入音乐转换与衔接。对音乐的转换与衔接，幼儿一般都能感受到并理解，但幼儿往往把握不住准确的衔接拍与衔接时的节奏。教师预先发出并明确给予节奏、节拍榜样的预令，正是为了提醒幼儿准确进入。如果教师的预令不准确，那么预令不仅是无意义的，而且还会给幼儿带来更大的混乱。

● 撤离性

预令是一种小型的教学支架，帮助幼儿完成音乐学习任务中的难点。但是，支架的最重要特征是能够撤离，总是不撤离的支架就成了拐杖，从长远来看，不是促进了幼儿的发展，而是限制了幼儿的发展。当幼儿进入一个音乐作品的表演中、后期后，教师需要逐渐撤离预令，直到最后完全撤离。

（4）反馈策略

一方面，反馈是对幼儿是否完成任务的检验；另一方面，通过反馈可引导幼儿总结、评价前一个任务，同时为下一个任务做准备。

一个教学任务进入反馈阶段时，一般采用以下两个小策略。

● 同伴榜样

在幼儿园音乐教育活动中，反馈环节的问题回答大多数与身体动作相关，幼儿在回答问题时，不仅需要语言回答，也需要用身体动作回答。同伴榜样策略是指幼儿在用身体动作回答问题时，教师要挑选出能合乐做动作的幼儿，让全体幼儿以她或他为榜样，学习动作。跟着同伴学动作令幼儿没有学习负担，在心理上既有同伴会他也应该会的竞争性，又有不是跟老师学习所具有的自在性。

● 分句示范

在反馈环节，幼儿往往会有回答不完整或回答不出的问题，就幼儿园音乐教学情境而言，这时就是教师进行分句示范，解决音乐教学中的难点、重点问题的时候。对音乐作品不能熟练掌握的教师，在音乐教学过程中很难进行分句示范，因此很难真正解决音乐作品中的难点、重点问题。

2. 挑战与能力平衡策略

挑战与能力平衡策略是指教师对音乐教学内容是否落入幼儿最近发展区的思考与调整方式。幼儿园音乐教育活动中的挑战主要是指合乐与合旋律的要求，幼儿的能力水平是指表演音乐时所需要的操作或表演能力，具体指身体动作的能力、演奏打击乐器的能力、演唱歌曲的能力。使用这一策略需要教师理解幼儿的身体动作发展水平、打击乐器演奏水平、嗓音表现音乐的发展水平，以便在课堂实践中能够灵活地调整幼儿身体动作表演、演奏、演唱的难易程度，使需要幼儿表演的音乐作品与幼儿的表演水平基本处于平衡状态。在歌唱、欣赏、集体舞、音乐游戏活动中创编的身体动作难度太大，在打击乐演奏活动中编制的节奏型太难，在歌唱与打击乐演奏活动中对某些难点节奏的过分纠结等教学现象，都是破坏挑战与能力平衡的具体表现。

3. 有质保量的互动策略

互动是实现幼儿主动学习的必要条件。在幼儿园音乐教育活动中，互动几乎可以与教学任务同行，每一个教学任务的"抛""接"过程，至少可以产生三个互动契机：第一，"抛"任务时，教师的提问与追问引发互动；第二，幼儿"接"任务时，教师可以引导幼儿展开任务难度的分析与讨论；第三，任务完成后，教师可以引导幼儿展开评价与反思。每个音乐教育活动都由几个教学任务构成，每个教学任务"抛""接"与完成过程都包含三个互动契机，这些互动机会教师到底能利用几次？这是一个量的指标。就互动而言，数量也是非常重要的。没有互动的音乐教育活动，很难产生幼儿的主动学习；有互动，至少有机会。当然，只是追求互动的数量是远远不够的，高质量的师幼互动、幼幼互动才是实现幼儿园音乐教育价值的保证。但高质互动是教师教学专业性的最高体现，它属于情境知识，依赖教师的实践智慧。

三、音乐教育在一日生活中的组织与实施

（一）一日生活中音乐教育的组织

一日生活中的音乐教育有教师组织的，也有幼儿自发的。教师组织的音乐教育活动包括一切有目的、有计划地设计和组织的渗透性的音乐教育活动，也包括教师根据需要临时发起、组织的各种类型的音乐教育活动。入园/离园、午睡、进餐时播放音乐，晨间或下午户外的音乐游戏、体育锻炼中的音乐活动，都属于教师组织的渗透性音乐教育活动，活动的目标、内容、方式、时间等由教师掌握。幼儿自发的音乐活动包括一切由幼儿主动发起的、与音乐有关的活动，活动的目标、内容、方式、时间等基本上由幼儿掌握。

（二）一日生活中音乐教育活动的实施策略

1. 注重一日生活各环节音乐教育之间的相互渗透和整合

在一日生活中实施音乐教育，教师要注重各环节音乐教育的互相渗透和整合。因为一日生活是一个整体，幼儿的发展也是一个整体，要注重一日生活中不同形式音乐活动之间的渗透和整合，要注重音乐教育与其他领域的渗透和整合，要发挥一日活动中不同音乐活动的优势。如，集体音乐活动的优

势是引领性强、系统性强、高效、音乐氛围浓厚，缺点是幼儿的主体性难以发挥，个体差异难以被关注。区域音乐活动的优点是，它是幼儿自主、个别化的音乐学习，缺点是过于松散。所以集体音乐活动与区域音乐活动要扬长补短，互相渗透和配合，区域音乐活动可以是集体音乐活动的预备或延伸。

2. 一日生活中要创设丰富的音乐环境

为幼儿创设富有审美情感色彩的一日生活环境。在一日生活各环节中，播放适宜的音乐作为背景音乐，丰富幼儿的音乐经验。如在入园环节，播放舒缓、欢快、悦耳的轻音乐，调动幼儿愉悦的情绪；进餐时，播放旋律优美、节奏舒缓的音乐，增进幼儿食欲；午睡时，播放抒情缓慢的摇篮曲，帮助幼儿尽快入睡。

为幼儿创设丰富的音乐区域环境。无论在音乐区域格局的规划、音乐设备的添置上，还是在音乐区域材料的投放上，都要根据幼儿的发展需求精心思考，用心准备，努力为幼儿创设一个"美观、有序、适宜"的音乐区域环境。让幼儿在与环境的互动中，通过直接感知、实际操作和亲身体验获取音乐经验。

在户外活动中，要让幼儿投入到大自然中去感受、发现、欣赏美的声音。教师要有意识地引导幼儿倾听大自然中好听的声音，如小鸟的声音、溪流的声音，并鼓励幼儿大胆模仿有特点的声音。

3. 在一日生活中要创设宽松的心理环境，尊重幼儿自发的、有个性的音乐表现与创造

在一日生活中，教师的态度和教育方式要为幼儿创设一个宽松的心理环境，让幼儿敢于并乐于表达、表现，让幼儿用自己喜欢的方式进行音乐活动，积极地参与、愉快地游戏、主动地探索。教师要欣赏并积极回应幼儿在一日生活中哼哼唱唱、模仿表演等自发的音乐行为，赞赏孩子们的独特表现方式。

在幼儿音乐区域活动时，鼓励幼儿自由选择、自主活动，教师不做过多干预或把自己的意愿强加给幼儿，教师的角色是观察者、支持者和引导者，在幼儿需要时再给予适当的帮助。

4. 要充分调动各方资源，支持幼儿的音乐发展

在一日生活的音乐教育中，还要充分发挥家庭和社区的资源与作用，邀请音乐专业的家长担任助教，邀请社区内的音乐专业人士走进幼儿园。同时，也要有意识地带领幼儿参与到社区中的传统民间艺术和地方民俗文化活动中，让幼儿置身剧场、音乐厅中，拓展幼儿的音乐视野，丰富幼儿的音乐体验，让其接受更广泛的艺术熏陶。

第二章 ••••••••••••••••••••••••••••••••••

歌唱： 关键经验与活动指导

歌唱活动是幼儿园音乐教育中最重要的一项实践活动。它是语言活动的拓展，无论在发声原理还是音乐内容方面，都是最接近幼儿生活经验的一项音乐实践活动，因此，最容易被幼儿接受与喜爱。

第一节 歌唱对幼儿发展的价值

一、歌唱与幼儿歌唱

歌唱是音乐实践活动的重要类型之一，是最自然的一种表达情感的方式。德国音乐理论家舒巴尔特认为，人声是自然的原音，自然中所有其他声音只是这个原音的遥远的回声。人的喉咙是创作的第一个最纯洁、最卓越的乐器。

歌唱原始的外在表现形式，或是快乐地哼唱、大声地叫喊，或是哭泣地呻吟、悲伤地嚎叫，都是人类身体和心灵协调运动的产物，是心理感知、记忆、注意、意志、想象、情绪能力等众多心理因素配合的结果。从外在形式上看，歌唱是个人或者团队经由专业或非专业训练后，借由声带发出优美动听的声音的实践活动；从内在形式看，它需要人类内心的真情实感，是身体和心灵协调运动的产物。就人类个体而言，歌唱是与说话同时开始的，是人进入音乐天地最自然的途径，是表达心情的一种方式。通过歌唱这种艺术化的手段表现出人类丰富的内心情感及其变化，使歌唱者与欣赏者都获得身临其境的情感体验，这就是歌唱教育所要研究的课题，也是歌唱教学的主要任务。

对幼儿而言，歌唱与说话一样，是生活中必需的。当他们高兴时，就会情不自禁地唱起歌来，通过他们甜美、清脆的歌声来表达自己欢快、喜悦的心情。歌唱活动是幼儿园音乐教育活动的重要组成部分，它对于促进幼儿音乐感受能力和音乐表现能力的发展，实现音乐教育的整体目标十分重要。同时在幼儿园音乐教育中，歌唱是让幼儿掌握歌曲旋律、表达情感最直接的方式，也是幼儿学习音乐最主要的方式。但是，我国幼儿园歌唱教学的现状并不可喜。有研究者通过调查表、访谈、教学实录等方式对上海市松江区的 30 所幼儿园歌唱教学活动现状进行调查取样，结果表明：就教师方面而言，在幼儿园歌唱教学中，教师的理论认识较高，态度也良好，但是存在歌唱教学能力不足、教学重点偏离、忽视幼儿合作与经验拓展等问题。导致这种结果的可能原因是学前教育教师紧缺，大量缺少音乐学科素养的非专业教师加入学前教育队伍。就幼儿方面而言，大部分幼儿对歌唱活动兴趣高并乐意交流，但是，存在发音错误、压喉、鼻音过重、"大白嗓子"喊叫等歌唱行为，学习过程也缺乏创造性。

二、歌唱对幼儿发展可能产生的作用

无论是歌唱还是其他音乐实践活动，论及它们对幼儿发展的价值时，我们都强调价值实现的条件性。与所有音乐教育活动一样，只有当具有教育活动的四种特征时，歌唱对幼儿发展的价值才有可能被最大程度地实现。下面我们探讨歌唱活动对幼儿发展可能产生的作用。

（一）促进幼儿的记忆能力

幼儿要学习歌曲和进行律动练习，首先必须记住歌词和动作，这就可能有效地促进幼儿记忆力的发展。另外，教师通过简单地哼唱旋律，把歌词教给幼儿，音乐记忆能力便在幼儿自己的内心哼唱中得到了加强。

（二）促进幼儿的情感能力

歌唱是一种富有艺术感染力的审美教育，它可以把高度发展的社会理性转化为生动、直观的感性形式，把情绪上的感染、思想上的影响转化为一种寓教于乐的表现形态；它有助于幼儿放松情感，获得愉悦的心情；有助于培养幼儿的情感表达能力，丰富幼儿的情感体验，保持其积极乐观的精神状态。

歌唱过程本身就是自我展示的过程，幼儿园歌唱活动可以让幼儿大胆地用歌声、用音乐表达自己的体验和情感；可以让幼儿尝试并学会把自己对歌曲的感受用歌声展现出来，把自己的情感用歌声表达出来。

有研究表明：歌唱可以使幼儿全身心地投入，可以培养他们的乐感和美感，可以丰富他们的音乐表现力，可以让他们终身保持对音乐的热忱。

（三）促进幼儿的音准能力

英国音乐心理学家博德曼在儿童唱歌训练上提出了一个"加速成熟"假说。他认为，学前儿童的训练效果主要是加速其发展过程，而不是以任何方式来影响最后的演唱效果。英国学者罗伯特·史密斯给 20 名三岁幼儿和 21 名四岁幼儿每天 15 分钟唱歌时间，16 周为一个训练期。经过两期训练之后，所有幼儿都在演唱音准上获得了提高，尤其是在低音区。这为博德曼的"加速成熟说"提供了支持证据。

（四）促进幼儿的语言能力

学唱歌对幼儿语言能力的发展有很大的益处。一首好的幼儿歌曲，歌词往往也是一首好的儿歌。幼儿学习一首首的歌曲，也自然而然地学习着一首首好的儿歌，无形中，词汇量、艺术性语言都能有所增加。唱歌时要求吐字清楚，这对正确发音是一大帮助。歌曲要唱得有感情，就要唱出强弱、快慢的种种表情变化，而这种感情常来自于歌词内容，经常有感情地歌唱尤能加强幼儿对语言的重音、节奏、句子的结构等的理解。就此，有学者认为，对语言上有缺陷的儿童，需要在日常生活中给予音乐的刺激。因为语言与音乐，二者在句子、重音、韵等方面有共通之处。另外，音乐能使儿童的耳朵更加敏锐，促进儿童注意力和倾听能力的发展，这些能力的发展又能帮助儿童把话说得更好。

另外，在歌唱学习过程中，幼儿的呼吸器官和发音器官能得到活动、锻炼。因而，歌唱学习可以从生理层面促进幼儿言语能力的发展。歌唱有时还会作为训练语言障碍儿童的手段。在一些针对语言障碍儿童的训练中，歌唱学习是一个重要手段，在慢速的歌唱学习中，幼儿在有节奏的、有韵律的歌唱过程中锻炼了对呼吸、发声、构音能力的控制，能够有效促进其语言的发展。

（五）歌唱的游戏价值

在所有文化中，游戏中的儿童经常伴有某种形式的自发歌唱，这种歌唱少部分来自儿童的即兴而发，大部分来自于或改编于儿童已经学会的歌曲。歌唱对游戏的参与体现在三方面：首先，歌唱具有模拟相似情境的功能。在一些游戏中，歌唱就是游戏的一个具体部分，比如，孩子在角色游戏中扮演妈妈，边唱摇篮曲边哄宝宝睡觉。其次，歌唱具有象征表达的功能。孩子们可以用"歌词"来进行日常生活中的取笑、报告、呼叫、命令、询问、回答等。再次，歌唱可以作为游戏的背景。俄国儿童相当频繁地使用歌唱作为游戏的背景。比如一个俄国女孩一边唱着舒缓的《喀秋莎》，一边假想着她在采蘑菇，《喀秋莎》与采蘑菇毫无关系，显然是女孩把歌曲舒缓的旋律作为采蘑菇游戏的背景。歌唱将她游戏的内心图画（在她的想象中，身边四处都长满了蘑菇）与她正处其中的游戏的"真实"世界连接起来。作为背景的歌唱将孩子的内部世界和外部世界联系起来，为幼儿的游戏体验增加了节奏、快乐等因素。综上，学习不同类型的歌曲对幼儿的游戏很重要。

（六）歌唱的美育价值

歌唱学习具有很高的美育价值。一方面，歌唱学习可以美化心灵、完善品格、陶冶情操。幼儿歌曲多以引导幼儿热爱大自然、懂礼貌讲卫生、尊老爱幼为题材内容，潜移默化中把真善美的观念播种到孩子们的心中。相对于器乐学习，歌唱学习与生活的联系更加紧密。因为歌曲是音乐和语言的结合，表现的内容具体明确，也更易深入到人们的内心体验，展示情感的起伏变化，故而歌唱学习能有效地美化心灵、完善品格。另一方面，在歌唱学习过程中，幼儿能感受到歌曲的内容美和曲调美，受到感染和熏陶。儿童歌曲大多节奏明快简洁，旋律优美流畅，歌唱学习能让他们享受音乐节奏和旋律的美好，可以增加他们心理上的愉悦感。

此外，歌唱学习还包含了多种音乐知识和歌唱技能的学习，可以有效提高幼儿对音乐元素的感受能力。在歌唱学习过程中，幼儿拓宽了嗓音的探索，他们独自或与其他人一起，在适当的音高范围内唱重复的节奏型，唱部分或整首歌曲，他们努力用准确的音高唱简单的旋律；在歌唱学习过程中，他们整体地感知了音乐的节奏、旋律、速度、结构、力度等元素，同时促进了自身音乐表现能力和音乐欣赏能力的发展。当幼儿心中有了一些熟悉的旋律之后，他们甚至可以在某些情境中即兴创作短的曲调和节奏型。因而，歌唱学习在音乐学习中至关重要。

第二节　幼儿歌唱的特点

每个人都有歌喉，把歌喉当作乐器是很便捷又很经济的一项音乐实践活动。歌唱与动作表演的不同之处在于，使用的身体肌肉不同。身体动作表演使用四肢与躯体部位的肌肉，这些肌肉可见、可触，相对容易控制；而歌唱使用的是声带两边的肌肉，不可见、不可触，甚至很难意识到它们的存在，更不要说有意识地控制这些肌肉。但是，人类天生就会使用这些肌肉，通过使用声带周围的肌肉来体验音乐是歌唱活动的特点。

一、幼儿的嗓音机制

幼儿的声带稚嫩，对他们来说，唱自己音区内的低音比较容易，连贯地唱由低到高的音比较难，一般都会唱破。从生理上说，幼儿声带两边的肌肉是用来帮助他们唱自己音区内的低音，声带上围的肌肉用来帮助他们唱高音。两边肌肉一般只能帮助唱围绕 C 调的 do、re、mi、fa、so 几个音，而上围肌肉中的增长肌可以帮助幼儿唱到 C 调的 so 以上的音。所以，教师要让孩子多多练习增长肌，同时要寻找到孩子由低音到高音的换声点。平常，我们喜欢说进入头声与大白声，从生理角度分析就是使用的肌肉不同。头声主要是使用声带上围肌肉，在声带上围肌肉帮助下发出的音叫头声；而大白声主要使用声带两边肌肉，是在声带两边肌肉的帮助下发出的音。一般人，无论使用声带两边还是上边的肌肉，都是无意识的。当歌唱者能主动地用头声歌唱时，说明歌唱者已经意识到并能主动地使用声带上围肌肉，也就意味着声音得到了有意识的控制，这时无论唱重、唱轻、唱高、唱低，都会得到有意识地调节，包括音准与音质的歌唱质量也相应地得到保障。在自然状态下，幼儿与成人最大的区别就是使用的声带肌肉部位不同。成人主要使用声带周围的肌肉，而幼儿大量地使用声带上围肌肉，但都是无意识的。所以，我们常说，幼儿是天生的头声说话者与歌唱者。如果教师自己具有较好的头声歌唱状态与控制能力，那么在正确的示范与合理的评价的引导下，幼儿有意识地进入他们本能就有的头声状态是水到渠成的事。

　　如何引导幼儿有意识地使用声带上围的增长肌或头声呢？以下三个活动隐含着三种引导方法。活动 1：借助哨子乐器。教师吹哨子，请幼儿模仿哨子的声音，引导幼儿使用声带上围的肌肉，练习头声。刚让幼儿接触哨子乐器时，对教师的吹哨方法有一定的方向要求：先从上到下地吹，即下滑；一段时间后，可以由下到上地吹与由上到下地吹交替进行。活动 2：使用沙袋，引导幼儿使用增长肌。让幼儿跟着沙包扔出的高度发出声音，教师要示范准确。另外要注意的是，当幼儿发音比较低时，教师不要用语言提示，如"请你把声音发得高一点"，而要说"像沙袋一样高"或"把沙袋扔得高一点"等。这是因为，语言提示"把声音发得高一点"是非常抽象的，而沙袋的高低很具体，同时，空间高低与声音高低具有可比性。活动 3：使用其他道具。借助道具进行情境化的声音高低呈现，借此让幼儿模仿或创造性地发出高的声音与低的声音。例如，可以用两只小豚鱼道具，模拟高低不同的对话；可以用手指鬼偶发出鬼叫的声音；也可以用一段有弹性、可自由折弯的彩色塑料线来模拟旋律线，请幼儿依据塑料线的形状，唱出塑料线所要表达的旋律。

二、不同年龄幼儿的嗓音特点

（一）小班幼儿的嗓音特点

　　3—4 岁幼儿一般能达到的音区为 d^1—b^1，当然也有的幼儿音域特别窄，只能唱两到三个音。一般来说，在这六个音级的范围内，小班幼儿能够在教师的帮助下，比较接近音高地歌唱。让小班幼儿独立歌唱或单独唱一首完整歌曲有一定的难度，但是在教师的帮助下，在集体一起唱的情况下，小班幼儿还是能够演唱不少歌曲。对小班幼儿来说，最合适的演唱方式是音乐片段演唱，所谓的音乐片段演唱包括：回声歌与对歌。回声歌是每句必重复的一类歌曲，因很像回声而得名。这类歌曲往往是教师先唱、幼儿后唱，就如教师示范、幼儿模仿一样，对音准、节奏、自信地歌唱都有好处。对歌往往是有领有合，教师唱领唱部分，幼儿唱齐唱部分，这样既降低了幼儿的歌唱难度，又不失歌唱的乐趣。以下是进行回声歌与对歌学习的活动范例。

范例 2-2-1　回声歌

小朋友你好吗

$1 = C \dfrac{2}{4}$

美国传统儿歌
王秀萍　译词

[活动过程建议]

- 教师用语言向幼儿问好：小朋友，你好吗？幼儿回应教师的问候：老师，您好吗？
- 教师改用歌唱的方式向小朋友问好，请幼儿模仿教师的音调进行回应。

- 教师与幼儿合作完成回应歌唱部分，同时教师完成歌唱的最后一句。
- 师生一起完成整首歌曲的歌唱。

[注意事项]

教师与幼儿互问好时，可以把歌词中第二个"小朋友"改为"×老师"。

范例2-2-2 对歌

厨房里的声音

贝茜·琼斯 改编
王秀萍 译词

$1 = F \dfrac{4}{4}$

（独）
6 6 1 1 1 3 0 | 1 1 1 0 6 5 |
从 厨房 出来 乐乐乐， 手拿

（合） （独）

1 1 1 1 6 5 0 | 1 1 1 0 1 |
一块 小小 饼干 乐乐乐， 噢

（合） （独）

1 5 5 6 1 0 | 2 2 3 0 1 1 |
这是 Ma-ry 乐乐乐， 飞呀
John-ny

（合） （独）

1 5 5 6 1 0 | 1 1 1 0 ‖
飞 到了外面 乐乐乐。

（合）

— 083 —

> **[活动过程建议]**
> - 教师与幼儿一起表现在厨房做饼干的情境。
> - 教师在与幼儿一起玩做饼干的假扮游戏时，唱这首歌曲。
> - 教师请幼儿跟着自己唱每句结尾的"乐乐乐"部分。
> - 师生合作歌唱：教师唱领唱部分，幼儿唱合唱部分。

（二）中班幼儿的嗓音特点

4—5 岁幼儿一般能达到的音区为 c^1—c^2。中班幼儿在老师起音的条件下，能集体与单独歌唱，并已经可以有比较好的发声状况。因为有比较好的发声，就有可能达到比较好的音准。以音准为目标之一的歌唱教学活动，具有以下几条原则：第一，当幼儿歌唱时，一般老师不与幼儿一起唱，而是让幼儿独立歌唱。如果老师和幼儿一起唱，幼儿就会很轻易地模仿你，从而抑制旋律表象的产生与旋律记忆机制的运用。当幼儿先听老师唱，然后再自己独立唱时，要求幼儿先倾听旋律、记忆旋律，然后再把旋律表象呈现出来，这样有益于幼儿旋律感乃至音准概念的发展。第二，至少让幼儿在第二次音乐活动时才开口歌唱，第一次活动只让幼儿在游戏或动作中倾听。

（三）大班幼儿的嗓音特点

5—6 岁幼儿一般能达到的音区为 c^1—d^2。如果教师自己已经建立了音准概念，并能比较合理地指导幼儿歌唱，大班幼儿就能进行集体与个人的独立歌唱，能唱准音调，并可以达到正确的音高、速度、发声。如果教师歌唱水平比较高的话，在大班可以比较多地开展二声部、三声部合唱。在合唱中，幼儿的发声水平、旋律感、社会性合作能力等会得到比较坚实的发展。制约幼儿歌唱水平的是教师的水平。

三、幼儿最爱的歌曲类型——故事性歌曲

（一）故事性歌曲的含义

上面提到过的回声歌、对歌都是受幼儿欢迎的歌曲，尤其受小班幼儿欢迎，能让幼儿很轻松地获得歌唱的成就感。另外，无论对小班、中班还是大班幼儿，由于受形象性思维的支配，故事性歌曲都是他们的最爱。故事性歌曲是指歌词内容有故事情节的歌曲，下面为故事性歌曲的范例及活动建议。

范例 2-2-3

大 灰 熊

美国传统儿童歌曲
王秀萍　译词

$1 = D \dfrac{2}{4}$

1 1	1 3	2 2	2 4	3 1	2 7̣	1 -
一只	大灰	熊呀	正睡	在那	洞里	头，

3 3	3 5	4	4	2 2	2 4	3	3
请你	走路	轻	轻，	非常	非常	轻	轻，

1 1	1 3	2 2	2 4	3 1	2 7̣	1 -
如果	你去	摇醒	它呀，	它就	要发	怒。

[活动过程建议]

- 请幼儿根据教师出示的图片（见图 2-2-1，图 2-2-2，图 2-2-3，图 2-2-4），讲述图片内容。

- 请幼儿根据教师的故事（根据歌词创编）用身体动作表现图片的内容。
- 教师歌唱歌曲，请幼儿根据教师的歌唱表现图片内容。
- 请幼儿根据歌曲伴奏表现歌曲内容。
- 请幼儿把身体动作去掉，用嗓音表现图片内容。

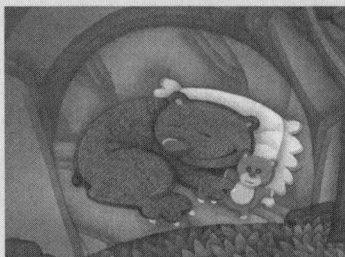

图 2-2-1

图 2-2-2

图 2-2-3

图 2-2-4

（二）由身体动作表演到嗓音表演——幼儿歌唱学习的表演方式转换

　　幼儿的歌唱学习过程往往经历从身体动作表演到嗓音表演的转换。在幼儿独立演唱故事性歌曲之前，我们往往会让幼儿用身体动作表演故事。在音乐中，对于用身体动作表演歌词中的内容，幼儿往往会乐此不疲。如上例《大灰熊》，幼儿在伴奏带伴奏下，把大灰熊睡觉、小朋友轻轻走路、大灰熊醒过来发怒的故事情节表演得有声有色。在幼儿的身体动作表演还没熟练之前，如果让幼儿歌唱，一方面，他们的注意力分配不过来，这时的注意力在身体动作，很难张嘴歌唱；另一方面，即便他们也张嘴歌唱了，但是受动作表演的影响，可能把歌曲唱得很糟糕。只有当幼儿的身体动作表演达到自如或能独立表演的程度，幼儿的注意力才能集中到嗓音上，才能意识到声音的变化。这时，教师如果对幼儿的嗓音表现力与旋律意识进行适宜的引导，幼儿的歌唱会得到很好的发展。

第三节　歌唱教育活动的关键经验

本节内容围绕幼儿四项歌唱关键经验展开，具体的歌唱关键经验如下。

　　歌唱关键经验 1：合拍做动作（用身体动作表达出音乐节拍的稳定特质）；

　　歌唱关键经验 2：具有旋律轮廓线地歌唱（包括学唱与创编歌词歌唱）；

　　歌唱关键经验 3：用动作描述音乐内容与形式（包括歌词内容的动作探究与对音乐元素、音乐情绪特征的动作表现）；

　　歌唱关键经验 4：用语言描述音乐内容与形式（包括用语言描述身体动作、歌词内容、音乐元素与情绪特征）。

一、歌唱关键经验的分类

上述四项歌唱关键经验可以分成三类：节奏关键经验、旋律关键经验与描述关键经验。下图对三类歌唱关键经验的类属做出了说明。

在歌唱教学中，节奏关键经验是合拍做动作；旋律关键经验是有旋律轮

节奏关键经验	旋律关键经验	描述关键经验
1 合拍做动作	2 有旋律轮廓线地歌唱	3 用动作描述音乐的内容与形式
		4 用语言描述音乐的内容与形式

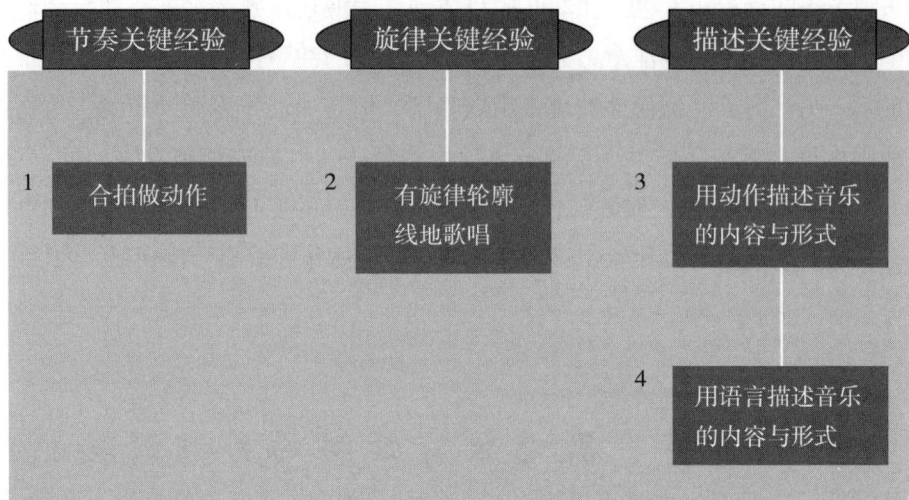

廓线地歌唱；描述关键经验包括对音乐的内容与形式进行动作与语言的描述。在四项关键经验中，合拍做动作是所有音乐关键经验的基石。换言之，一切音乐经验都是在合拍的底座上建筑起来的，身体动作合拍又是合拍经验（身体动作合拍、演奏合拍、演唱合拍）中最基础的。

二、歌唱关键经验的指导要旨

在幼儿园歌唱教学活动中，教师应如何帮助与指导幼儿获得这些关键经验呢？

（一）合拍做动作关键经验的指导要旨

1. 合拍做动作的指导原则

合拍做动作不仅是幼儿歌唱关键经验的基石，而且是幼儿所有音乐关键经验的基石。在歌唱教育活动中，引导幼儿合拍做动作应遵循以下一些原则。

（1）合拍的要旨不只是有拍子，而是拍子稳定。如果一首歌曲有 16 拍，合拍做动作不是指做了 16 下动作，而是指这 16 下动作自始至终是稳定发出的。

（2）引导幼儿合拍不能靠语言指令，而要靠教师准确的示范。单通过语言，很难让幼儿理解合拍。幼儿感受与掌握合拍主要是在大量动作模仿活动中完成的，所以，教师在动作表演中的稳定拍感是幼儿获得拍感的必要条件。音乐是陶冶出来的，就幼儿园集体音乐教学而言，教师举手投足时的合拍性是幼儿在不知不觉中与有意识的模仿中获得节拍经验的主要途径。

（3）歌唱教学中动作的合拍主要指上肢动作的合拍。对没有经过专门训练的3—6岁幼儿而言，合拍地做下肢移动动作的音乐学习内容不在他们的最近发展区内，所以，涉及让幼儿做下肢移动合拍动作时，教师要非常小心。幼儿歌唱学习是边歌唱边做动作的一种音乐活动，为歌曲配的动作一般只是上肢动作，不能影响幼儿歌唱。合拍做上肢动作的内容一般都在幼儿的最近发展区内，当教师具有稳定拍感，且教学策略使用得当，幼儿就比较容易获得合拍做上肢动作的经验。

2. 指向幼儿合拍做动作的活动类型

（1）边念儿歌边做合拍动作

范例 2-3-1 念儿歌做动作

小手小手拍拍

小手小手拍拍，我的小手伸出来，

小手小手拍拍，我的小手举起来，

小手小手拍拍，我的小手藏起来，

小手小手拍拍，我的小手放放好。

小脚小脚踏踏，我的小脚踢起来，

小脚小脚踏踏，我的小脚踮起来，

小脚小脚踏踏，我的小脚跳起来，

小脚小脚踏踏，我的小脚放放好。

[动作建议]

每一句按 ××××|×××—| 的节奏型做动作，前面六拍按儿歌的字面意思做拍手与踏脚动作，最后两拍按儿歌的动词意思做相应的动作，要在动词这一拍做出动作。

[活动过程建议]

- 与幼儿讨论小手都能做些什么，当幼儿回答完后，教师念第一段儿歌，呈现小手所做的事情。
- 教师边念儿歌边合拍做动作，请幼儿跟着教师边念儿歌边做动作一到两遍。
- 教师用拟人化手法，讲解很轻与正常力度两种拍手方式。

  如：两只小手开始讲悄悄话了，看老师是怎么让两只小手讲悄悄话的。

  如：两只小手正常讲话了，看老师是怎么让两只小手正常讲话的。

- 用同样的方式，引导幼儿学习第二段儿歌。注意小脚踏时声音要轻，只让幼儿学习小脚与地板说悄悄话一种踏脚方式。

（2）做手指游戏时注重合拍动作

范例2-3-2 合拍做手指游戏

五只猴子荡秋千

五只猴子荡秋千，

嘲笑鳄鱼被水淹，

鳄鱼来了鳄鱼来了，啊呜啊呜啊呜；

四只猴子荡秋千，

嘲笑鳄鱼被水淹，

鳄鱼来了鳄鱼来了，啊呜啊呜啊呜；

三只猴子荡秋千，

嘲笑鳄鱼被水淹，

鳄鱼来了鳄鱼来了，啊呜啊呜啊呜；

二只猴子荡秋千，

嘲笑鳄鱼被水淹，

鳄鱼来了鳄鱼来了，啊呜啊呜啊呜；

一只猴子荡秋千，

嘲笑鳄鱼被水淹，

鳄鱼来了鳄鱼来了，啊呜啊呜啊呜。

[动作建议]

每一段的第一、二句：左手按照猴子数伸出相应的手指头，然后，两个字为一拍，一拍一次，左右摇晃手掌。

每一段的第三句：这一句 14 个字，字数很多，时值也只是四拍。"鳄鱼来了鳄鱼来了"，右手大拇指与其余四指做鳄鱼的嘴状，上下闭合两次，每次一拍；"啊呜啊呜啊呜"，同样做鳄鱼嘴状闭合，前两个"啊呜"半拍闭合一次，最后一个"啊呜"一拍闭合一次。

[活动过程建议]

● 教师边念儿歌边合拍做动作，请幼儿模仿学习。

● 幼儿完整学习一遍动作后，与幼儿讨论当只剩下两只与一只猴子时，手指怎么做才觉得更舒服，然后按照幼儿的方法练习单独伸出小拇指、无名指的动作。

● 幼儿完整地边念儿歌边做一遍手指游戏，注意趣味性与合拍。

（3）歌唱教学初始①关注动作合拍

范例2-3-3 边歌唱边合拍做动作

部 位 歌

英国童谣
佚名 填词

$1=D\frac{2}{4}$

$\underline{5.\ 6}$ $\underline{5\ \ 4}$ | $\underline{3\ \ 4}$ 5 | $\underline{2\ \ 3}$ 4 | $\underline{3\ \ 4}$ 5 |
头 发 肩 膀 膝 盖 脚 膝 盖 脚 膝 盖 脚，

$\underline{5.\ 6}$ $\underline{5\ \ 4}$ | $\underline{3\ \ 4}$ 5 | $\underline{2\ \ 2}$ $\underline{5\ \ 5}$ | $\underline{3\ \ 3}$ 1 ‖
头 发 肩 膀 膝 盖 脚 眼 睛 耳 朵 鼻 子 嘴。

〔动作建议〕

在所有加重点号的字上做拍身体部位的动作，合上重拍。

〔活动过程建议〕

● 与幼儿一起讨论身上有哪些部位，这些部位的名称是什么？

● 告诉幼儿，我们的小手又能干又有礼貌，它会与所有的身体部位很有礼貌地打招呼（轻轻地拍一下身体部位）。

● 请幼儿学习小手与身体部位很有礼貌地打招呼的方法（教师引导幼儿边打招呼边念歌词）。

● 教师边唱歌曲边示范双手与身体部位打招呼的方法。

● 幼儿完整学习一遍。

● 重点练习一下双手与眼睛、耳朵、鼻子、嘴打招呼的方法，注意先慢后快。

● 幼儿边歌唱边完整地做一遍双手与身体部位打招呼的方法。

---

① "歌唱教学初始"在这里是指幼儿入园后刚进入音乐教学活动的阶段。

（4）关注弱起拍歌曲的合拍方式

如果教师希望幼儿获得合拍做动作的节奏经验，教师自己就必须对选择的歌曲是正拍起还是弱拍起非常敏感，能对弱起拍歌曲自如、合拍做动作是获得合拍做动作节奏经验的最高标准。

范例 2-3-4　弱起拍歌曲的合拍做动作

头 与 肩 膀

1 = C $\frac{2}{4}$

祖鲁儿童游戏
王秀萍　译词

| 1 | 1 $\underline{1\ 3}$ | $\underline{5\ 5}$ 5 | $\dot{1}$ $\underline{7\ 6}$ | 5 $\underline{5\ 3}$ |
| 那 | 头 和那 | 肩 膀，那 | 胸 和那 | 肚 皮，那 |

| $\underline{5\ 5}$ $\underline{4\ 3}$ | 2 $\underline{2\ 2}$ | $\underline{4\ 4}$ $\underline{3\ 2}$ | 1 1 |
| 膝 盖和那 | 脚 趾，那 | 膝 盖和那 | 脚 趾。 |

[动作建议]

在加重点号的表示身体部位的"头""肩""胸""肚""膝""脚"字上做相应的动作。

弱起拍歌曲合拍做动作的关键：歌声在弱拍发出，动作在重拍发出，声音与动作之间有一个时间差。

[活动过程建议]

• 教师引导幼儿用双手很有礼貌地与身体的一些部位打招呼，并学习这些部位的名字：肩膀、胸、肚皮、膝盖、脚趾。

• 教师边歌唱边示范用双手与身体这些部位打招呼的方式，双手拍部位的动作与歌唱这个部位的声音同时发出。

• 幼儿跟着教师完整做一遍双手与身体各部位打招呼的动作，教师注意观察幼儿做动作的合拍状态。

- 教师与幼儿讨论是否有比较难打招呼的地方（由于速度太快或动作幅度太大等），并讨论解决的办法。
- 幼儿最后边唱边完整地做一遍打招呼的动作。

范例 2-3-5　弱起拍歌曲合拍做动作

公共汽车

1=ᵇE 4/4

0 5̇	1 1 1	1 3	5 3	1	2 7̇	5̇· 5̇	3 1	5̇
1. 公	车 上 的	轮 子	转 呀	转	转 呀	转 转	呀 转,	公
2. 公	车 上 的	门 呀	开开关 关		开开关	关, 开	开关 关,	公
3. 公	车 上 的	人 呀	上上下 下		上上下	下, 上	上下 下,	公

1 1 1	1 3	5 3	1	5	5̇· 5̇	1
车 上 的	轮 子	转 呀	转,	跑	遍 城	市。
车 上 的	门 呀	开开关	关,	跑	遍 城	市。
车 上 的	人 呀	上上下	下,	跑	遍 城	市。

4.公车上的雨刷刷刷刷……

5.公车上的宝宝哇哇哭……

6.公车上的妈妈说嘘……

[动作建议]

弱起拍：不做动作。

第一段：握双拳，双臂在身体两侧弯曲，前后画圈，做轮子转的动作，一拍画一次。

第二段：手掌伸直，掌心朝外，双掌交叠，放在胸前，跟随歌词做分开交叠动作。

第三段：做站在公共汽车上面，一手抓住车内拉手的动作，抓拉手的手臂跟随歌词做上下动作。

第四段：手掌伸直，掌心朝外，双掌分开放在胸前，跟随歌词做左右摆动。

第五段：双拳握紧，放在眼前，跟随歌词做压手腕动作，表示宝宝在哭。

第六段：右手食指伸出，放在嘴上，当歌词出现"嘘嘘嘘"时，跟随歌词节奏用食指敲嘴唇。

[活动过程建议]

- 幼儿坐在位子上，教师与幼儿讨论汽车的轮子是怎样转的，并请幼儿用动作表示出来。

- 教师边歌唱边做汽车轮子转的上肢合拍动作，并请幼儿跟着做两遍。

- 教师与幼儿谈论坐汽车的情境，讨论汽车的门是如何开关的，坐车的人是如何上下的，并请幼儿用动作表现出来。

- 教师边歌唱第二、三段边做上肢合拍动作，并请幼儿跟着做一遍。

- 请幼儿三段连起来完整表演一遍。教师注意观察幼儿的动作合拍状态。

- 请幼儿站起来围成一个圈，在教师的带领下做歌曲的前三段动作。这一次是移动动作，下肢做小跑步，但不需要合拍。

- 第四至六段歌曲的学习，建议在第二课时按同样的方法进行。

（二）有旋律轮廓线地歌唱关键经验的指导要旨

1. 有旋律轮廓线地歌唱的指导原则

耳朵能辨别四度音程及以上的两个音之间的高低，歌唱时不能唱准句子与句子之间的音程，但是能唱出每一句的旋律轮廓走向，这是幼儿园大班歌唱能力较好的幼儿的旋律经验水平，也是我们努力想要所有幼儿达到的一种水平。帮助幼儿获得有旋律轮廓线地歌唱的音乐经验，需要注意以下几个原则。

（1）歌曲按不同年龄班音域标准定调，尽量进入幼儿的歌唱音域。适合3—6岁儿童获得旋律感的歌唱音域间于 c^1—b^1，歌唱实践只有在幼儿的音域范围内，才有利于幼儿操作嗓音、获得音准。但问题在于，一方面，这个音域不适宜许多幼儿园教师的嗓音，她们喜欢再降个四五度来歌唱；另一方面，对歌曲伴奏只会弹一到两个调的教师而言，她们没有余力关注幼儿的音域。就目前我国幼儿园歌唱教学的现状而言，歌曲定调不准确是幼儿很难获得旋律经验的原因之一。

（2）准确的教师范唱。音乐不是教出来的，而是熏陶出来的，这句话对培养幼儿的旋律感非常重要。不能准确范唱的教师，是不可能培养出有旋律感的幼儿的。

（3）避免机械地死唱歌曲。幼儿旋律感的形成需要大量的歌唱实践，但不能倒过来说，有大量歌唱实践机会的幼儿就一定能形成旋律感。实践是一种主体性活动，是有意识、有目的地做事的一种活动，歌唱教学中，教师让幼儿机械地一遍又一遍唱歌的行为，不是歌唱实践活动。每一次让幼儿歌唱都需要提供令幼儿乐意歌唱的理由，每一次歌唱都需要提供歌唱的目标指向，这是歌唱实践所要具备的。

2. 能够帮助幼儿获得有旋律轮廓线地歌唱经验的活动类型

（1）分辨音的高低

范例 2-3-6　分辨相距六度的音的高低

影　子

1=♭B　4/4

传统儿童歌曲
王秀萍　译词

5 | i i i i | i - - 5 | 3 3 4 2 | 3 - -

我　有 时 长 得　高，　我　有 时 变 得　矮，

5 | i 5 i⌢ 5 | i 5 3⌢ - | 5 5 5 5 | i - -‖

我　长 得 高，我　变 得 矮，　你 来 猜 一　猜。

［活动过程建议］

- 进行"影子"的科学探究活动。把活动室的窗帘拉下，教师准备几个电力强的手电筒，并与幼儿一起探究影子产生的原理。当光线被物体挡住时，会产生影子，请幼儿挡住手电筒的光线，然后在墙上留下影子。当光线的角度变换时，影子的大小也会变化。分别请几位幼儿拿着手电筒实验，怎样变化手电筒的角度才能让影子变高、变矮。请不拿手电筒的幼儿，随着自己影子的变高，身体也尽可能向上伸展；随着自己影子的变矮，身体也尽可能向下蜷缩。

- 正当幼儿玩得欢的时候，教师放歌曲《影子》的录音或清唱歌曲，让歌曲中的影子变高、变矮与实验中真实的影子高矮相吻合。

- 把手电筒放在一边，请幼儿根据教师所唱歌曲的歌词内容来伸展与蜷缩身体。

- 请幼儿根据教师所唱的旋律来伸展与蜷缩身体。

- 请幼儿根据高音 a 与低音 d 两个音来做身体的伸展与蜷缩动作。
- 请幼儿根据钢琴上教师弹奏的两个高低差异较大的音来做身体的伸展与蜷缩动作。

（2）分辨旋律的上行、下行

范例 2-3-7　体验上行旋律

花　蝴　蝶

帕蒂·泽特林　词曲

王秀萍　译词

$1 = D \frac{4}{4}$

1	2	3	4	5	4	3	2	1	2	3	4	5	—	—	—
爬	爬	爬	爬	小	毛	虫	啊	爬	爬	爬	爬	爬，			

4	6	4	2	3	5	3	1	2	4	2	7	1	3	5	—
你	可	知	道	再	过	几	天	你	就	变	成	花	蝴	蝶，	

4	6	4	2	3	5	3	1	2	4	2	7	1	1	1	—
你	可	知	道	再	过	几	天	你	就	变	成	花	蝴	蝶。	

[**活动过程建议**]

- 与幼儿讨论小毛虫是怎样爬的，并用身体动作做出小毛虫爬的动作（在地上爬行，扮演小毛虫）。
- 与幼儿讨论小毛虫结蛹变成花蝴蝶的过程。
- 请幼儿随着教师的歌声在地上表演小毛虫爬的动作，要求合着音乐爬行。

- 出示一张由低到高的台阶图片，请幼儿边唱"爬"字，边指着图片的台阶一格一格往上爬。注意：只在唱到"爬"字时才做这个往上数台阶的动作。

- 请幼儿边唱歌边看图片，唱到"爬"字时做往上数台阶的动作。

- 教师歌唱，请幼儿合着音乐做小毛虫爬行的动作。

范例 2-3-8　体验下行旋律

问 好 歌

$1 = D \dfrac{4}{4}$

西方传统儿童歌曲

```
3 5 3  5 . 3 | 5 5  4 2 . 0 | 2 4 2  4 . 2 | 4 4 3 1 . 0 |
你好吗? 你 叫  什么 名字?    你好吗? 你 叫  什么 名字?

3 5 3  5 . 3 | 5 5  4 2 . 0 | 5 . 4 3 2 | 1 - 1 - ‖
你好吗? 你 叫  什么 名字?    请 问 你 的  名  字。
```

[活动过程建议]

- 教师唱着歌问每一位幼儿的名字，幼儿回答自己的名字。

- 请幼儿跟着老师唱两遍。

- 教师出示一张由高到低的台阶图片，请幼儿边唱"请问你的名字"，边指着图片的台阶一字一格地往下爬。

- 请幼儿即兴填自己的名字。先让幼儿自己练习一下，然后教师与个别幼儿之间展开问答。

（3）分辨旋律的级进与跳进

范例2-3-9 体验级进旋律

伦 敦 桥

美国传统儿童歌曲

1 = D $\frac{2}{4}$

$\underline{5\ 5}$ $\underline{5\ 4}$ | $\underline{3\ 4}$ 5 | $\underline{2\ 3}$ 4 | $\underline{3\ 4}$ 5 | $\underline{5\ 5}$ $\underline{5\ 4}$ | $\underline{3\ 4}$ 5 | $\underline{2\ 5}$ $\underline{5}$ | 3 1· ‖

伦敦桥要 倒塌了 倒塌了 倒塌了，伦敦桥要 倒塌了，亲爱 的 朋友。

[活动过程建议]

● 学习过桥游戏的玩法：两位幼儿手拉手、高高举起手臂搭成桥，其余幼儿手牵手、唱着歌，一拍一步过桥。如果全体幼儿步伐整齐，桥就塌；如果幼儿步伐不整齐，桥就不塌。桥塌与不塌的判断，由教师与幼儿共同做出。

● 教师边歌唱边请幼儿玩过桥游戏。

● 请幼儿像老师一样，边歌唱边玩游戏。

范例2-3-10 体验跳进旋律

邮 差

德国民歌

1 = ♭A $\frac{3}{4}$

| 3 | — | 5 | 1 | — | 3 | $\underline{5}$ $\underline{5}$ $\underline{5}$ | 1 | 3 | 5 |

邮 差 邮 差 为 什 么 还 不 来，

邮 差 邮 差 有 没 有 我 的 信，

| 3 | — | 5 | 1 | — | 3 | $\underline{5}$ $\underline{5}$ $\underline{5}$ | 1 | — | 0 |

邮 差 邮 差 他 在 哪 里？

邮 差 邮 差 快 点 看 看。

$\underset{.}{5}$ $\underset{.}{5}$ $\underset{.}{5}$	1 3 5	$\underset{.}{5}$ $\underset{.}{5}$ $\underset{.}{5}$	1 3 5
他 匆 忙	跑 过 来,	他 匆 忙	跑 过 来。
为 什 么	慢 腾 腾,	为 什 么	慢 腾 腾?

3 $-$ 5	1 $-$ 3	5 $\underset{.}{5}$ $\underset{.}{5}$	1 $-$ 0
你 看	你 看	这 就 是	他。
对 啦	对 啦	这 是 我	的。

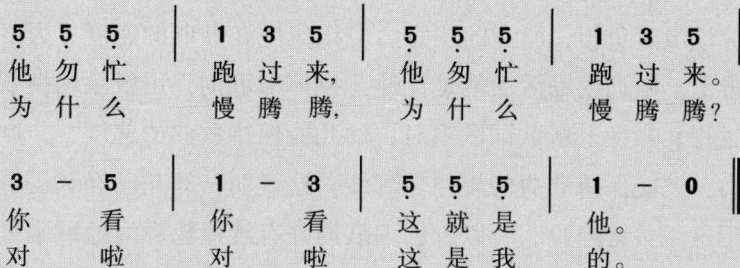

[活动过程建议]

- 教师边歌唱边表演邮差与收信人的动作，请幼儿跟着教师歌唱、表演。

- 教师准备邮差的包，包内装有一些信件。请两名幼儿，一名扮演邮差，一名扮演等信的人，在教师的带领下，边歌唱边表演。

- 可以再请两组幼儿表演。

- 教师出示表示音程跳进的图谱，请幼儿边看图谱边歌唱。

- 请幼儿说说这首歌曲在旋律上有什么特点。

- 请幼儿看着图谱，完整歌唱一遍歌曲。

3. 创编歌词并有旋律轮廓线地歌唱的指导原则

（1）创编歌词活动应放在熟练歌唱之后。任何思维的成熟都需要一个时间量，任何创造都是有中生有。鉴于此，创编歌词这种创造性活动，一方面，需要给幼儿一个熟练掌握原有歌词与旋律的时间量；另一方面，基于对原有歌词与旋律的熟练掌握才能生发出创编新歌词的灵感，所以，在幼儿园歌唱教学活动中，创编歌词活动需要放在第二课时进行。

（2）同时实现歌词创编与有旋律轮廓线地歌唱的双目标。好的课堂教学都是有张力的，就是说，能同时实现教学中两个有价值的目标。例如，幼儿园音乐教学总的张力是，在一个音乐活动过程中，好玩与音乐关键经验的同时实现。创编歌词教学的张力是，创编出新歌词与把新歌词有旋律轮廓线地唱出的同时实现。当幼儿熟练掌握一首歌曲的歌唱后，幼儿在记忆歌词与旋律方面就应该没有负担，所有的注意力应该集中在歌曲的速度、力度等情绪表达与音准上。歌词创编活动就是让幼儿换掉旧歌词，用新歌词把歌曲唱出来的一个过程。当换上新歌词歌唱时，幼儿能保持歌曲的速度、力度等原有情绪表现力，还能保持歌曲的旋律轮廓线，这说明，幼儿已经获得有旋律轮廓线地歌唱这一关键经验。所以，创编歌词并有旋律轮廓线地歌唱是检验幼儿是否获得旋律关键经验的重要指标。

4. 适合幼儿创编歌词的歌曲特征

（1）每段歌词只包含一种形象

范例 2-3-11　适合小班创编的歌曲

小鸡在哪里

侠名 词曲

$1 = C \dfrac{2}{4}$

| 1 1 | 3 3 | 2 2 | 1 — | 3 3 | 5 5 | 4 4 | 3 — |
| 小 鸡 | 小 鸡 | 在 哪 | 里？ | 叽 叽 | 叽 叽 | 在 这 | 里。 |

| 6 6 | 5 3 | 4 5 | 3 — | 6 6 | 5 3 | 2 2 | 1 — |
| 小 鸡 | 小 鸡 | 在 哪 | 里？ | 叽 叽 | 叽 叽 | 在 这 | 里。 |

［活动过程建议］

● 让幼儿学习边做小鸡的模仿动作边歌唱。

● 教师提问：除了小鸡，我们还可以表演什么小动物？

● 幼儿回答后，请幼儿做小动物的动作，并追问：它是怎样叫的呢？

- 请幼儿把小动物的名字与叫声放到歌曲中，边做小动物的模仿动作边歌唱。

范例 2-3-12　适合中、大班创编的歌曲

两只老虎

$1 = C \dfrac{4}{4}$　　　　　　　　　　　　　　　　　　法国童谣

| 1 2 3 1 | 1 2 3 1 | 3 4 5 - | 3 4 5 - | 5 6 5 4 3 1 |

两只 老 虎 两只 老 虎，跑 得 快　 跑 得 快。 一只 没有 耳朵，

| 5 6 5 4 3 1 | 2 5 1 - | 2 5 1 - ‖

一只 没有 尾 巴， 真 奇 怪， 真 奇 怪。

［活动过程建议］

- 让幼儿学习边做动作边唱这首歌。

- 教师提问：如果我们不唱老虎的话，可以唱什么动物呢？

- 指导幼儿解决以下问题：你唱的这种动物跑得慢还是快？让其中一只的身体什么部位没有，另一只什么部位没有？

- 把讨论结果加到歌词中，并一起歌唱。

（2）喊答式、问答式歌曲

范例 2-3-13　喊答式歌曲

对　歌

$1 = F \dfrac{4}{4} \quad \dfrac{3}{4}$

广西民歌

（独）　　　　　　　　　　　　　　　　　　　　　　　　（合）

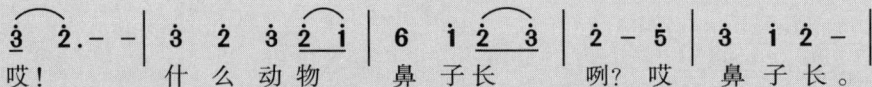

哎！　　　什么 动物　鼻 子 长　　咧？哎 鼻子 长。

（独）　　　　　　　　　　　　　　　　　（合）

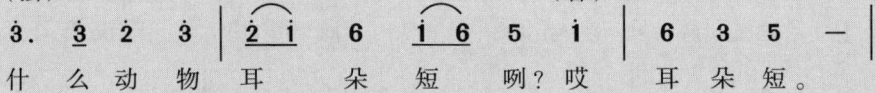

什 么 动 物 耳　　朵 短　　咧？哎　耳朵 短。

（独）

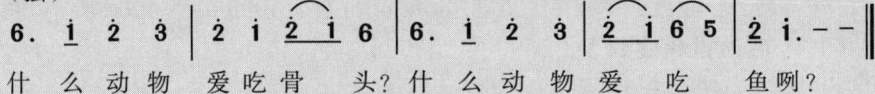

什 么 动物 爱吃骨 头？什 么 动 物 爱 吃　　鱼咧？

[活动过程建议]

● 幼儿学会演唱这首歌。

● 教师提问：如果我们把歌曲中四种动物的特征换掉，我们可
以怎么换？

● 引导幼儿完成四种动物的特征描述。

● 引导幼儿把动物特征加到歌曲中并歌唱。

范例 2-3-14 对答式歌曲

小雨点跳舞

1 = C $\frac{3}{4}$

郑姗姗 词曲

| 3 5 | 5. 5 | 6 5. 1 | 2 1 0 | 3 1 0 | 3 1 0 |

小 雨 点 在 哪 里 跳 舞? 滴 答, 滴 答。
小 雨 点 在 屋 顶 跳 舞。 滴 答, 滴 答。

| 3 5 | 5. 5 | 6 5. 1 | 4 2 0 | 4 2 0 | 4 2 0 |

小 雨 点 在 哪 里 跳 舞? 哗 啦, 哗 啦。
小 雨 点 在 河 里 跳 舞。 哗 啦, 哗 啦。

| 3 5 | 5. 5 | 6 5. 1 | 7 6 0 | 7 6 0 | 7 6 0 |

小 雨 点 在 哪 里 跳 舞? 沙 沙, 沙 沙。
小 雨 点 在 草 地 上 跳 舞。 沙 沙, 沙 沙。

| 3 5 | 5. 5 | 6 5. 1 | 2 1 0 | 3 1 0 | 3 1 0 |

小 雨 点 在 哪 里 跳 舞? 噼 啪, 噼 啪。
小 雨 点 在 窗 上 跳 舞。 噼 啪, 噼 啪。

| 4 6 | 6. 6 | 4 6 0 | 3 5 5. 5 | 3 5 5 0 |

啦 啦 啦 啦 啦 啦 啦, 啦 啦 啦 啦 啦 啦 啦

| 6 4 6 4 6 4 | 5 3 5 3 5 3 | 4 2 4 2 4 2 | 3 1 0 | 3 1 0 |

滴 答 滴 答 滴 答, 哗 啦 哗 啦 哗 啦, 沙 沙 沙 沙 沙 沙, 噼 啪, 噼 啪。

[活动过程建议]

● 出示彩虹与小雨点的图片,学习副歌部分。

◇分别出示"彩虹""小雨点"图片,教师强调"彩虹"会
  唱歌,"小雨点"会跳舞。

◇呈现"彩虹"图片,教师示范"彩虹"唱歌,发"啦"
  的声音。

◇呈现不同颜色的"小雨点"，教师示范歌唱"小雨点"跳舞，发"滴答"的声音。教师示范后，提问幼儿："小雨点"滴答跳舞的声音是一样的吗？（不一样，有快有慢）

◇完整跟唱副歌部分。

● 出示正歌部分的图片，学习歌曲正歌第一段。

◇请钢琴伴奏老师弹奏正歌旋律，执教老师跟随旋律出示画有问号与各种小雨点的图片。

◇教师根据图片内容完整示范正歌部分。

◇请幼儿学唱。

● 请幼儿通过绘画方式创编正歌的第二段歌词，并能集体完整歌唱歌曲。

◇教师提问：那么，小雨点到底会在哪里跳舞呢？请幼儿自由想象，大胆给出答案。

◇请幼儿把自己的答案画出来。

◇把所有的图画呈现出来，请部分幼儿介绍图画内容。

◇教师选择四张图画作为第二段的歌词，大家一起来唱。

（三） 用身体动作描述音乐的内容与形式关键经验的指导原则

在歌唱活动中，音乐的内容指歌曲的歌词，用身体动作描述音乐的内容即用身体动作表达歌词内容。在歌唱活动中，用身体动作描述音乐形式只是指向合拍，即合拍做动作，它属于节奏关键经验，不在这里赘述。让幼儿用动作表达歌词内容的原则如下。

（1）用直观教具激发幼儿的表达欲望。身体动作表达是一种想象，幼儿的这种思维运作是需要环境中介的，直观教具是比较理想的环境中介。直观教具可以是图片、视频，可以是情境性的道具布置，也可以是游戏气氛的烘托。

（2）让动作成为一种动作探究学习。设计教案时，教师会对歌曲的动作做出预设，而且预设的动作越多越好，因为只有教师预设了很多动作，才容易接纳幼儿不同的表达方式。在课堂中，当幼儿用身体动作表达歌词内容时，教师就必须放手让幼儿表达。最怕的是教师只预设一种动作，说是让幼儿放手表达，实质是让幼儿像猜谜一样去猜教师的唯一一种预设。

（3）教师要提升与精练幼儿的动作。幼儿探究出来的动作往往鲜活、有生活气息，但不容易与音乐结合。教师对幼儿动作的提升主要指的是把幼儿做出的不适合随乐的动作改成适合随乐的动作。例如，让幼儿探究青蛙吃虫子的动作，幼儿往往会做双脚跳跃，表示青蛙跳出去扑向虫子，然后伸出舌头让舌头左右晃动，表示青蛙用舌头抓虫子、吃虫子，这些动作都生动地表现了青蛙吃虫子的情形。让幼儿做这些动作，尽情表达生活实景，不仅是为了让幼儿感兴趣，也是为了让幼儿获得并巩固有关青蛙的完整经验。但是，当边歌唱边做动作时，这些双脚大跳的动作与吐舌头的动作显然是不合适的。这时，教师往往需要与幼儿协商，是否可以把青蛙吃虫子的过程改成脚不跳、用手替代舌头抓虫子的动作。教师对幼儿动作的精练指的是把幼儿没有拍点的动作简化成具有拍点的动作。幼儿喜欢做出许多不停摇摆、不停转动的动作，这些动作的表演不利于幼儿获得节奏经验，所以教师需要把这些动作改成一下一下有拍点的、具有节律感的动作。

（四）用语言描述音乐的内容与形式关键经验的指导要旨

音乐知识是一种程序性知识，音乐概念的建立主要通过音乐操作实践来完成。单独的陈述性音乐知识对音乐概念的建立或音乐能力的形成不起直接作用，就像掌握大量的交通法则、马路知识与获得汽车驾驶能力没有直接关系一样。但是，也正像汽车驾驶能力的形成与提升绝对离不开交通知识一样，音乐能力的发展也离不开语言对音乐操作实践的描述、解释、分析。所以，在操作实践基础上的语言描述是获得音乐概念的重要途径。让幼儿用语言描述音乐，进而获得描述关键经验的能力有一定的原则，具体如下。

（1）语言描述活动不能脱离音乐操作实践活动单独存在。只靠陈述性语言无法获得音乐经验，但是，音乐经验的获得又离不开陈述性语言。目的性是实践活动的灵魂，而伴随音乐操作的语言描述，其功能就在于明确音乐实践活动的目标指向。

（2）语言描述活动重在描述、刻画音乐内容与形式的特征，而非记忆音乐术语。语言描述旨在帮助与提升幼儿的歌唱实践活动，但是，在用语言描述时，免不了会涉及音乐术语，这时教师的立场要非常明确，不能纠缠于音乐术语，而是描绘音乐与幼儿的表现特征。

第四节　歌唱教育活动的设计与组织

一、歌唱教育活动的设计

歌唱教育活动设计是依据歌唱关键经验，选择歌曲、处理歌曲、选择教学方式、对幼儿施加教育影响的方案；也是对影响歌唱教育活动的主要因素，如歌唱教育活动目标、活动内容、教学方法、教师与幼儿以及环境媒介等进行合理而系统地编制和处理的过程。

（一）活动材料的设计

歌唱教育活动的材料包括歌曲、动作、视觉媒介、情境道具等。把活动材料的设计置于活动目标与过程设计之前，理由在于，活动材料设计的本质是对音乐作品进行幼儿化表征的过程。歌唱教育活动的材料设计包括四方面内容：歌曲选择、歌曲的动作设计、歌词内容的视觉媒介设计、歌词内容的情境道具设计。

1. 歌曲的选择

（1）歌曲性质的选择

最能引发幼儿歌唱兴趣的歌曲一般具备以下两个特征：故事性与动作性。故事性的歌曲是指歌词具备角色、情境、情节等故事要素中一个或多个要素的歌曲。这样的歌曲，幼儿很容易以故事的讲述、扮演或身临教师设置的情境为切入口，来理解音乐的内容与形式，符合教学内容生活化的教学原则。动作性的歌曲往往是中速或稍快的速度。这种速度的歌曲，当歌词内容配上动作以后很容易合拍，便于幼儿产生韵律感，从而引发审美情趣。选择幼儿园歌唱教学用的歌曲，至少应该符合故事性与动作性中的一项，同时具备故事性与动作性两项特点的歌曲尤佳。

（2）歌曲旋律难易的选择

在一般情况下，幼儿的歌唱音域在一个八度左右，音程跨度控制在五度及五度以内。但是，根据歌唱教学指向的关键经验的不同，对歌曲旋律难易程度的选择可以有所侧重。

● 指向旋律关键经验

如果歌唱教学的目标主要指向旋律关键经验，那么歌曲音域需要控制在八度以内，音程跨度控制在五度以内。如果目标指向准确歌唱，那么需要专门选择一些二音、三音歌曲供幼儿练习二度、三度音程。

● 指向节奏关键经验

如果歌唱教学的目标主要指向节奏关键经验，那么对歌曲旋律的难易程度无需特别在意，而需要在意的是歌曲的性质，即更多地考量歌曲是否容易进行角色情境表演和动作表演等。

2. 歌曲的动作设计

在幼儿园音乐教学层面，即便是歌唱教学，关键经验的重心也还是节奏关键经验。鉴于此，在设计教学方案时，对所有的歌曲，教师最好预设一到两套动作，以便在课堂中指导与提升幼儿即兴创编的动作。幼儿园歌唱教学中的歌曲创编应遵循以下几个原则。

（1）动作构成重复

动作构成重复是指在一个乐句中出现的动作一定需要重复。这一原则的理由在于，动作是幼儿理解歌词和进行歌唱的支架，支架必须要比教学内容简单，这样才能起到支架的作用，只有重复的动作才是简单的，才能落入幼儿歌唱学习的最近发展区。一个乐句中的动作必须重复，其实质就是规定一个乐句最好只编一个动作，至多编两个动作。如果一个乐句多于两个动作，那么一定会有动作构不成重复。例如，《三只猴子》的第一句歌词"三只猴子在床上跳"，创编动作时容易被歌词中的"三只""猴子""在床上跳"这些词组的意象牵着鼻子走，所以会做三个动作：伸三个手指头、模仿猴子、跳。结果会使这一句的动作繁复，难度增加，脱离幼儿的最近发展区。

（2）动作形成拍点

歌唱教学中的节奏关键经验是合拍做动作，没有拍点的动作不能实现这一目标，另一方面，没有拍点的动作会使动作显得繁复、没有结构，也不利于幼儿的学习。在创编动作时，如果碰到鸟飞、树叶落下、风儿吹等动作，尽可能回避没拍点的上下、左右摇动动作，而是做一拍一拍能停顿的动作。

（3）动作形成备选

教师为歌曲预设动作的目的不在于把这套动作教给幼儿，而在于引导幼儿创编时更具专业眼光，从而具备提升幼儿动作的能力。瑞吉欧的教师相信教师要有1000种想法，才能接纳幼儿的1001种想法，我们非常认同这种观点。头脑中只有一种想法的教学是非常危险的，教师会千方百计地引导幼儿走向她设计的这一种想法中去。当教师为歌曲预设的动作有备选时，一方面，标志着教师对歌曲的熟悉程度；另一方面，教师能在课堂中理解幼儿的创编思路，发现幼儿所创编动作的亮点与不足，从而给出到位的指点与提升。

3. 歌唱教学的视觉媒介设计

（1）图片

单纯用语言呈现的歌词很难引发幼儿的共鸣，通过直观的图片激发幼儿对歌词内容的兴趣是非常有效的手段。然而，图片设计的核心是图片本身能吸引幼儿，没有吸引力的图片是不具激发幼儿兴趣与思维的功能的。歌唱教学中呈现的图片一般分两类：全镜头的与分镜头的。全镜头图片是指用一张图片描述一段或一首歌曲的内容。分镜头图片是指一句歌词用一张图片，多张图片构成对一首歌曲内容的解释。

（2）视频

视频在铺垫、激活、唤醒幼儿生活经验方面具有得天独厚的优势。例如，学习有关"理发师""按摩师""建筑师""油漆匠"等社会角色的歌曲时，如果能提供幼儿一段一分钟左右的视频，并根据歌曲学习内容的需要，对视频中社会角色的衣着、工作环境、工作性质等进行相应的描述与讨论，那么幼儿进入相应的歌曲学习就比较自然、容易，当然学习的兴趣也会大增。

视频设计的关键是简洁、主题突出。无论是教师自己拍摄的，还是用视频材料剪辑的，如何让视频内容完全针对歌曲教学内容，这是教师需要考量的。

4. 歌唱教学的情境道具设计

幼儿的形象思维特点决定了情境道具设计在幼儿园歌唱教学中的重要地位。幼儿年龄越小，对情境与道具的需求越高，所以，小小班、小班的歌唱教学几乎离不开情境设置与道具的辅助，中、大班对情境与道具的需求有所减弱，但仍然需要。幼儿园歌唱教学的情境设置涵盖了道具的设计，下面介绍幼儿园歌唱教学中的几种情境设置。

（1）游戏情境设置

歌唱教学中的游戏情境设置是指针对歌曲内容专门设计出与歌曲内容直接相关的一种游戏情境。例如，《小老鼠上灯台》的歌唱活动，在活动的最后一个环节，教师设置模拟的灯台情境，请配班教师扮演老猫，幼儿扮演小老鼠。游戏玩法：小老鼠们钻过山洞、走过小桥来到了灯台旁边，然后边唱歌曲边做动作靠近灯台，当歌曲结束时老猫一声大叫，小老鼠们赶紧逃回家。

（2）生活情境设置

有关劳动、洗漱、睡觉等生活活动的歌曲用生活情境设置方式是最能让幼儿身临其境的。例如，《洗澡》的歌唱活动，活动的整个过程是洗澡情境的设置：先拿出浴球洗身体的各个部位，再放好浴球，跳到大浴盆里边玩水边洗澡，最后做睡觉的准备工作。

（3）故事情境设置

故事情境设置与故事角色扮演很类似，主要区别在于故事情境设置比故事角色扮演需要更多的情境与道具支撑。例如，《挠痒痒》的歌唱活动，在活动开始时，教师头戴树的头饰，身穿绿色连衣裙，扮演一棵大树。而幼儿则每人一只毛毛虫指偶，扮演毛毛虫。这些道具提供了充分并真实的角色扮演情境，令幼儿很容易进入歌曲的内容中。

（二）歌唱活动目标设计

一方面，歌唱活动目标的设计同样需要遵循活动目标设计的总原则；另一方面，歌唱活动目标设计依据的是歌唱关键经验，是对歌唱关键经验的细化。

1. 目标的设计原则

歌唱活动目标的设计需要遵循教育活动目标设计的发展性、完整性、灵活性等原则。就发展性而言，目标设计要着眼于幼儿发展，一方面使目标既适应幼儿已有发展水平，又能促进幼儿达到新的发展水平；另一方面设计目标不仅需要考虑幼儿经过努力是否能够掌握新的学习内容，更要考虑是否获得目标所期望的经验。就完整性而言，歌唱活动目标，一方面既要体现音乐发展目标，也要体现学习品质、情感与社会性等发展目标；另一方面既要有音乐感受目标，又要有音乐表现目标，是音乐感受与表现过程的统一。就灵活性而言，具体到某一个歌唱活动目标的设计，不要僵化为对所有目标维度的面面俱到，例如，并非每个目标都必须由认知、情感、技能三条目标构成，五项关键经验都涉及。一个歌唱活动目标的设计，无论在目标的认知、情感、技能三结构还是在五项关键经验上，不应该没有重点地平均用力。具体活动目标的特征就是个性化、具体化，需要针对每首歌曲的内容与音乐特征，在目标的某一维度或某一关键经验上使上更多的劲。

2. 目标的表述

歌唱活动目标不只是音乐目标，也会出现学习品质、情感、社会性等目标，这些非音乐性目标的表述与其他领域目标的表述一致，不在这里赘述。下面我们主要介绍歌唱活动目标中音乐性目标的表述方式。

（1）目标表述的内容维度

● 艺术心理过程维度

歌唱活动中，幼儿的音乐学习是一种艺术心理的展开过程，必然经历感受与表现两个过程。所以，在歌唱活动目标表述中，需要体现出感受与表现两个内容，并做到统一。

● 歌唱关键经验维度

歌唱关键经验包括节奏、旋律与描述三大类，具体包括合拍做动作、具有旋律轮廓线地歌唱、用身体动作描述音乐内容与形式、用语言描述音乐内容与形式四项。在一个歌唱活动目标中需要尽量涵盖三大类歌唱关键经验，同时强调某一项或几项具体关键经验。确认三大类歌唱关键经验中具体小项的关键经验是歌唱活动目标表述必须发挥的功能。

（2）目标表述的范例

范例2-4-1 大班歌唱活动《五只小青蛙》的活动目标

[活动目标]

● 通过对《五只小青蛙》图片的观察与描述，感受歌曲的歌词内容。

● 通过对教师示范动作的模仿，体验身体动作与音乐的合拍特征。

● 创编青蛙捉虫子、吃虫子的动作，合拍地表演歌曲的身体动作。

范例 2-4-2　小班歌唱活动《合拢放开》的活动目标

[活动目标]

- 通过对小手能做的事情的语言描述与动作表达，感受歌曲的歌词内容。
- 边唱歌曲边做小手躲猫猫与爬的游戏，体验身体动作与音乐的合拍特征。
- 乐意边歌唱边动作表演，在愉快的情绪中结束活动。

（三）歌唱活动过程设计

1. 歌唱教育活动的一般环节

幼儿园歌唱教育活动的一般环节遵循幼儿歌唱学习的一般过程：歌词掌握—节奏掌握—旋律轮廓线掌握—有调性地歌唱（准确歌唱）。受尚未建立音准概念的制约，一般来说，幼儿只能达到"旋律轮廓线掌握"这一环节，很难达到"有调性地歌唱"。

幼儿园歌唱活动的一般环节也遵循艺术心理的一般过程：感受过程—表现过程。幼儿音乐感受的最大特征是身体动作的参与，幼儿的音乐感受与身体动作是分不开的。幼儿音乐感受与身体动作表现的区别在于音乐感受阶段的身体动作表演是不完整的，具有模仿性，而身体动作表现阶段的身体动作表演是完整的、脱离榜样而独立的。

依据幼儿歌唱学习的一般过程与艺术心理的一般过程两个原理，幼儿园歌唱教育活动环节可分为歌词内容感受、节奏与音乐形式感受、身体动作表现与嗓音表现四个环节。

2. 每一环节与每一环节中涉及的歌唱关键经验

（1）歌词内容感受环节

歌词内容感受环节涉及如下关键经验。

- 对歌词内容的语言描述（借助视觉媒介）
- 对歌词内容的动作探究
- 对身体动作的语言描述

幼儿园音乐教育活动成功与否取决于这一环节，它是对歌词进行幼儿化表征的具体展开，完全处于幼儿生活经验层面，一般不涉及音乐经验（即使让幼儿听歌曲或看教师示范，教学任务的指向也是音乐作品的内容）。上面的三项具体关键经验实际上构成了这一环节的三个具体教学内容。

第一，歌词内容的语言描述。由于歌词具有概括、简明等特点，只让幼儿理解词面意思并念歌词的教学方式，很难激发幼儿参与音乐学习的热情。为了激发幼儿用身体动作表达歌词的欲望（这是幼儿主动参与音乐活动的主要指标），教师需要把歌词内容用视觉媒介生动、直观地展现出来。然后，依据对视觉媒介的观察，让幼儿发表看法。教师的视觉媒介设计越到位，幼儿的语言描述就越丰富，幼儿学习的积极性也就越高。第二，歌词内容的动作探究。其实，在对视觉媒介进行语言描述的同时，对歌词内容的动作探究也就展开了。同样，教师的视觉媒介设计越到位，幼儿的动作探究就越活跃、丰富。第三，对身体动作的语言描述。当幼儿用身体动作表达歌词内容时，需要幼儿描述这些动作的状态与意义。这种描述在梳理幼儿思维、提升幼儿行动目的性等方面具有重要价值。

（2）节奏与音乐形式感受环节

这一环节涉及如下关键经验。

- 合拍做动作
- 用语言描述音乐形式

节奏与音乐形式感受环节具体涉及两个小项的歌唱关键经验，这两项关键经验也构成节奏感受环节的具体教学内容。这一环节的教学需要在角色扮演、情境表演等气氛中完成。

第一，合拍做动作。在教学过程中，教师最好不要直接用音乐术语去评价与要求幼儿的行为，例如，"你这是不合拍的""你的动作应该合拍""你速度怎么那么不稳"等。幼儿很难从语言的角度来理解合拍、速度不稳等音乐节拍特征，合拍做动作等音乐经验是通过教师的榜样与幼儿的主动实践获得的。比如，幼儿正在学习《理发师》这首歌曲的表演动作，有的幼儿表演的动作不合拍，教师只能从理发师这一角色行为的角度出发，去指导幼儿的动作。指导语可能会是："真正的理发师不会这么重、这么快地刷头发，这样会把顾客弄得不舒服。你能否刷得轻一点、慢一点，一下一下地刷呢？"第二，用语言描述音乐形式。当在教师的带领下，幼儿可以用动作完整表达歌词内容时，教师需要幼儿用语言把身体动作中与音乐元素相关的内容描述出来，语言描述的是身体动作的表现特征，例如，动作做得是重还是轻、快还是慢、由高到低还是由低到高、动作需要重复还是不需要重复等。从表面看，幼儿描述的是动作特征，事实上，这些描述都是围绕音乐元素的表现特征展开的。

（3）身体动作表现环节

这一环节涉及一项关键经验。

● 合拍做动作

这个环节的合拍做动作具有了表现特征：第一，对完整音乐的身体表演；第二，脱离教师榜样的独立的身体表演。这一环节设计的关键是游戏化情境，让幼儿在游戏情境中进行两遍左右的整首歌曲的身体动作表演。

（4）嗓音表现环节

这一环节涉及的歌唱关键经验如下。

● 有旋律轮廓线地歌唱

● 用语言描述音乐形式

这一环节的两项教学内容是幼儿的嗓音歌唱与对歌唱表现特征的语言描述。无论是幼儿歌唱学习的一般过程原理，还是音乐心理过程原理，都明确告诉我们：在幼儿的歌唱学习过程中，幼儿的身体动作表演先于嗓音表演。幼儿能把注意力放在旋律上的时间节点是在完成歌词理解与身体动作表演之后。上面的两项关键经验与第四环节的两项教学内容往往是密不可分的，幼儿嗓音歌唱之后，教师往往可以指导幼儿描述嗓音歌唱的一些表现特征，如轻与重、快与慢、高与低、粗与细、连与断等，这些特征即音乐形式元素的表现特征。

（四）歌唱教育活动方案的结构与范例

1. 歌唱教育活动方案的结构

歌唱教育活动方案由四个部分构成：音乐材料、活动目标、活动准备与活动过程。

第一，音乐材料部分。音乐材料部分需要呈现曲谱、对歌曲的视觉符号表征（图片、视频、图谱等）、对歌曲的运动觉符号表征（动作设计）、情境设计中的道具。在具体某个活动方案的设计过程中，并非绝对需要完整的四个部分，根据具体歌曲与设计情况呈现其中部分内容即可。

第二，活动目标部分。活动目标往往由感受与表现两个部分构成。感受部分包括歌曲内容与形式两方面，一方面，要写清楚需要幼儿感受到的歌曲内容是什么；另一方面，要写清楚需要幼儿感受到的这首歌曲特有的音乐元素特征是什么。感受部分可以把内容与音乐感受合在一起写成一条目标，也可以分开写成两条目标，视具体歌曲而定。表现部分要写明，表现的类型是身体动作表现还是嗓音表现，同时写明具体的身体动作表现要求或歌唱要求，如身体动作合拍地表演、唱出衬词部分、创编歌词等。

第三，活动准备部分。准备部分包括经验准备与物质准备两部分。歌曲中有生僻歌词、幼儿不熟悉的情境、知识类歌词等情况时，在教学活动之前需要对幼儿进行经验铺垫或准备，以便顺利展开歌唱教学。物质准备主要指设备、教具、学具的准备。

第四，活动过程部分。过程部分一般是按照歌曲内容感受、音乐感受、动作表现、嗓音表现四个环节推进。由于每首歌曲的侧重环节会有区别，导致不同的歌曲在教学环节的文本呈现上会有较大差别。

2. 歌唱教育活动方案范例

范例 2-4-3　中班歌唱活动《我是猫》

我 是 猫

美国音乐
沈颖洁　填词

备注："摇摇我的尾巴"这一句音高跨度有八度，幼儿演唱有困难，因此建议用说唱念白的方式来处理。

[作品分析]

这是由一首乐曲填词而成的歌曲，乐曲慵懒诙谐，富有情趣，有爵士蓝调的曲风。因此，在填词设计时加入四种角色的猫咪，使得音乐形象更鲜明，更易于幼儿的表现。其中"可爱猫"和"威风猫"着重体现音色轻柔与粗放的变化；"调皮猫"和"帅气猫"在演唱时突出跳跃和连贯的对比。同时，"帅气猫"和"威风猫"的加入，能大大激发男孩参与演唱的兴趣。

[图片]

（1）各种形象的猫咪照片

（2）歌曲中四种角色猫咪的图片

［动作建议］

"我是猫"：一只手握拳，似爪子般前伸，另一只手同样动作前伸，交叉叠放在第一只手上。

"可爱猫"：手腕相抵，手掌摊开，收回，托着脸。

"调皮猫"：双手握拳前伸，交叉叠放，肩膀左右、高低耸动。

"帅气猫"：单手拇指、食指做手枪状，托在下巴下。

"威风猫"：双手五指张开似爪子，往前伸。

"摇摇我的尾巴"：一手叉腰，另一手模仿尾巴转圈。

"喵喵喵"：双手在脸颊处，往外做摸胡须动作。

"请你把我带回家"：双手胸前交叉握拳，做祈祷状，再往前伸，做拥抱状。

第 一 课 时

活动准备

1. 多媒体放映设备。

2. 与幼儿人数相等的猫耳朵道具。

活动目标

1. 感受歌曲优雅、诙谐的曲调特点，在反复倾听中，熟悉歌曲曲调，能自如跟唱。

2. 以角色象征物和角色标识性动作为提示，在教师的感染、带动下，用不同肢体动作与嗓音表现不同性格的猫咪。

3. 感受到扮演及表现角色的快乐，体验与同伴一同用身体动作表演与歌唱的乐趣。

活动过程

1. 情境导入（歌词内容感受）。

- 教师和幼儿共同观察形态各异的猫咪照片，感受猫咪不同的外形及性格特点。目的在于激发幼儿兴趣，为多元化的表现猫咪特点进行经验与情感铺垫。

2. 发声练习。

- 幼儿跟随教师的指令和教具（毛线球）演示，进行长短音及音高、音低的音色探索。

3. 歌曲感受（歌词内容与音乐表现特征的感受）。

- 引出宠物店情境，教师完整范唱，引导幼儿初步感受歌词内容与旋律。

- 教师进一步范唱，引导幼儿关注音色变化与猫咪角色特点的关系。教师分别佩戴蝴蝶结发卡、网球、领结、皇冠等角色象征物，用不同音色反复范唱四遍（一段唱一种猫咪），帮助幼儿熟悉旋律。

- 幼儿完整学唱，尝试表现不同性格的猫咪。学唱过程中对比角色，初步感受可爱猫与威风猫、调皮猫和帅气猫的不同。

- 提示歌词顺序，唱没有改编过的原版歌曲，一段演唱四种角色的猫咪。提出音色挑战，强调用嗓音的转换来表现不同性格特点的猫。

4. 分角色边进行身体动作表演边歌唱。

- 幼儿戴上猫耳道具，分角色演唱，用道具分组并确定角色。

- 教师请幼儿到前面，戴上猫耳道具。同时，教师稍调整小椅子间距，分成四组。将爱心、网球、领结、皇冠四张角色标志牌贴在每组的椅背上，帮助幼儿明确分组。

- 教师用简单的动作提示、指挥幼儿分角色轮唱。

- 教师指挥时用眼神和手势提前示意需要接唱的幼儿，降低幼儿接唱的紧张。

- 交换座位，再次轮唱。

5. 幼儿完整边做动作边歌唱。

- 以选猫咪为情节，幼儿进行表演唱，用肢体、表情、音色来表现不同特点的猫咪。

第 二 课 时

活动准备

1. 多媒体放映设备。

2. 与幼儿人数相等的猫耳朵道具。

活动目标

1. 在角色象征物的提示下，独立地用身体动作表现不同性格的猫咪。

2. 边做动作边用嗓音表现不同性格的猫咪。

3. 感受扮演及表现角色的快乐，体验与同伴一同进行身体动作表演与歌唱的乐趣。

活动过程

1. 分组进行身体动作表现。

- 教师出示猫耳朵及区分不同性格猫咪的道具，请幼儿选择自己喜欢的道具。在教师引导下，幼儿分组表演各种猫咪。

2. 集体进行身体动作表现。

- 全体幼儿完整扮演四种性格的猫咪，教师提醒幼儿边进行身体动作表演边歌唱。

3. 嗓音表现。

- 教师与幼儿讨论：在别人只能听广播、不能看你表演的情况下，怎么让别人听出你唱的是哪一只猫？

- 幼儿完整歌唱一遍，教师要求幼儿尽量不做动作，只用声音告诉别人你唱的是什么性格的猫。
- 教师请具有表现力的幼儿进行嗓音表演，请其他幼儿评价与学习。
- 幼儿集体进行嗓音表演。

4. 回到宠物店情境中，请幼儿扮演宠物猫，可以边做动作边歌唱，也可以只歌唱。

二、歌唱教育活动的组织

歌唱教育活动的组织是指根据课堂实际情况，灵活地将活动设计方案转化为课堂实践的过程。

（一）歌唱教育活动的课时安排

学习一首歌曲，幼儿需经历歌词内容感受、歌曲节奏与旋律感受、身体动作表现与嗓音表现等众多环节的学习过程，除了活动目标直接指向合拍做动作的一些小班歌曲外，其他歌曲的教学任务一般很难在一个课时内完成，大多需要两个课时，难度大的歌曲，包括少数即兴创编歌词的歌曲，有可能需要三课时。常规两课时歌唱教学的教学内容分配如下。

1. 第一课时的教学内容

（1）歌词内容感受。

（2）节奏与其他音乐形式元素的感受。

（3）不脱离榜样或脱离榜样的身体动作表现。

2. 第二课时的教学内容

（1）身体动作表现。

（2）嗓音表现。

（二）指向关键经验的歌唱教育活动组织

1. 第一课时指向歌唱关键经验的活动

就音乐心理的感受与表现过程而言，第一课时经历三个小环节：歌词内容感受环节、节奏与其他音乐形式的感受环节、不脱离榜样的身体动作表现环节。下面为指向歌唱关键经验的第一课时中每一小环节的活动内容。

（1）歌词内容感受环节

幼儿在此感受环节需要从事的活动：借助视觉媒介进行歌词内容的语言描述；对歌词内容进行动作探究；对某些身体动作进行必要的语言描述。

（2）节奏与音乐形式感受环节

这一感受环节中，幼儿需要从事的活动：在情境气氛与教师示范的双重引导下，做随乐的身体动作表演；在身体动作表演过程中，对具有突出音乐形式表现特征的身体动作进行语言描述，旨在通过对身体动作表现特征的描述进入对相关音乐形式表现特征的理解。

（3）不脱离榜样的身体动作表现环节

这一身体动作表现环节的含义是幼儿能进行整首歌曲的合拍的身体动作表演，但仍需要教师的动作或语言提醒。这一环节中，幼儿从事的活动：在情境气氛和教师示范或提示语的引导下，做完整的随乐的身体动作表演。

2. 第二课时指向歌唱关键经验的活动

第二课时是指向幼儿音乐表现力的教学活动，包括两个环节：身体动作表现环节与嗓音表现环节。下面为指向歌唱关键经验的第二课时每一小环节的活动内容。

（1）身体动作表现环节

第二课时中，身体动作表现的含义是幼儿能独立地进行整首歌曲的合拍的身体动作表演。这一环节中，幼儿从事的活动：只在内容情境提示下，直接进入完整的随乐的身体动作表演。

（2）嗓音表现环节

嗓音表现即有表现力地歌唱，用嗓音表达出速度的快慢、力度的轻重、情绪的悲喜，从而达到用声音刻画歌曲内容形象的目的。这一环节也是幼儿能把注意力集中在旋律上的一个活动环节。这一环节中，幼儿从事的活动：请幼儿尽可能去掉动作（去掉动作后导致幼儿没法歌唱的动作除外）进行歌唱，引导幼儿把注意力投向歌曲的旋律与声音的表现上；在嗓音表演过程中，对具有突出音乐形式表现特征的声音进行语言描述，旨在通过对声音的表现特征的描述进入对相关音乐形式表现特征的理解。

第三章

欣赏： 关键经验与活动指导

　　幼儿园音乐教育的所有内容类型都涉及欣赏。歌唱、欣赏、打击乐、集体舞、音乐游戏等类型的音乐教育活动的第一个大环节，都是让幼儿感受音乐作品的特征，这里的感受即欣赏。所以，在这种语境下，欣赏的内涵与感受是同一的。歌唱、欣赏、打击乐、集体舞、音乐游戏等五种类型的音乐活动都必须从音乐作品的感受即欣赏开始，这是五种类型音乐教育活动的共通之处，是艺术心理由感受到表现的过程决定的。这五种类型音乐教育活动中的欣赏的区别在于：第一，欣赏（感受）的方式有差异，每种音乐教育活动都会出现一些特有的个性化的感受方式；第二，表现方式不同，这五种类型音乐教育活动的名称来自于五种不同的表现方式。音乐教育活动（不是以一个课时为单位，而是以一个音乐作品为单位）最后的表现方式走向歌唱即嗓音表现的，就是歌唱教育活动；最后的表现方式走向身体动作表演的，就是欣赏教育活动；最后走向打击乐演奏的，就是打击乐教育活动；最后走向集体舞表演的，就是集体舞教育活动；最后走向音乐游戏表演的，就是音乐游戏教育活动。

　　所以，幼儿园欣赏教育活动是指以一个音乐作品为单位，通过身体动作表演促进幼儿音乐能力发展的一种音乐实践活动。

　　欣赏活动对幼儿节奏经验的获得发挥着巨大的作用。幼儿下肢合拍经验、合音乐结构经验获得的途径主要是欣赏活动，所以，欣赏活动是幼儿获得音乐经验不可或缺的一项音乐实践活动，是幼儿园音乐教育活动的重要组成部分。

本书所指的欣赏活动已经不是传统意义上先静坐倾听，然后进行语言反应的一种音乐活动。这种传统的欣赏活动是把音乐的本质界定为听觉艺术，并在此理论框架内展开音乐教育实践的；而本书所说的欣赏活动是把音乐的本质界定为操作艺术，并在此理论框架内展开教育实践。当音乐被界定为操作艺术或实践活动时，只是通过倾听获得音乐经验的音乐教育被视为不可能，音乐经验的获得必须通过操作。所以，我们在幼儿园音乐欣赏教育活动的感受与表现全过程中都采用身体动作操作这种音乐表演方式。

第一节　幼儿音乐欣赏作品的三个特性

所有音乐作品都具有形式性、表现性与再现性三种彼此交织、耦合的特性，提供给幼儿欣赏的音乐作品也不例外。

一、幼儿音乐欣赏作品的形式性

音乐思维的基本单位是乐句（短句），而不是孤立的音，不以乐句为单位来倾听音乐作品，一般人就无法倾听下去。这与语言学习中先认单个字，然后组词，最后成句是完全不一样的。音乐作品的形式特性是指音乐作品中涉及由句法与非句法元素组成的作曲或即兴的音乐设计。句法元素包括旋律、和声与节奏，这些音乐元素构成了音乐的句子；非句法元素包括音色、织体、速度、曲式结构与力度。儿童在九岁以前一般对和声不予关注，所以对我们幼儿园音乐教育活动来说，句法元素主要是旋律与节奏。但是，这并不意味着教师为幼儿的歌唱弹伴奏时可以不顾和声效果，虽然幼儿对和声不关注，然而好听、欢欣、丰满的音响效果始终是他们的最爱。在句法元素中，旋律模型（pattern）与节奏模型（简称旋律型与节奏型）是幼儿主要关注的内容。非句法元素也有其模型或样式，但模型不是以句子为单位，而往往以段落等为单位。非句法元素的模型很大块，例如，一段音乐是由萨克斯独奏的，那么这段音乐的音色就是萨克斯音色组成的模型；一小段音乐是渐慢的，另一小段音乐是匀速的，再一小段音乐是渐快的，所以这个曲子就由速度的渐慢模型、匀速模型、渐快模型组成。

下面，我们具体分析幼儿园音乐教学范围内可能出现的八大音乐元素，及它们的模型：节奏、音色、力度、旋律、结构、速度、织体、风格。

（一）节奏

节奏总是包含两个方面：拍子与节奏型，它们犹如一个硬币的两个面，总是形影相随、不能分离。为了叙述方便，我们暂时把它们分开描述。

1. 拍子

拍子是节奏型构成的调整原则，即所有的节奏模型都是在拍子的背景下形成的。在幼儿园音乐教学范畴内，我们关注的是如何让幼儿感觉到拍子，又称如何让幼儿有拍感。幼儿的拍感一般又包括两方面：合拍；二拍、三拍的强弱韵律感。合拍是幼儿与音乐交互的第一块基石，并贯穿所有音乐活动始终。二拍、三拍的韵律感是指对拍子强弱规律的意识程度。一切音乐都可以归入二拍、三拍的基础性韵律中。例如，四拍可以理解为两个二拍的韵律；$\frac{12}{8}$拍子可以理解为一个四拍子的韵律；$\frac{5}{4}$拍子可以理解为一个三拍与一个二拍的韵律；$\frac{6}{8}$拍子可以理解为两个三拍子的韵律。

培养幼儿的拍感有一些规定：第一，在歌曲中进行。因为，歌曲中的歌词有的完全体现了音乐的节奏型，如一字一音的歌曲；有的基本体现了音乐的节奏型,如一字多音的歌曲。幼儿歌曲又往往是节奏型的重音与拍子的重音相符合,所以,在歌曲中,幼儿容易意识到拍子。第二,在动作中进行。拍感即肌肉感,或者身体摇摆感,合拍的标志就是身体动作吻合音乐韵律。二拍与三拍的歌曲分别具有不同的身体摇摆要求,如何根据歌曲的不同拍子来创造出不同的身体摇摆,这是需要教师时刻关注的问题。

2. 节奏型

我们已经强调过音乐思维是从句型开始的,要么是旋律型,要么是节奏型。让幼儿计算四分音符 $\times\times\times\times$|、八分音符 $\underline{\times\times}\ \underline{\times\times}$ | $\underline{\times\times}\ \underline{\times\times}$ |、二分音符 $\times - \times -$|$\times - \times -$|,再进行这些音符的时值比较,这样的数学教学与音乐没有多大关系,与幼儿的音乐学习更是没有任何关系。所以,我们所说的节奏总是以节奏的模型出现。在幼儿园音乐教学范畴内,我们让幼儿关注的有音符单一的节奏型、先密后疏的节奏型、紧凑与舒展节奏型、休止符等。

（1）音符单一的节奏型

这种节奏型往往只由一到两种音符组成,如主要由四分音符组成的节奏型,由八分音符组成的节奏型,由二分音符组成的节奏型,这类节奏型是幼儿最容易理解的。感知这类节奏型往往从中速的行走、慢速的行走、快速的跑步开始,当然,随着对这类节奏型合拍的自如,可以边走边做一些手上的动作。幼儿园传统教学中采用的一些基本舞步在让幼儿感知与制作这类节奏型方面能起很大的作用。如果进行与舞蹈或幼儿动作表演相关的教学时,教师对舞曲所具有的节奏型特征的掌握,是进行舞蹈动作编排的前提。尽可能让舞蹈步子吻合节奏型特点是我们追求的目标。

（2）先密后疏的节奏型

从作曲角度来说,节奏的先紧后松、先密后疏是写作赞美性的、表达深情之爱的歌曲的常规手法。这类歌曲中,最典型的就是腾格尔的《天堂》,运用这种作曲手法,腾格尔把对家乡的爱表达得淋漓尽致。同理,《青藏高原》《天路》《春天的故事》《走进新时代》《为了谁》等无数颂扬性质的歌曲都运用了这种手法。

（3）紧凑与舒展节奏型

让幼儿先接触先密后疏节奏型是因为，这种节奏型很容易用动作表现，以此为中介，幼儿可以继续理解节奏紧凑与节奏舒展这两种节奏型的特征。理解了这两类节奏型，进而就比较容易理解抒情类与活泼类的曲子了。

（4）休止符

休止符不是音乐的停顿，而是节奏流动中的一个因素，这个因素能添加音乐的美感与意义。对于休止符，首先得感知它们，而感知它们也得从肌肉感入手。

（二）音色

音色不只是音乐元素，它也是生活元素。幼儿每天与数不清的声音相遇，而这些声音都具有不同的特点，所以与其他音乐元素相比，音色是与幼儿生活经验相关性较大的一种元素。在幼儿园音乐教学范畴内，我们会让幼儿沉浸在大量与音色探究相关的活动中，一般来说，幼儿园音色探究会涉及以下方面的内容：嗓音与人声、打击乐器音色、生活中的音色、自然界中的音色、机器的音色、乐器的音色。

（三）力度

强与弱是音乐表现的重要手法。由于幼儿在日常生活中经常体验强弱感受，这种感受是有一定积累的一种生活经验，所以幼儿比较容易理解。对力度的掌握，幼儿的主要困难是歌唱时的强弱处理。由于歌唱的强弱是由头声控制的，当幼儿没有利用其天生的头腔共鸣时，就容易导致强就是喊叫、弱就是无声的倾向。所以，力度问题，理解是一回事，用嗓音控制又是另一回事，它是歌唱教学的一个难点。

（四）旋律

我们强调乐思的最小单位是乐句，旋律句的进行性格是着重要幼儿理解的。这里所说的旋律句的性格就是旋律的轮廓形态或轮廓线，包括旋律的上行与下行、旋律的级进与跳进。但是，对旋律线的理解是以理解音的高低为基础的。对三岁左右的绝大多数幼儿来说，他们不理解音的高低。有研究认为，幼儿对音的高低理解有困难是由于受音的强弱的干扰。从我们对幼儿旋律学习的观察来看，确实存在着音高时幼儿不由自主地唱响、音低时唱弱的倾向。事实上，一旦理解了音有高低之分以后，人们就比较容易把握歌唱的音准。所以，在各种与音高探究相关的音乐活动中，让幼儿体验音的高低，感受到音的高低，分辨出音是有高有低的，就显得格外重要。在我们幼儿园教学范围内，旋律方面的内容有：分辨音的高低、旋律的上行与下行、旋律的级进与跳进。

（五）结构

每一首曲子都是经过精心设计的，设计的结果便是结构。音乐结构的最基本单位是乐句，换言之，乐思的最小单位是乐句，而被称为完整的乐思的就是乐段。所以，对于音乐结构的内容，乐句与乐段是我们关注的重点。设计音乐结构时，最基本的要素是平衡、整齐与变化，而达到平衡与整齐的基本手段就是重复，因为有重复才使得变化更有意味。但在音乐结构中，重复永远是主要的，变化是基于重复展开的。在一首曲子中，变化太多且没有依据会使音乐变得难懂与无意义。在幼儿园音乐教学范围内，有关结构的内容就在句子的重复与变化、段落的重复与变化之间展开。

1. 句子结构

关于句子结构，我们主要让幼儿理解重复句（模仿句）和喊答句。重复越多的，曲子越简单。对幼儿来说，重复越多的曲子越合他（她）们的口味，而辨认句子的重复则是幼儿理解音乐的第一步。模仿句是最简单的重复句，在歌曲中，无论旋律还是歌词，后句总是跟着前句走。在小班初学歌唱时，用模仿句结构的歌曲容易让幼儿模仿教师的头声歌唱与合拍韵律，这样会降低幼儿的歌唱难度，容易让幼儿喜欢歌唱。

喊答句结构的歌曲主要让幼儿理解句子的变化，同时理解音乐句子即便变化也是有呼应的。民族民间歌曲有许多是喊答句结构的，如对歌、劳动歌、号子歌等，这种生活趣味很浓的歌曲如果改编得很有儿童趣味，很受幼儿欢迎。

2. 段落结构

有关段落结构，我们主要让幼儿理解：主副歌结构、三段体结构、回旋体结构、引子与尾声。主副结构的歌曲指的是由音乐品质不同的两段音乐构成的歌曲，这种歌曲因为有歌词的再现性内容提示，很容易让幼儿表演，幼儿在表演过程中通过肌肉感就很容易体会到两段歌曲的不同品质，这样也就体会了段落的变化。一般来说，对器乐曲的二段体、三段体、回旋体的理解主要是通过主副结构歌曲的铺垫来进行的。只要能理解歌曲中两个段落音乐的变化（理解的标准不是通过语言检验，而是通过动作表演检验，只要幼儿能用不同的动作来分别表达两段音乐，说明幼儿已经理解了），就一定能理解器乐曲中两个段落的变化。三段体与回旋体只是两段体的扩展，并没有什么大的难度。

（六）速度

速度与力度一样，也是重要的音乐表现手法。关于速度也存在感知与表达两个层面。从感知的层面来说，由于速度经验也与日常生活经验相关，所以，幼儿感知速度的快与慢、匀速与不匀速这些内容还是相对比较容易的。问题在于表达，一方面，速度的表达与节奏紧密相关，对幼儿来说，掌握节奏的细微之处是有困难的；另一方面，匀速是幼儿歌唱的难点，幼儿歌唱时句与句之间既容易拖拍，又容易越唱越慢。所以，速度的感知是一回事，速度的表达又是另一回事。在表达方面，节奏的细微变化与歌唱、演奏匀速对幼儿来说较难。

（七）织体

在音乐中，在与音乐相关的动作表演中，无处没有织体，但是，由于受年龄制约，不经引导，幼儿不太会关注音乐中的这部分内容。在幼儿园教学中，我们需要以欣赏民族舞、踢踏舞等为突破口，让幼儿感知到音乐的层次。舞蹈的层次是幼儿比较容易理解的，例如手上拿鼓、脚上戴铃的舞蹈，除了能看到舞者的舞蹈动作外，还能听到时不时发出的铃声与鼓声，这种层次感很容易让幼儿捕捉到。有了这种听觉与视觉结合的层次感，我们才可能让幼儿进入对音乐的层次即织体的感知、感受与制作中。在幼儿园教学范围内，织体的内容包括：有伴奏音乐与无伴奏音乐的分辨、织体的厚与薄的分辨、用打击乐合作表达织体。

(八) 风格

音乐风格往往存在于具有共同听觉特征的一个音乐群体中，这个群体中的音乐人和听众拥有某些相同的音乐信仰、共识和偏好。比方说，西方音乐中的古典音乐与浪漫音乐，西方音乐爱好者或受西方音乐熏陶的非西方音乐爱好者很容易分辨它们在音乐句法与非句法特性上的区别，即音乐风格上的区别。其中，最明显的区别就是，浪漫音乐对音色、速度、力度等非句法元素的使用在分量上大大超过古典音乐，这使得浪漫音乐被更多非音乐专业的人所接纳。音乐风格的概念是涵盖音乐句法与非句法等所有特性的，而不是句法与非句法特性中的一种元素。所以，在严格意义上说，风格是不能放在音乐形式元素中的。

幼儿园音乐教学中所说的音乐风格概念与上面所谈的音乐专业领域的音乐风格概念相比，外延要小很多，可能更接近体裁的概念。幼儿园音乐教学中所指的风格是指摇篮曲、进行曲、舞曲三种体裁之间所具有的典型的差异，体裁之间具有这种差异是因为每种体裁都具有自己独特的表现手法和创作习惯，而这种独特的表现手法和创作习惯也是风格。所以，体裁不同就是风格不同，幼儿园音乐作品的风格差异是由体裁来区分的。符合幼儿音乐理解能力的音乐体裁有：摇篮曲、进行曲、舞曲，这三种体裁的音乐风格有很大差异，而且特别适合用动作表演来完成，所以比较容易为幼儿理解。

总的来说，幼儿园音乐教育的音乐性目标就是帮助幼儿借助表演获得表现这八大音乐元素的能力，换言之，获得以上八大经验。其中，节奏与旋律这两个句法元素是音乐学科的核心经验。

二、幼儿音乐欣赏作品的再现性

(一) 音乐作品的再现性概述

音乐作品的再现性是指音乐作品中的句法与非句法形式主要用来描绘或刻画人、物、地点、事件等客观现实的性质。用通俗的话来说，就是音乐作品的内容。音乐对客观现实的刻画有其自身的特点，这种特点可能与较少接触音乐的人的想法相左。例如，在听再现意味很浓的维瓦尔第《四季》组曲中的《夏季》时，你可能一直期望着能听到用语言所描绘的那种"夏季"，结果却使你很失望。因为这个作品既不能让你"看"到，也不能让你"读"到夏天的样子，更不能告诉你一个特别的夏季是什么样的。它只是提供用音乐"语言"所刻画的夏季。所以，音乐作品中的再现性或再现内容是需要认真挖掘的，大多数再现性音乐作品的再现内容还是很含蓄的，只是匆匆听一遍或两遍，在头脑中不会留下太多东西。一个短小的再现性音乐作品可能比较容易找到一个可辨认的主题，我们总是寻找各种线索，如标题、题目、歌词等，以使主题得到确认。如组曲《图画展览会》中《未出壳雏鸡的舞蹈》这个曲子，它的题目就可以直接成为我们理解音乐内容的主题，有了这个主题，使我们在倾听音乐时会自觉地把音乐与未出壳小鸡的形象对应起来。

再现性音乐作品有着宽泛的范围，像维拉洛波斯（Villa Lobos）的《乡间小火车》可能是再现性音乐作品的一个极端，我们可以听到一列"音乐火车"从慢速启动、匀速行驶、到加速下山坡，然后逐渐停下的情境。这个作品的题目帮助我们确认了主题，但是具有如此明确说明性质的音乐作品是稀少的。当我们朝再现性音乐作品的另一个极端看的时候，就会发现，大多数再现性音乐作品并没有能清晰辨认的主题。然而，在幼儿园音乐教学范围内，我们要尽可能寻找有比较清晰的、能辨认主题的再现性作品，因为音乐的再现性越具体越符合幼儿的音乐学习兴趣。

（二）幼儿再现性音乐作品的类型

因为所有的歌词总是在描述、叙说着什么，总是内含着一个内容主题，所以，所有的歌曲都是再现性音乐作品。符合幼儿学习兴趣的歌曲往往有以下几个特点：（1）歌词本身生动，具有儿童语言的特征，幼儿容易朗诵；（2）歌词所描述的主题突出，故事性强，幼儿容易做动作、表演；（3）旋律音调与词调吻合，幼儿容易歌唱。由于歌曲的再现性比较容易理解，下面对有关音乐作品再现性的讨论我们将着重于器乐曲。幼儿园器乐类再现性音乐作品大概可以分以下几种。

1. 句式规整、童趣盎然的再现性器乐曲

这类曲子本身具有鲜明的童趣，所再现的音乐内容主题也比较容易辨认。音乐在刻画人物、动物或事件时，一般用三段、多段、回旋等曲式，在句式上非常强调重复、对比这些组织手法。在幼儿园的器乐曲中，这类曲子占多数，管弦乐组曲《动物狂欢节》、钢琴套曲《图画展览会》及交响童话《彼得与狼》都属于这一类。这些经典儿童乐曲是幼儿园教学重要的资源，每一首曲子都值得我们去深度挖掘。

2. 句式规整的再现性成人器乐曲

这类作品原本多是为成人创作的，但儿童音乐工作者从这些作品中挖掘出儿童趣味，从而使其成为儿童音乐作品。这类作品与第一类作品在音乐性质上是一样的，即在刻画对象时，一般用三段、多段、回旋等曲式，在句式上非常强调重复、对比这些组织手法。区别仅在于这批作品比较成人化，乍一听，音乐形象刻画不那么儿童化，并不具有浓郁的儿童趣味，在音乐主题的辨认上也没有第一类那么明确。像我国民族器乐曲《喜洋洋》《春节序曲》《金蛇狂舞》《赛马》等，西方所有的经典音乐，都属于这一类。

3. 句式不规整的再现性器乐曲

这类曲子由于其句式不规整，幼儿很难以拍子为背景按部就班地进行动作表演。但是，这类曲子往往形象非常鲜明、主题也很容易辨认，为此也很受幼儿喜欢。像《动物狂欢节》中的《大鸟笼》和《野蜂飞舞》等属于这类曲子。

三、幼儿音乐欣赏作品的表现性

(一) 音乐作品表现性概述

音乐作品的表现性是指音乐作品中的八大元素对人类情感、情绪的表达性质。对音乐所能表现的情感做出什么样的判断是没有明确原则的，可以确定的是，无论对物理现象还是心理现象的"情感"姿态，人们还是具有大概一致的理解。例如，大家都会承认柳树的姿态更接近悲伤而不是快乐，节奏轻快的音乐更接近欢乐而不是哀痛。

音乐所能表现的情感可以分为两种：一种是表现与人类的说话语调、动作姿态比较接近的情感；另一种是表现生命意义上的广泛的情感，如用紧张与释放、冲突与解决这些音乐模式表现生命的张弛、起落等状态。在幼儿园音乐教学范围内，只涉及表现与人类说话语调、动作姿态比较接近的第一种情感，表现生命张力的第二种情感离幼儿的情感经验太远，无法让幼儿理解。

(二) 幼儿音乐欣赏作品的表现性依附于再现性

在音乐所能表现的两种情感类型中，幼儿只能理解"与人类说话语调、动作姿态比较接近"的第一种情感，这种情感说白了就是音乐内容的形象特性。换言之，情感不是一种孤立、抽象存在的东西，在我们的经验之中，并不存在一个独立的、称之为情感的东西，情感总是依附于运动过程中的事件与物体。鉴于此，音乐的表现性是依附于音乐的再现性的，在我们挖掘音乐中的人物形象、动物形象、事件气氛等再现内容时，自然会把音乐中的情感表现性带出来。例如，我们在表达未出壳的小鸡形象时，受此曲速度较快、音区较高等形式规限，表现的小鸡形象一定是轻松愉悦、喜气洋洋的，小鸡所具有的情感状态即音乐的情感状态，而这种情感状态在我们用动作表达小鸡啄壳、拱壳、碰壳时全带出来了。

（三）幼儿园音乐作品的情感表现体现在表演行动上，而非语言描述上

幼儿园音乐作品的情感意义是通过再现性（音乐内容）来揭示的，因为情感不是空洞的、孤零零的，它总是依附在事物与事件中。然而，表达音乐作品内容与情感的最终手段是身体动作、打击乐演奏与歌唱三种表演方式，而不是语言，语言只是获得三种表演结果过程中的辅助工具。对幼儿来说，感受、理解、表现音乐的过程就是表演（身体动作、打击乐演奏、演唱）音乐的过程；对幼儿园音乐教师来说，音乐教育的过程就是与幼儿一起探究表演音乐（身体动作、打击乐演奏、演唱）的过程。目前，幼儿园音乐教学中，教师们还是比较喜欢让幼儿用语言来表达音乐的表现性（情感），如："这首曲子听起来怎么样啊？是快乐的还是悲伤的?"当幼儿回答"快乐的"或者"悲伤的"以后，教师还继续要求幼儿用语言描述，结果，幼儿只好脱离音乐乱说了。事实上，音乐的情感表现性用语言表达也只能到此为止了，再用语言表达下去就空洞了。当幼儿捕捉到了音乐作品的情感特征是"快乐的"或是"悲伤的"以后，教师就应该与幼儿一起探究音乐作品中的快乐或悲伤是如何表演出来的。

第二节 幼儿的音乐欣赏特点

当我们讨论幼儿的音乐欣赏特点时，"欣赏"指的是感受，幼儿的音乐欣赏特点即幼儿的音乐感受特点，突出表现为以下三个方面。

一、喜欢声音饱满丰富、情绪愉悦浓烈的音乐

合奏比独奏更吸引幼儿的注意力，因为合奏的声音饱满丰富、音量大。欢快、激烈的音乐比舒缓、悲情的音乐更吸引幼儿的注意力，因为幼儿无条件地喜欢激烈的音量，喜欢能让他们的神经系统变得异常兴奋的音响。鉴于此，幼儿园音乐教育活动中，我们会挑选一些情绪活泼、欢快、激烈的作品作为幼儿音乐欣赏的材料。如果一个音乐作品的主段是抒情的，那么我们也会加一个激情段来进行对比，以便满足幼儿对浓烈音响的需求。

二、喜欢生动的音乐内容

如果一个音乐作品没有生动的内容，那么幼儿就没有感受它的兴趣与能力。所以，幼儿的音乐感受必定分两个环节，且两个环节的顺序不能调换，必定是从内容感受环节走向音乐感受环节。不提供内容的音乐不在幼儿的感受阈内，这种重视音乐内容、轻视音乐形式的状态也是幼儿音乐欣赏重题材、轻风格的突出表现。如何能让幼儿感受与理解音乐？答案就是带幼儿进入音乐的内容形象中去，让幼儿根据音乐作品联想一件事、一个人、一个动物，带幼儿进入星星、天空、小河、小动物的情境中去，内容吸引幼儿的程度决定着音乐吸引幼儿的程度。

三、喜欢在运动中感受音乐

幼儿的音乐感是由身体肌肉感引领的，通过静坐倾听来感知音乐比较为难幼儿，幼儿感知、理解音乐的过程就是身体运动的过程。所以，达尔克罗兹就儿童的音乐学习特点发出了"音乐即运动"的宣言。这里的"运动"是指身体动作表演，准确地说，是指幼儿合拍、合音乐句段结构地进行身体动作表演，即合乐的身体动作表演。鉴于此，身体动作是幼儿音乐学习的基本工具，让幼儿的身体动作合上音乐是幼儿园音乐教育的主要任务。幼儿在身体动作合乐方面具有以下特点。

1. 从容易做的动作开始

下面是从不同维度分类的身体动作由易到难的排列秩序。

（1）拍腿—拍头—拍手—拍肩—踏步—走步；

（2）不移动动作—移动动作；

（3）单一动作—组合动作；

（4）上肢动作—下肢动作。

2. 从容易做动作的速度开始

下面为容易做动作的速度从易到难的排列秩序。

幼儿感到舒适的速度—教师严格规定的速度（每分钟 120 拍到 136 拍）—教师随意规定的稳定速度—教师有变化的速度—幼儿有变化的速度。

第三节　音乐欣赏教育活动的关键经验

本节内容围绕幼儿的四项欣赏关键经验展开，具体的关键经验如下。

关键经验 1：合拍做动作（用身体动作表达出音乐节拍的稳定

特质）；

　　关键经验2：合句段结构做动作（用身体动作表达出音乐形象的细节）；

　　关键经验3：用动作描述音乐的内容与形式（包括音乐内容的动作探究及对音乐元素、音乐情绪特征的动作表现）；

　　关键经验4：用语言描述音乐的内容与形式（包括用语言描述身体动作、音乐内容、音乐元素与情绪特征）。

一、欣赏关键经验的分类

　　四项歌唱关键经验可以分成两类：节奏关键经验与描述关键经验。下图对两类欣赏关键经验的类属做出说明。

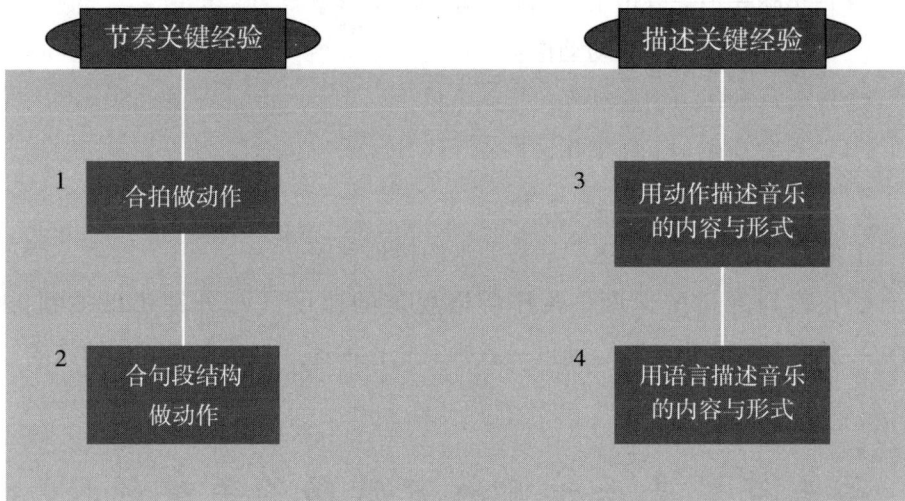

　　欣赏活动是走向身体动作表现的一种音乐实践，就幼儿最终获得的音乐经验而言，主要是节奏经验。节奏关键经验由合拍做动作与合句段结构做动作两项经验构成，合起来统称合乐做动作。描述关键经验是由动作描述与语言描述两项构成，这两项描述经验是幼儿音乐学习的工具性经验，合理使用会有效促进幼儿的音乐能力发展。

二、欣赏关键经验的指导要旨

在幼儿园音乐欣赏活动中，教师可以按以下方法帮助与指导幼儿获得这些关键经验。

（一）合拍做动作关键经验的指导要点

1. 合拍做动作的指导原则

歌唱教学与欣赏教学都有合拍做动作这一节奏关键经验，但二者承担的任务是有区别的。歌唱教学中的合拍做动作主要完成以上肢为主的不移动动作合拍，而欣赏教学则需要完成合拍走路、跳、跑（最基本的移动动作）等任务。在音乐欣赏活动中，引导幼儿合拍做动作应遵循以下一些原则。

（1）先进行上肢动作的合拍操作，再进入合拍走路、双脚跳、小跑步等的操作。能否合拍走路、双脚跳、小跑步是幼儿节奏表现能力的突出标志，如果一个幼儿能独立完成中速、快速、慢速三种音乐速度的合拍走路或小跑步，这标志着此幼儿已经建立了节奏概念，已经具备高出普遍的幼儿水平的节奏能力。

由于合拍走路、双脚跳、小跑步是一般幼儿不具备的能力，所以在音乐教育活动中，不适合让幼儿直接进入这些下肢动作的合拍学习。以合拍走路为例，如果需要幼儿学习这个动作，那么应先让幼儿坐在位置上做：①脚不动，双臂挥动，模仿走路动作合音乐；②双脚在原地像走路那样轮流移动，合音乐。当幼儿能坐在位置上注意力集中地做合拍"走路"动作时，说明让幼儿移动地做合拍走路动作的时机已成熟。

（2）充分发挥同伴的支架作用，基于此引导幼儿合拍地做动作。引导幼儿使他们的动作合上拍子，这件事是很难通过单独的语言解释来完成的。幼儿具有用身体动作表达音乐内容的本能与兴趣，他们能乐此不疲地用身体动作表现各种大小动物的形象、生活中人物形象，但幼儿本能的身体动作是没有音乐拍律的，让幼儿本能层面的身体动作合上节拍，这是教师音乐教学专业性的体现。

在小班时，让幼儿身体动作合上节拍的主要教学策略是教师示范，到了中、大班就可以使用同伴示范了。比如，教师引导幼儿在音乐中表现小兔子到公园玩的情境，孩子们个个都表现着小兔子跳着去公园的动作，但是，跳得七上八落，绝大多数是跳不到拍子中去的。这时，如果是教师告诉幼儿并示范怎样跳，学习效果并不会太好，因为教师给答案并示范引不起太多幼儿学习的兴趣。对幼儿而言，老师会跳是应该的，跟老师学是常理，不稀奇。但这时，教师如果挑出能合上拍子跳的一个幼儿，而且这个幼儿本来在音乐上并不是太突出，那么教学效果就不一样了。教师先请这个幼儿在全体幼儿面前进行表演（要确保其表演是合乐的），再请全体幼儿以这个幼儿为榜样，学习合上音乐一下一下地进行小兔子跳。全体幼儿会学得很起劲，而且不觉得这是在学习，因为同伴会，自己也应该会，这是幼儿学习时的一种基本心理状态。所以，在以同伴为模仿对象、再加上教师"一下一下"的语言指令的学习情境中，幼儿会相对容易明白"合上音乐"的意思。当幼儿明白做动作是要"合上音乐"的，并理解"合上音乐"就是"一下一下"做动作时，合拍做下肢动作就会水到渠成。

（3）合拍做动作的目标应在音乐探究情境中实现。幼儿园音乐欣赏活动一般以一个音乐作品为单位展开，其展开过程就是教师与幼儿一起探究这一音乐作品创造性表现的过程。为了完成对这一音乐作品的创造性表现，首先，教师要引导幼儿捕捉作品中的音乐形象（音乐内容）；其次，引导幼儿把音乐形象用身体动作表达出来；再次，把幼儿的本能动作提升到合拍的高度；最后，让幼儿独立地、合乐地表现这一音乐作品。

事实上，在教学过程中，幼儿捕捉到的音乐形象往往是一个总的形象，比如：这个音乐很慢，所以是大象；这个音乐的旋律在滚动，所以是小鱼游。音乐是时间艺术，即便是给幼儿欣赏的音乐作品，也具有一到三分钟的时间长度。而在这一到三分钟时间内，如果只是做着大象走的动作或小鱼游的动作，幼儿会感到无趣，所以必须把音乐形象细节化。对这项工作，需要教师在课前花时间进行准备，教师准备得越充分，教学过程中的指导就越有的放矢。通俗地说，音乐形象细节化就是为音乐创编内容，比如角色、情节、情境等。这些角色、情节、情境是吸引幼儿感受音乐作品的前提，也是幼儿用身体动作表演的理由。当幼儿用身体动作表现音乐时，教师要抓住的音乐关键经验是合拍，引导幼儿的动作表达走向合拍。这个目标在音乐活动过程中是隐性的，教师与幼儿一起探究的是如何把角色以及内容情节表演得真实、好看。在表演过程中，孩子们更关注表演得是否真实、有趣，兴趣点几乎都集中在真实、有趣上。教师当然需要满足幼儿的真实性审美需求，但是，也会要求幼儿表演得好看，合音乐是表演得好看的一个重要指标，为了表演得既真实又好看，合音乐的目标就自然地被推出来了。总之，不能让幼儿为了合拍而抽象地做身体动作，持续地做对幼儿没有意义的动作，这是合拍的技能训练，这种训练会伤害幼儿学习音乐的兴趣，是我们要避免的。

2. 指向合拍做动作的欣赏活动类型

在探究音乐内容情节的过程中，总是会用到上肢动作与下肢动作两种动作类型。上肢动作又包括徒手上肢与带器械上肢两类；下肢动作则主要指走路、双脚跳、小跑步三种动作。

（1）指向合拍做上肢动作的活动类型

● 徒手上肢动作合拍

徒手上肢动作合拍是指在音乐欣赏活动中，捕捉音乐作品的内容情节时所采用的身体动作是上肢徒手动作，所以，在整个音乐欣赏活动中，感受与表现的目标指向徒手上肢动作的合拍。

范例 3-3-1　水族馆（大班）

水 族 馆

[音乐段落结构分析]

以下为《水族馆》音乐的段落结构，大写字母表示段落。

| A | B | C | D | B′ |

[音乐内容形象]

以散文诗方式呈现以下内容。

A 段：一条小鱼游来了，又有一条小鱼游来了，好多小鱼打转着尾巴游来了。

B 段：水草也来了，它向小鱼儿打招呼，小鱼儿好，小鱼儿好。

C 段：波浪也来了，它向小鱼儿、水草打招呼，小鱼儿、水草，你们好。

D 段：小鱼儿一高兴开始表演节目了，它们表演吹泡泡。先吹小泡泡，再吹大泡泡。

B′段：水草看得高兴极了，波浪看得高兴极了。天黑了，小伙伴们都回家了。

[动作设计]

A 段第一句的动作：左手手腕逆时针方向做圆周动作，左手手臂伸向正前方，由平举到头顶，最后向左外侧慢慢放下。

A 段第二句的动作：用右手重复左手的动作。

A 段第三句的动作：双手同时做手腕圆周转动动作，双手从正前方到头顶，再从身体两侧转动着到大腿两侧。

A 段第四句的动作：双手同时做手腕圆周转动动作，双手从正前方到头顶，然后不转动，直接慢慢地放下。

B 段第一句的动作：左手举过头顶，由高到低做手腕左右波动动作。

B 段第二句的动作：右手举过头顶，由高到低做手腕左右波动动作。

B 段第三、四句的动作：重复 B 段第一、二句的动作。

C 段第一句的动作：双手臂由左到右画三圈。

C 段第二句的动作：双手臂由右到左画三圈。

D 段第一句的动作：左、右手轮流向外做弹指动作，两个慢的、四个快的。

D 段第二句的动作：与 D 段第一句的动作相同。

B′段的第一句动作：同 B 段第一句的动作。

B′段的第二句动作：同 B 段第二句的动作。

B′段的第三句动作：左右手同时举过头顶，由高到低做手腕左右波动动作。

B′段的第四句动作：双手滚动，由低到高，到头顶后慢慢从两侧垂下。

[活动过程建议]

- 引导幼儿讨论水族馆，唤醒幼儿有关水生动、植物的经验。
- 放 A 段音乐，请幼儿根据音乐联想：这可能是水族馆里的谁出现了？
- 肯定所有与 A 段滚动式旋律特征相匹配的联想，并请幼儿根据音乐，用动作表现所有合理的联想内容。
- 教师选择鱼尾巴打转的这种联想，并把五段音乐的内容以散文诗加动作的方式展现出来。
- 通过提问、反馈、分句示范、同伴支架等教学策略，帮助幼儿理解五段音乐的内容与动作。
- 幼儿在教师的散文诗与动作的带领下，完整地用身体动作进行表演。
- 幼儿独立地跟着音乐表演。

● 带道具的上肢动作合拍

带道具的上肢动作合拍是指，在音乐欣赏活动中，对音乐作品的内容情节捕捉所采用的身体动作是需要道具配合的上肢动作，所以，整个音乐欣赏活动感受与表现的目标指向上肢有道具的动作合拍。

范例 3-3-2　小精灵的魔法汤（中班）

小精灵的魔法汤（加速度圆舞曲）

约翰·施特劳斯　曲

[音乐段落结构分析]

大写字母表示大段落，小写字母表示小段落。

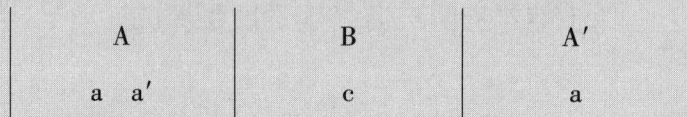

A	B	A'
a a'	c	a

[音乐内容形象]

以故事方式呈现：

在森林里，有一间小木屋。小木屋里住着一个可爱的小精灵，她有个很神奇的本领，就是调制魔法汤。她先搅拌魔水，然后往魔水里放魔药，再摇摇、看看魔瓶，最后再搅拌魔水，放一点魔药，这样魔法汤就做出来了。

[动作设计]

A 段 a

不完全小节：右手食指点两下魔瓶，一拍一下。

第［1］至［8］小节：右手食指指着魔瓶，由慢到快画圈，表示搅拌魔水。

第［9］、［10］小节：右手由拳头变成手掌，自上而下往瓶子里扔魔药，第［9］小节的重拍与手掌向下的动作同步。

第［11］、［12］小节：同第［9］、［10］小节。

第［13］、［14］小节：同第［9］、［10］小节。

第［15］、［16］小节：前面同第［9］、［10］小节，后面两拍同不完全小节的动作。

A 段 a'：同 A 段 a。

B 段 c

第［1］小节：摇一下瓶子，摇的动作合第一拍重拍。

第［2］小节：同第［1］小节。

第〔3〕、〔4〕小节：一只手把瓶子举起、看瓶子，举瓶动作合第〔3〕小节第一拍重拍，其余五拍不做动作。

第〔5〕至〔8〕小节：同第〔1〕至〔4〕小节。

第〔9〕至〔12〕小节：同第〔1〕至〔4〕小节。

第〔13〕、〔14〕小节：第一拍休止，不做动作，其余五拍每拍摇一次瓶子。

第〔15〕、〔16〕小节：同第〔3〕、〔4〕小节。

A'段 a：同 A 段 a。

[幼儿动作表演需要的道具]

- 用过的小矿泉水瓶子，撕掉包装纸，装清水，人手一个。
- 用过的小矿泉水瓶子，撕掉包装纸，装清水（不要太满），瓶盖上装颜料，晾干后盖上盖子，人手一个。

  注意：以上两个装水的瓶子，在视觉效果上完全一样，区别只在于瓶盖上是否有颜料。

- 用于覆盖瓶子的方布，人手一块。

[活动过程建议]

- 以讲故事的方式，把音乐内容呈现给幼儿。设置问题情境：小精灵是如何研制魔法汤的？
- 教师扮演小精灵，并示范身体动作表演，请幼儿观察小精灵研制魔法汤需要做哪些事情。
- 通过提问、反馈、分句示范、同伴支架等教学策略，帮助幼儿理解小精灵研制魔法汤所要做的动作，并请幼儿试着做这些动作。
- 幼儿在教师的示范动作带领下，徒手完整地进行身体动作表演。
- 提供幼儿没有颜料的装水瓶子与魔法布，幼儿进行真实情境的魔法汤研制。

- 所有的瓶子都没有出现有颜色的魔法汤，说明没有学到研制魔法汤的本领。教师与幼儿一起再次讨论研制步骤，反思可能没有做到的几个重点环节。（这几个重点环节就是音乐表现中的难点，如 A 段 a 小段的越来越快与越来越重，B 段 c 小段最后一句的突然增加力度等）
- 提供幼儿装有颜料的瓶子与魔法布，幼儿进行真实情境的魔法汤研制，所有幼儿成功研制出魔法汤。

范例 3-3-3　魔术师圆舞曲（中班）

魔术师圆舞曲

［音乐段落结构分析］

下面为《魔术师圆舞曲》的段落结构，大写字母表示段落。

引子　｜　A　｜　A　｜　B　｜

［音乐内容形象］

以讨论魔术师这一社会角色的方式呈现：魔术师是干什么的？什么叫魔术？魔术师变魔术时需要什么道具？魔术师有什么样的行头？你们有熟悉的魔术师吗？

［动作设计］

A段引子：手持帽檐，精神饱满地准备表演。

A段第［1］至［4］小节：跟着音乐的节奏左右摇摆四下。

A段第［5］小节：将帽子平伸，让观众检查。

A段第［6］小节：将帽子收回，放到胸前。

A段第［7］至［8］小节、第［9］至［10］小节、第［11］至［12］小节：同A段第［5］至［6］小节。

A段第［13］小节：右手臂伸直手掌朝空中抓一下，表示在抓魔法。

A 段第［14］小节：右手往左手中的帽子做一个放进魔法的动作。

A 段第［15］至［16］小节、第［17］至［18］小节、第［19］至［20］小节：动作同 A 段第［13］至［14］小节，但每一次在空中抓魔法时，变换抓的位置。右手动作在头的左上方、右上方等做出方位变化。

B 段第［1］至［2］小节：从帽子里面把花束拉出来。

B 段第［3］至［4］小节：把花束放回到帽子里。

B 段第［5］至［8］小节：同 B 段第［1］至［4］小节。

B 段第［9］至［12］小节：同 A 段的第［1］至［4］小节。

B 段第［13］至［16］小节：做向观众致谢的动作。

［幼儿动作表演需要的道具］

- 魔术师帽子，人手一顶。
- 帽子里面藏着一条能拉能收的纸做的花束。

［活动过程建议］

- 与幼儿讨论有关魔术师的所有内容。
- 请幼儿做一下魔术师可能做的动作。
- 教师扮演魔术师，请幼儿观察这个魔术师做了什么事，变出的魔术是什么。
- 通过提问、反馈、分句示范、同伴支架等教学策略，帮助幼儿理解魔术师所做的事情，并试着做一个魔术师。
- 幼儿在教师示范动作的带领下，徒手完整地进行身体动作表演。
- 为幼儿提供魔术帽，请幼儿在真实情境下进行表演。

（2）指向合拍做下肢动作的活动类型

● **合拍走路**

合拍走路是指在音乐欣赏活动中，如果对音乐作品内容形象的动作表演涉及走路，这时的走路需要幼儿按照音乐的拍子来走。

范例 3-3-4 农夫与禾苗（中班）

农夫与禾苗（瑞典狂想曲）

$1 = G$ $\frac{2}{4}$

雨果·阿尔芬 曲

A a段

‖: 1 35 1̇3̇27 | 1̇ 7 4 | 6 5 7̣ | 6 5̣ 1 |

1 35 1̇3̇3̇7 | 1̇ 7 4 | 6 565 47̣ | 1 - :‖

A b段

‖: 1̇ 1̇ 1̇ 1̇ | 7 - | 6 6 6 6 | 5 - |

5̣ 3 5 6̣ 5 | 7̣ 2 7̣ 2 | 5 3 5 6̣ 5 | 1 3 1 3 :‖ 1 3 1 |

B a段

‖: 5 5 5 5 | 5 6 5 3 | 1 1 | 1 2 3 | 1 2 3 | 3 2 1 | 2 |

4 4 4 4 | 4 5 4 3 2 2 | 7̣ 1 2 7̣ 1 2 | 2 1 7̣ 1 :‖

B b段

1̇ 1̇ | 5 6 5 3 1 3 | 5 6 5 3 1 3 | 5 6 5 3 1 3 |

1 1̇ | 5 6 5 3 1 3 | 2 2 2 2 | 1 - :‖

— 153 —

[音乐段落结构分析]

大写英文字母表示大段落，小写英文字母表示小段落。

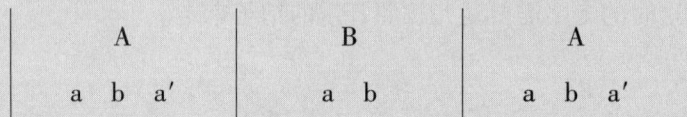

A	B	A
a b a′	a b	a b a′

[音乐内容形象]

农民伯伯扛着锄头到农田里干活，走啊走，来到了农田。他先是浇水，然后松土，干得很欢。干完活，他又扛着锄头回家了。农民伯伯一走，禾苗们就从地里钻出来了，它们伸伸懒腰，晒晒太阳，感觉好舒服啊。于是，小伙伴们手拉手玩耍起来。第二天，农民伯伯又扛着锄头到地里来干活，看见禾苗们都破土而出，农民伯伯乐呵呵。他继续浇水、松土，心里想着让禾苗长得更快。干完活，农民伯伯又高高兴兴地扛着锄头回家了。

[动作设计]

A段：农民角色。

a小段：手做扛锄头动作，脚一拍一步行走。

b小段：第［1］小节，双手斜举，手心朝内，抖动，半拍一次。

第［2］小节，双手斜举，手心朝内，抖动一次。

第［3］、［4］小节，与第［1］、［2］小节动作相同，表示浇水。

第［5］小节，双手做握铲状，第一拍用力铲土，第二拍把土翻过来。

第［6］小节，动作同第［5］小节，方向移向另一侧。

第［7］、［8］小节，与第［5］、［6］小节动作相同，表示松土。

a′小段：动作同 a 小段。

B 段：禾苗角色。

a 小段：第［1］至［4］小节，双手在胸前伸直、合掌，双腿并拢下蹲，然后一拍一次，双掌左右移动并向上撑，双腿逐渐伸直，到最后双臂伸直，双掌耸立。

第［5］、［6］小节，完整地做一个伸懒腰的动作。

第［7］小节，双臂朝身体一侧伸直，斜举。

第［8］小节，动作与第［7］小节相同，身体朝向另一侧。

b 小段：第［1］、［2］小节，两个小伙伴双手对位，半拍一步，小跑步转圈。

第［3］、［4］小节，两个小伙伴互拍对方的手，一拍一次。

第［5］、［6］小节，与第［1］、［2］小节相同。

第［7］、［8］小节，双臂伸直，合双掌，表示禾苗出土。

第二个"A 段"：同第一个"A 段"。

［活动过程建议］

A 大段音乐的身体动作表演（第一课时）：

- 与幼儿讨论农民伯伯到农田去干活时都会干些什么，并用身体动作表现农民伯伯所做的事。

- 教师用身体动作表演乐曲第一段，请幼儿观察：这位农民伯伯到农田里都干了些什么活？

- 通过提问、反馈、分句示范、同伴支架等教学策略，请幼儿尝试农民伯伯的所有动作。

- 请幼儿坐在位置上，跟着第一段音乐及教师的示范表演农民伯伯的动作。

- 在教师的示范、带领下，幼儿站立，做移动动作，扮演农民伯伯。

- 幼儿独立地完成农民伯伯到农田干活的所有表演。

B 大段音乐与完整音乐的身体动作表演（第二课时）。

- 幼儿扮演农民伯伯，合乐走进教室。
- 任课教师与配班教师合作完整表演"农民伯伯与禾苗"的故事。
- 教师用身体动作表演乐曲第二段，请幼儿观察"禾苗"都做了一些什么事。
- 通过提问、反馈、分句示范、同伴支架等教学策略，请幼儿学习"禾苗"的所有动作，尤其关注两个"禾苗"手拉手转圈这一移动动作。
- 在教师的示范带领下，幼儿站立在原地，进行"禾苗"动作的表演。
- 幼儿独立地进行"禾苗"动作的表演。
- 幼儿在教师语言指令的带动下，进行全曲的表演。
- 幼儿分角色表演，一半幼儿做农民伯伯，另一半幼儿做"禾苗"。

● 合拍双脚跳

范例 3-3-5　小兔子与大灰狼（中班）

小兔子与大灰狼（挪威舞曲）

$1 = A \frac{2}{4}$

格里格　曲

3 1 2 7 1 2 3 4 | 5 6 5 4 3 1 | 3 1 2 2 1 |

B 3 4 3 2 1 2 1 7 | 6 7 6 5 4 5 4 3 | 2 3 3 7 3 3 |

‖: 3 4 3 2 1 6 | 1 6 7 #5 6 7 1 2 | 3 4 3 2 1 6 |

1 6 7 #5 6 :‖ 3 4 3 2 1 6 | 1 6 7 #5 6 7 1 2 |

3 4 3 2 1 6 | 1 6 7 #5 6 | 3 4 3 2 1 6 |

1 6 7 #5 6 7 1 2 | 3 4 3 2 1 6 | 1 6 7 #5 0 ‖

[音乐段落结构分析]

下面为《小兔子与大灰狼》音乐的段落结构，大写英文字母表示段落。

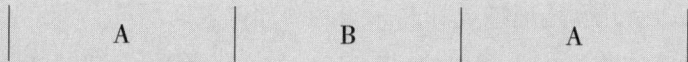

| A | B | A |

[音乐内容形象]

星期天，小兔子们蹦蹦跳跳地到公园去玩，看见公园里那么多漂亮、清香的花，就闻了起来；又看见那么多蘑菇，又摘了起来。突然，大灰狼来了，小兔子们拼命地跑，但是兔子怎么跑得过大灰狼呢？小兔子们急中生智变成了木头人，一动不动、不声不响，大灰狼以为公园里全是树、石头、草，没有小动物，就失望地走了。小兔子们一看大灰狼走了，又蹦蹦跳跳地出来闻花、摘蘑菇了。

[动作设计]

A 段第一句：双手竖起食指与无名指，放于头顶，模仿小兔子走路，一小节一次，双脚跳，共跳四次。

A 段第二句：双手掌心朝外放在鼻前，由鼻前朝两旁打开，一小节打开一次，共做四次。

A 段第三句：一手放腰间，表示拿着篮子，一手做摘蘑菇、放蘑菇的动作，一小节一摘一放，共做四次。

B 段第一句：慌乱地奔跑。

B 段第二句：在奔跑中，第一拍突然停住，做木头人造型，并保持一句。

B 段第三、四句：同 B 段第二句。

[活动过程建议]

- 教师讲 A 段音乐的故事，并请幼儿把第一段故事用身体动作表现出来。

- 教师把幼儿本能的动作（速度太快、不合拍、动作不具表现性等）提升到合拍、适宜表演的层面。

- 请幼儿合拍地把 A 段音乐用身体动作表现出来。

- 幼儿表演 A 段，并与教师合作，尝试表演 B 段音乐。B 段音乐中，教师头戴大灰狼头饰，扮演"大灰狼"，幼儿扮演"小兔子"。

- "小兔子们"看到"大灰狼"拼命地跑，但跑不过"大灰狼"，被抓了几个，教师与幼儿讨论怎么办。

- 采用木头人策略，"小兔子们"立即变成木头人，让"大灰狼"觉得没有"小兔子"，全是石头、树等。

- 执教教师与配班教师合作示范"大灰狼"出来、"小兔子"做木头人的表演，旨在让幼儿理解如何在 B 段第二、三、四句开始的第一拍，做一个停住的造型动作，表示木头人。

- 教师请一名幼儿与自己配合，教师做"大灰狼"，幼儿做"小兔子"，旨在让全体幼儿进一步理解并明确 B 段的表演要求。
- 全体幼儿与教师合作表演 B 段音乐，教师做"大灰狼"，幼儿做"小兔子"。
- 教师与幼儿一起反思 B 段表演的效果。
- 全体幼儿把 ABA 三段音乐连起来，完整表演。

- 合拍小跑步

范例 3-3-6　寻宝藏（小班）

寻宝藏（库企企）

$1 = A \frac{4}{4}$

[音乐段落结构分析]

下面为《库企企》音乐的段落结构，大写字母表示段落。

| A | B | C |

[音乐内容形象]

听说，在一座山的一个山洞里藏着宝藏，只要对着这个山洞的洞口喊一句魔语"库 库 库企 企"，山洞就会自动打开，喊魔语的人就可以拿走宝藏。哇，许多人骑着马来了，他们下了马，爬山，找到一个洞口就喊魔语"库 库 库企 企"。结果洞口没开。他们找错地方了，继续去找。他们又骑马，又爬山，又喊魔语，最后终于找到了这个山洞，找到了宝藏。

[动作设计]

A 段：做骑马动作。

B 段：双手轮流向上，做爬山动作。

C 段：按"× × ×× ×"节奏型，做挥单手、举手臂的动作，手握拳。

[活动过程建议]

• 与幼儿讨论宝藏是什么意思，你们想要的宝藏是什么。

• 讲故事。讲完故事后，全班以教师为寻宝队队长，也加入到寻宝的队伍中去。

• 先找到打开山洞的魔语是什么，关注 C 段音乐。

• 大家再一起决定用什么交通工具去寻宝，根据音乐确定哪种交通工具最合适。关注 A 段音乐。

• 最后，要发现爬山时爬了几次，关注 B 段音乐。

• 幼儿坐在座位上，在教师的示范引导下完整表演，教师要特别帮助幼儿解决骑马动作中手臂合拍的问题。

• 全班围成一个圈，以教师为队长，全体队员开始骑马、爬山、喊魔语的整套寻宝动作表演。

• 最后找到山洞，教师展现山洞里的宝藏：从黑板大小的袋子里，逐渐拉出近二十个动画片的主角头像。

（3）指向合拍做动作的欣赏探究活动类型

幼儿园音乐欣赏教育活动的过程就是教师与幼儿一起探究用创造性的身体动作表演音乐作品的过程。这一过程最好是采用日常生活或区域活动方式，这种个别与小组式的探究活动可以不受时间、管理方式的限制，可以最大限度地呵护每个幼儿对音乐的联想与表演。在集体音乐欣赏的教学情境下，受全班幼儿参与、25 分钟左右的时间等条件限制，在处理从生活经验走向音乐经验、每个幼儿的想法与全班在一起的效率等关系时，教师就很难从容淡定、慢条斯理。全班集体音乐课堂上的探究活动实际上是在一定条件下进行的探究，探究活动的类型也是由教师给出的探究条件决定的。

以合拍做动作为音乐表现目标时，幼儿园音乐欣赏探究活动一般在以下两种条件下展开：教师给出音乐形象，幼儿完成用自己的动作表现音乐形象的任务；教师给出表现拓展动作的思路，幼儿丰富动作表现。

● 教师给出音乐形象，幼儿独立完成用自己的动作表现音乐形象的任务。

范例 3-3-7　钟表店（中班）

钟表店（切分的时钟）

[音乐内容形象]

　　以谈话的方式唤醒幼儿有关钟的一些经验：每天早上起床时，除了家里的人，还有谁会唤醒我们？闹钟都会发出什么样的声音？"嘀嗒嘀嗒"的声音是哪根针发出的？闹铃的声音是什么样的？你认识大钟的钟摆吗？

[动作探究建议]

• 探究钟摆摆动的动作，探究钟表"走"动的动作。

• 探究钟表店里各种钟表的造型。

[活动过程建议]

• 与幼儿讨论钟，唤醒幼儿有关钟的经验。

• 引导语：有一个神奇的钟表店，里面有各种各样的钟，让我们看看，都有一些什么样的钟表。

• 出示大钟，认识大钟的钟摆。

• 请幼儿用身体动作表现各种各样的钟，一个幼儿造型完成后，全体幼儿来猜他表现的是什么钟。

- 教师放第一段音乐，请幼儿倾听这段音乐说的是什么（钟摆在摆动，钟在"走路"等）。
- 请幼儿用身体动作把钟摆摆动、钟"走路"的样子表现出来。
- 教师播放第二段音乐，请幼儿倾听这段音乐说的是什么（闹铃响了）。
- 请幼儿用身体动作把闹铃响的样子表现出来。由于闹铃响过了，有长长的四拍等待，可要求幼儿在等待的时间里做各种钟的造型，等待四次，要求做出四种钟的造型。
- 教师与幼儿一起梳理已经创编过的动作：钟摆摆动、四种钟的造型、闹铃响等动作。教师提出要求：我们是在扮演钟，钟是走得很准、很稳的，我们的动作也要一下一下地跟着音乐，很准、很稳。
- 幼儿跟着音乐，完整创编三段音乐的所有动作，并关注所有动作的合拍稳定性。

- 教师给出表现拓展动作的思路，幼儿丰富动作表现。

范例 3-3-8　赶花会（中班）

赶　花　会

[音乐段落结构分析]

大写字母表示大段，小写字母表示小段。

引子 ｜ A ｜ B ｜ A′ ｜
　　 过渡句　a　b　过渡句　c　　　　a　b

[音乐内容形象]

　　小鸭起床了，它揉揉眼睛、伸伸懒腰、摆摆屁股。起床后，小鸭跟着鸭妈妈去赶花会，一路上又走路又游水的。到了花会，小鸭看见好多花儿，有的花朵长得高，有的花朵长得低。看完了花会，小鸭又跟着鸭妈妈回家了，一路上还是又走路又游水的。

[动作设计]

　　引子

　　第 [1] 至 [3] 小节：揉眼睛。

第［4］至［6］小节：伸懒腰。

第［7］、［8］小节：揉眼睛。

第［9］至［11］小节：伸懒腰。

过渡句：扭屁股。

A 段 a

第［1］至［3］小节：学鸭子左右摇摆走路，一拍一摇。第［3］小节最后一拍，做一个下蹲动作。

第［4］至［6］小节：同第［1］至［3］小节。

A 段 b

第［1］至［6］小节：做鸭子游水动作，一小节一次。

过渡句：扭屁股。

B 段

第［1］小节：双手在空中画一个大圆，表示看到一朵花。

第［2］小节：双手做花的造型。

后面小节：重复第［1］、［2］小节的动作，区别在于每次做花造型的位置要有高低变化。（教师要给予幼儿开花动作如何有层次、有方位的思路）

A′段：同 A 段。

[活动过程建议]

受变换拍子的影响，导致《赶花会》第一段（第三段严格重复）音乐乐句不规整。所以，感受与表现这段音乐时，教师最好给出具体的音乐内容形象，请幼儿表现小鸭子的走路动作与游泳动作，着重于提升幼儿动作的合拍与合句子。在这里，我们主要呈现第二段音乐的活动过程。

● 教师讲述第二段音乐的内容形象：小鸭子们来到了花市，看见各种各样的花。

- 先请幼儿用身体动作表现花市中各种各样的花，然后从两个方面提升幼儿所做的开花动作：第一，开"花"时，双臂要打开舒展，"花朵"停住时要合音乐。第二，把"花"开在高低不同的地方。

- 教师有意识地挑选开在不同位置、形成对比的两名幼儿的开花造型，如两朵高低不同的花、两朵前后的花等。

- 挑选出高低不同的"两朵花"时，请全体幼儿观察这"两朵花"的区别，然后出示图片（一棵树上开着高、中、低三个层次的三朵花），通过图片观察与教师的语言讲解，使幼儿明白，花可以开出三个不同的层次。请幼儿做三个层次的开花动作。

- 挑选出前后不同的"两朵花"时，请全体幼儿观察这"两朵花"的区别，然后出示图片（一棵树上开着左右、前后不同方位的花），通过图片观察与语言讲解，使幼儿明白，花可以开出四个不同的方位。请幼儿做四个不同方位的开花动作。

- 玩找"花王"的游戏：教师播放第二段音乐，请幼儿自由做开花动作，但要求"八朵花"要朵朵开得不一样。教师准备找出几个"花王"，"花王"是做开花动作时，能让每朵都开得不一样，同时所做动作能合上音乐的表演者。

- 请"花王"在全体幼儿面前展示他们的风采。

- 全体幼儿一起表演，教师提出希望：有更多的"花王"出现。

（二）合句段结构做动作关键经验的指导要旨

1. 合音乐句段结构做动作的指导原则

就音乐经验而言，合拍是基石，合句段结构是路径。在音乐实践中，二者耦合在一起，很难截然分开。但是，在幼儿园音乐教育的开展过程中，教师头脑中有关关键经验的目标走向是有侧重点的。比如，在小班欣赏活动中，小、中班歌唱活动中，合拍是压倒一切的主题，为了合拍可以暂时忽略音乐的句段结构。到了中、大班的欣赏活动阶段，仅合拍一个目标不足以释放幼儿所有的音乐表现潜力。仅是合拍，没有句段结构要求，会使幼儿对音乐的联想停留于一种简单形象的本能层面。比如，幼儿认为这个音乐说的是小兔子，于是用小兔子的蹦跳动作把整首乐曲一竿子表演到底。事实上，真正的音乐联想需要完成小兔子具体做了一些什么事情的细节，完成这些细节的音乐性联想并非臆想，需要捕捉到音乐的句段结构。

就音乐性而言，针对一首乐曲能做到合音乐句段结构做动作时，事实上，除结构以外的其他音乐经验都已被包含其中。合句段结构必定是合拍的、合速度的、合轻重的、合音色特征的、合乐曲性质的等。

幼儿园音乐欣赏教育活动中选择的曲目通常是幼儿在学习过程中能接触到的最大型的音乐作品，经常由3—5段音乐构成。这批音乐内涵丰富的欣赏曲目是发展幼儿创造性表现能力的重要手段，为幼儿创造性表现能力的发展提供了殷实的环境或营养。但是，幼儿创造性表现能力的发展与音乐句段结构关键经验的获得是同一的，创造性表现基于想象，而想象是有根据的联想，音乐联想的根据就是组织或包含在句段结构中的音乐的速度、轻重、音色、性质、节奏、旋律等特征。所以，对大型曲目的感受与表现是离不开音乐句段结构这一关键经验的。但是，对幼儿来说，音乐句段结构经验无法通过讲授、死教的方式来获得。想要幼儿获得这一音乐的关键经验，需要关注以下指导原则。

（1）音乐内容情节的变化即音乐句段结构的变化。所有音乐教育活动的展开都需要内容性情境，没有内容性情境的音乐教学很难有效果。针对段落复杂的音乐作品进行感受与表现时，没有内容性情境简直就是寸步难行。音乐作品的情境就是教师课前挖掘好的音乐内容形象，呈现方式可能是故事情境，也可能是生活、劳动、游戏情境，总之，一定是幼儿耳熟能详的情境状态。教师在挖掘音乐内容时，当段落转换时，需要把内容情节也进行转换；在设计动作时，往往以句子为单位，一个句子一到两个动作，换句子时换动作。这些设计本身隐藏着丰富的音乐元素特性，幼儿在扮演故事角色、玩游戏、体验劳动情节的过程中，自然地、无教的痕迹地学习了音乐的句段结构。

（2）合理地采用图谱。图谱即图像乐谱，它的主要功能是用简化、明晰但又不失具象的方式表达音乐的句段结构。如果图谱制作简化且准确，在教学过程中呈现的时间点恰当，它对幼儿理解与表现音乐句段结构有着重要的作用。图谱使用的合理性包含以下两个方面。

第一，图谱制作简化并准确。

图谱的简化并准确，是指图谱具备概括、归类、凸显音乐本质特征的功能。例如，下面这幅图谱是为小班幼儿的一个音乐欣赏作品制作的，本来音乐并不复杂但经过如此复杂化的图谱翻译后，很容易令小班幼儿丧失学习这一音乐作品的信心。这是典型的复杂化音乐，而不是简化音乐的图谱，我们需要引以为戒，避免重蹈覆辙。

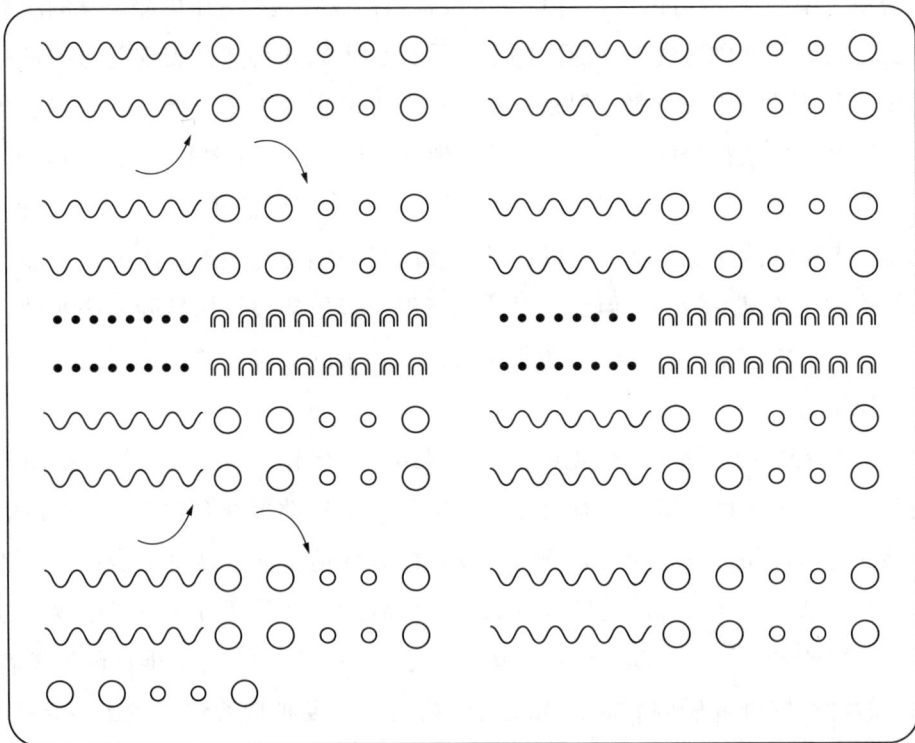

图谱制作复杂化的主要症结是纠缠每一个节拍，想通过图谱表达音乐的每一拍。事实上，达到简化程度的图谱是不纠缠节拍的，把句段结构表达出来就行了。下面是一幅达到简化与准确标准的图谱，这张图谱清晰呈现了ABA′三段体的一个音乐作品，A 段与 A′段不严格重复，A 段由一模一样的两小段音乐构成，而 A′段只有一小段音乐；B 段由结构完全相同的两小段音乐构成。对音乐句段结构的这种清晰概括是简化的特征，也是音乐段落的本质特征。如果幼儿在用身体动作表演音乐故事的过程中辅以这张图谱，无疑会对幼儿的表演起到前后动作、段落衔接等众多提醒作用。

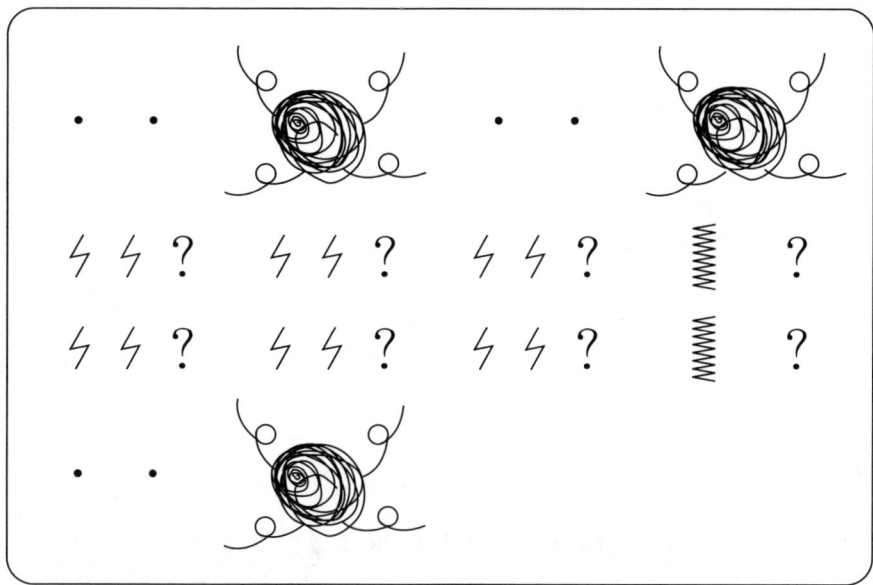

第二，图谱应在身体动作体验后，作为辅助性教具呈现。

把图谱作为直接教的教学内容而不是辅助性的工具，这是目前幼儿园图谱使用中的主要问题。欣赏教育活动一开始，教师就呈现图谱，然后根据图谱一段一段地听音乐，一句一句地学动作，如果离开图谱，教师就不知道欣赏教学如何进行了。

欣赏作品音乐容量较大，比较多的作品需要图谱辅助，但并不是说，所有欣赏作品都必须得用图谱。表达音乐段落的内容情节比较简单明了，幼儿很容易通过语言与动作理解、明白，这样的音乐作品就不需要图谱了。只有在幼儿用身体动作去感受音乐内容情节时发生了困难，很难捕捉到句子或段落，这时呈现图谱，在视觉层面向幼儿呈现音乐的句子与段落，在视觉的帮助下幼儿的听觉就会能干起来，最终在听觉层面感受到句子与段落。

2. 合句段结构做动作的活动类型

合句段结构做动作是指幼儿做出来的身体动作不仅要合拍，而且具有句子的起与落，音乐段落之间情绪风格的转换。让幼儿充分感受与表现音乐句段结构的欣赏活动大概有以下几种类型：情境设置只为句子的辨认；句子双角色的情节处理；段落双角色的情节处理；情节变化段落变化的处理；欣赏探究活动。

（1）指向句子辨认的情境设置

范例3-3-9 吹泡泡（小班）

吹 泡 泡

$1 = A \dfrac{3}{4}$ 莫扎特 曲

12 | 3423 1．23 | 4534 2．54 | 3423 1．23 | 2321 7176 5712 |

3423 1．23 | 4534 2．34 | 517♭7 6♭65♯4 6542 | 2．32 1 ‖

［音乐内容形象］

教师吹真的肥皂水泡泡，请幼儿观察并先发出相应的声音，再做出相应的动作。看到泡泡飘动时发出"呣"的声音，泡泡破灭时发出"啪"的声音；看到泡泡飘动时，双手在空中画圈，泡泡破灭时，双手做花样造型动作。

[动作设计]

从不完全小节至第 [1] 小节：双手在空中画小圈，然后做花的造型，表示小泡泡。

第 [2] 小节：同第 [1] 小节。

第 [3] 小节：同第 [1] 小节。

第 [4]、[5] 小节：双手在空中画大圈，然后做花的造型，表示大泡泡。

第 [6] 小节：同第 [1] 小节。

第 [7]、[8] 小节：同第 [4]、[5] 小节。

[活动过程建议]

- 观察教师吹的泡泡，并做出以下两种反应：第一种，看到泡泡飘动时，发出 "嗨" 的声音；泡泡破灭时，发出 "啪" 的声音。第二种，看到泡泡飘动时，双手在空中画圈，泡泡破灭时，双手做花样造型动作。

- 教师引导语：下面我们来听一首关于泡泡的音乐，到底是大泡泡还是小泡泡，音乐会告诉你们。教师播放音乐，请幼儿用双手在空中画圈并做花的造型动作，表示音乐中的大、小泡泡（长句子表示大泡泡，短句子表示小泡泡）。

- 教师采用示范策略，幼儿通过模仿，提升对长、短句子的辨认与动作表达水平。

- 幼儿独立地用动作表达出大、小泡泡（对应音乐的长短句子）。

（2）句子双角色的情节处理

句子双角色的情节处理是指在挖掘欣赏作品的内容形象时，呈现双角色的形象，而且让双角色以句子为单位交互出现，例如音乐第一句是一个人物或动物形象，第二句是另一个人物或动物形象，整首曲子围绕这两个形象展开。

范例 3-3-10 打蚊子（小班）

打蚊子（七士进阶）

$1 = G \quad \frac{2}{4}$　　　　　　　　　　　　　　　　德国民间舞曲

备注：每一遍增加一次 5 3

[音乐内容形象]

夏天到了，蚊子出来叮我们小朋友。蚊子一叮我们就抓痒，蚊子再叮，我们再抓痒，最后，我们举起巴掌打蚊子。

[动作设计]

下面是坐在座位上、用上肢表达的动作。

第［1］至［8］小节：双手在双腿上轮流敲击，表示小朋友在走路。

第［9］至［10］小节：用一只手在另一只手上叮三下、停一下，表示蚊子叮人。

第［11］至［12］小节：用一只手为另一只手抓痒，表示小朋友抓痒。

第［13］至［16］小节：同第［9］至［12］小节。

第［17］小节：第一个音举起巴掌，第二个音打蚊子。

第［18］至最后：同第［17］小节。

［活动过程建议］

- 与幼儿讨论夏天蚊子叮人的情境，并用动作把这一情境表现出来。

- 教师播放音乐，请幼儿联想音乐的什么地方是蚊子在叮人，什么地方是人在抓痒，什么地方是人在打蚊子。

- 请幼儿在没有音乐的情境下，用身体动作把小朋友散步、被蚊子叮、抓痒、打蚊子的情境表现出来。

- 教师请幼儿先坐在位置上，合上音乐，用两只手把上面的情境表现出来。

- 教师提升幼儿的本能动作，强调角色之间的准确转换（根据音乐句子的转换）。

- 请幼儿在有音乐的情境下，用身体动作把小朋友散步、被蚊子叮、抓痒、打蚊子的情境表现出来（不分角色，一人表演两种角色）。

- 全体幼儿合着音乐，完整表演打蚊子的情境（不分角色）。

（3）段落双角色的情节处理

段落双角色的情节处理是指在挖掘欣赏作品的内容形象时，呈现双角色的形象，而且让双角色以段落为单位交互出现，例如：音乐第一段是一个人物或动物形象，第二段是另一个人物或动物形象，整首曲子围绕这两个形象展开。

范例 3-3-11　和尚与老鼠（中班）

和尚与老鼠（三个和尚）

$1 = F \dfrac{4}{4}$

金复载　曲

A

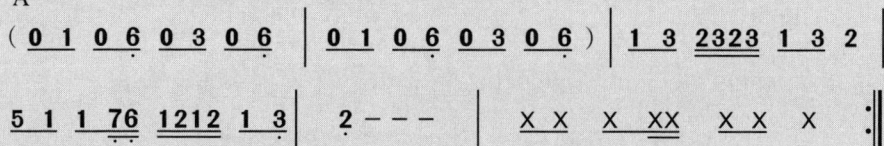

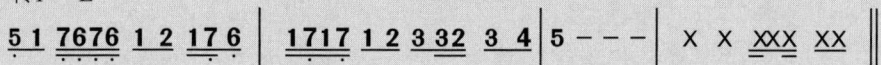

转1=♭E

B
转1=♭B

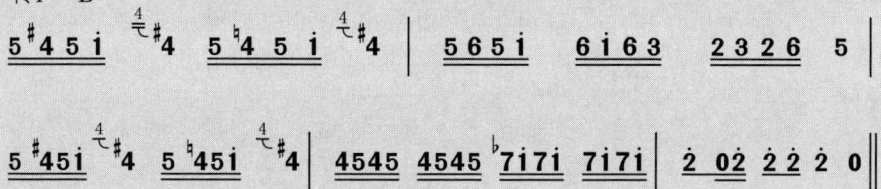

B′
转1=F

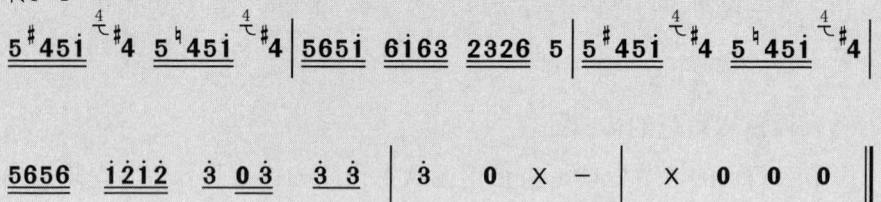

[音乐段落结构分析]

下面为《和尚与老鼠》音乐的段落结构，大写字母表示段落。

| A | B | B′ |

[音乐内容形象]

在一座山上有一座庙。在庙里只有一个和尚的时候，那个和尚一个人挑水喝。后来又来了一个和尚，两个和尚就抬水喝了。后来，又来了一个和尚，三个和尚就没水喝了。一群小老鼠看三个和尚不团结又懒惰，就出来取笑和尚。这次，三个和尚团结起来把小老鼠吓晕了。

[动作设计]

全班分成和尚与小老鼠两组。

A 段

第一句：和尚组的幼儿做一个和尚挑水的动作。脚原地行走，一拍一步，双手一前一后做挑水动作。间奏时，嘴里说"<u>一个</u> 和尚 <u>挑水</u> 喝"。

第二句：做两个和尚担水的动作。脚原地行走，一拍一步，双手放肩前，做抬水动作。间奏时，嘴里说"<u>两个</u> 和尚 <u>抬水</u> 喝"。

第三句：和尚组的幼儿做和尚念经的动作：左手像课堂举手一样举在那里，右手伸出一个食指按"××××"节奏型敲腿，表示在念经、敲木鱼。间奏时，嘴里说"<u>三个</u> 和尚 <u>没水</u> 喝"。

小老鼠组的幼儿在第三句处从洞里跑出来，到间奏时与和尚一起说"<u>三个</u> 和尚 <u>没水</u> 喝"。

B 段

第 [1] 小节：和尚组的幼儿继续做念经动作。老鼠组的幼儿双手握拳，伸出两个食指放在嘴前，表示老鼠的嘴巴，然后按"<u>××</u> × <u>×</u> ××"节奏型啄"和尚"。

第［2］小节：和尚组的幼儿继续做念经动作。老鼠组的幼儿两个手心向内伸开，放在嘴前，按"××××"节奏型，做取笑和尚的动作。

第［3］、［4］小节：同第［1］、［2］小节。

第［5］小节：第一、二拍，"和尚"突然站立起来，站立动作合第一拍强拍；第三、四拍，"和尚"跺脚，表示愤怒，跺脚动作合第三拍次强拍。"老鼠"看着"和尚"，做害怕发抖的动作。

B′段

第［1］小节："和尚"双手叉腰，按"×—×—"节奏型跺脚。

第［2］小节："老鼠"双手做投降动作，脚上碎步往后退。

第［3］、［4］小节：同第［1］、［2］小节。

第［5］小节：第一、二拍，"和尚"做跺脚动作，跺脚动作合第一拍强拍。第三拍至最后，"老鼠"做吓晕倒地动作，倒地动作合第三拍次强拍。

［活动过程建议］

- 讲音乐内容故事，请幼儿根据故事内容做身体动作表演：和尚应怎么做挑水、抬水、没水喝的动作？老鼠怎么跑出来挑逗和尚？

- 放 A 段音乐，请幼儿用身体动作合着音乐表演一个和尚挑水、两个和尚抬水、三个和尚没水喝的情节。

- 教师提升、精练幼儿的动作。

- 幼儿合乐地表演 A 段。

- 执教教师与配班教师合作，完整表演音乐作品，提醒幼儿观察老鼠出来以后的音乐中，老鼠是怎样跑出来的？怎样挑逗和尚的？最后和尚做了什么事？

- 在不分角色的前提下，通过提问、反馈、同伴支架、分句示范、念白、预令等策略，让幼儿理解并掌握以下身体动作细节：和尚做了什么事？怎么做的？老鼠做了什么事？怎么做的？这些细节就是音乐的句子与段落变化。

- 不分角色，幼儿完整地表演整个故事内容。
- 分成两组，分角色完整地表演故事内容。

（4）情节变化段落变化的情节处理

大多数欣赏曲目的内容形象是根据段落的变化来处理情节的变化的。幼儿是根据内容情节的变化来理解与掌握音乐段落结构的，所以，精妙的内容情节处理经常使原本复杂的音乐段落结构显得简单。

范例 3-3-12 吃苦头的狐狸

吃苦头的狐狸（山王宫殿）

格里格 曲

A′转1 = E

$\underline{6}$ $\underline{\dot{7}}$ $\underline{1}$ $\underline{2}$ $\underline{3}$ $\underline{1}$ 3 | $\underline{\dot{2}}$ $\underline{\dot{7}}$ $\underline{2}$ $\underline{1}$ $\underline{\dot{6}}$ 1 | $\underline{6}$ $\underline{\dot{7}}$ $\underline{1}$ $\underline{2}$ $\underline{3}$ 1 $\underline{3}$ $\underline{6}$ | $\underline{5}$ $\underline{3}$ $\underline{1}$ $\underline{3}$ 5 — |

$\underline{6}$ $\underline{\dot{7}}$ $\underline{1}$ $\underline{2}$ $\underline{3}$ $\underline{1}$ 3 | $\underline{\dot{2}}$ $\underline{\dot{7}}$ $\underline{2}$ $\underline{1}$ $\underline{\dot{6}}$ 1 | $\underline{6}$ $\underline{\dot{7}}$ $\underline{1}$ $\underline{2}$ $\underline{3}$ 1 $\underline{3}$ $\underline{6}$ | $\underline{3}$ $\underline{1}$ $\underline{3}$ $\underline{6}$ 6 — ‖

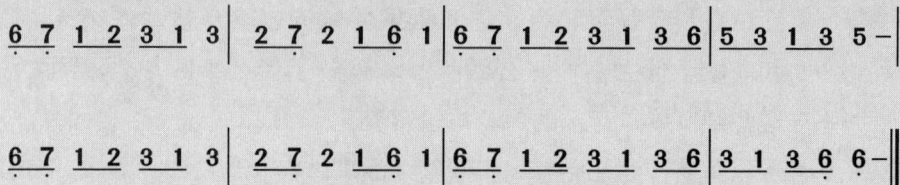

[音乐作品与段落结构分析]

此曲原名为《山王宫殿》，为 ABA 三段体，全曲重复出现三次，但每次重复在音色、速度与力度上都做了较大的变化。所以，此曲在听觉上会形成九段音乐加一个尾声的音乐结构效果。另外，每大段音乐又由重复的两小段组成，每次在音色、速度与力度的变奏上都是递进式的，即越到后面音色越复杂，速度越快，力度越强。到了最后一次 ABA 三段的重复，无论是力度还是速度，都到了紧张、怪异的程度，全曲在快速、强力度中结束。此曲的句段结构分析如下，大写字母表示大段，小写字母表示小段。

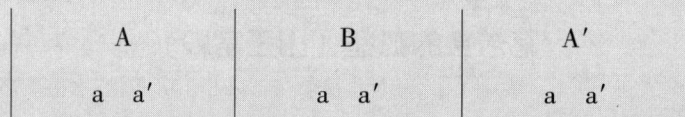

A	B	A′
a a′	a a′	a a′

[音乐内容形象]

以讲故事配插图的方式呈现：

狐狸偷偷地跟在鸡妈妈后面好多天了，它想吃鸡妈妈。鸡妈妈知道后，与同伴一起想出很多办法，想让狐狸吃些苦头。这一天，鸡妈妈先在家里化妆打扮（A 段 a），然后系鞋带、出门（A 段 a′）。狐狸偷偷地跟在鸡妈妈后面，还东张西望（B 段 a），然后被耙子狠狠地砸了一下（B 段 a′）；狐狸不顾疼痛继续跟着鸡妈妈，它先东张西望（A′段 a），后来看见鸡妈妈拐到一座房子后面了，就跟了过去，一拐弯，却掉进了一个臭水池里（A′段 a′）；狐狸不顾浑身的湿与臭，继续跟着鸡妈妈，它先东张西望（重复—A 段 a），然后被一袋面粉埋了（重复一 A 段 a'）；狐狸不顾满脸面粉，继续跟着鸡妈妈，它先东张西望（重复一 B 段 a），然后又被埋进了稻草堆里（重复一 B 段 a'）；狐狸不顾浑身发痒，继续跟着鸡妈妈，它先东张西望（重复一 A' 段 a），然后发现鸡妈妈钻进了狭窄的篱笆，它也挤了进去，结果被卡住了（重复一 A' 段 a'）；它拼命挤出篱笆（重复二 A 段）；挤出篱笆后无路可走，只有一条小河，它只好跳进水里游泳（重复二 B 段）；从河里上岸后，发现鸡妈妈又快回家了，就飞快地追赶（重复二 A' 段）；追到鸡妈妈家，发现已经关门了，它拼命砸门，但砸不开（尾声）。

［图片设计］

共设计八张图片。

第 1 张：狐狸一头撞在耙子上；

第 2 张：狐狸掉进了臭水沟；

第 3 张：狐狸被面粉埋了；

第 4 张：狐狸被稻草埋了；

第 5 张：狐狸被篱笆夹了；

第 6 张：狐狸挤篱笆；

第 7 张：狐狸在河里游；

第 8 张：狐狸飞快地跑。

［动作设计］

A 段为母鸡的动作，是全曲的引子；后面八段与尾声都是狐狸的动作。

A 段 a：母鸡合着拍子，做涂脸与涂口红的化妆动作。

A 段 a'：母鸡合着拍，做系鞋带、背包、出门的动作。

B 段 a：狐狸一步一拍往前走，最后两拍脚步停住，身体朝后看。

B 段 a'：狐狸一步一拍往前走，最后两拍脚步停住，手做一个拍打前额的动作，表示被耙子砸。

A'段a：同B段a。

A'段a'：狐狸一步一拍往前走，最后两拍脚步停住，手做一个捏鼻子的动作，表示掉进臭水沟。

第一次重复A段a：同B段a。

第一次重复A段a'：狐狸一步一拍往前走，最后两拍脚步停住，双手抱头，身体下蹲，表示被面粉埋。

第一次重复B段a'：同B段a。

第一次重复B段a'：狐狸一步一拍往前走，最后两拍脚步停住，双手掌在头顶做一个尖三角形状，身体下蹲，表示被稻草埋。

第一次重复A'段a：同B段a。

第一次重复A'段a'：狐狸一步一拍往前走，最后两拍脚步停住，手臂平举，一前一后，身体侧移，表示卡在篱笆上。

第二次重复A段：做身体侧移、手臂平举、一前一后的动作，两小节换一次方向，表示拼命挤篱笆。

第二次重复B段：做双手臂交替划水的游泳动作，表示狐狸在游水。

第二次重复A'段：做快速跑步动作。

尾声：双手握拳敲门，然后用口呼手，表示手敲得很痛；再重复握拳敲门与呼手的动作；最后以强烈地敲门动作结束。

[活动过程建议]

• 边出示图片，边讲《吃苦头的狐狸》的故事。讲述过程中，请幼儿用动作表示狐狸所吃的每一个苦头。

• 请幼儿用动作总结狐狸所吃的苦头，并按顺序用动作表现。

• 教师合音乐示范表演《吃苦头的狐狸》的故事，在示范表演过程中，请幼儿做出吃苦头的动作。

> - 教师请幼儿学习"向后看""吃苦头"两个预令发出时的动作，并让幼儿掌握这些动作的合拍要领。
> - 请幼儿坐在位置上扮演狐狸，在教师的示范表演与预令带领下，表演狐狸的所有动作。
> - 教师撤去示范，在教师预令的指挥下，幼儿表演狐狸的动作。
> - 请幼儿站起来，在移动脚步的情况下，合乐表演狐狸的所有动作。

（5）指向合句段结构做动作的欣赏探究活动

所有的幼儿园音乐欣赏活动都会涉及对音乐作品身体动作表达方式的探究。事实上，目前在我国幼儿园集体教学活动中，在完全放手让幼儿从事音乐探究活动方面，受幼儿人数多、教师音乐素养水平不高等条件的限制，我们做得还很不够。指向合句段结构做动作的欣赏探究活动，主要在下面两种情况下实施：音乐感受环节的表达主要由教师预设，音乐表现环节由教师指导幼儿探究；音乐感受与表现环节都让幼儿探究，但教师通过图谱等方法给出音乐内容形象。

- *音乐感受环节由教师预设，音乐表现环节由教师指导幼儿探究*

范例 3-3-13　鞋子的舞蹈

鞋子的舞蹈（闲聊波尔卡）

约翰·施特劳斯　曲

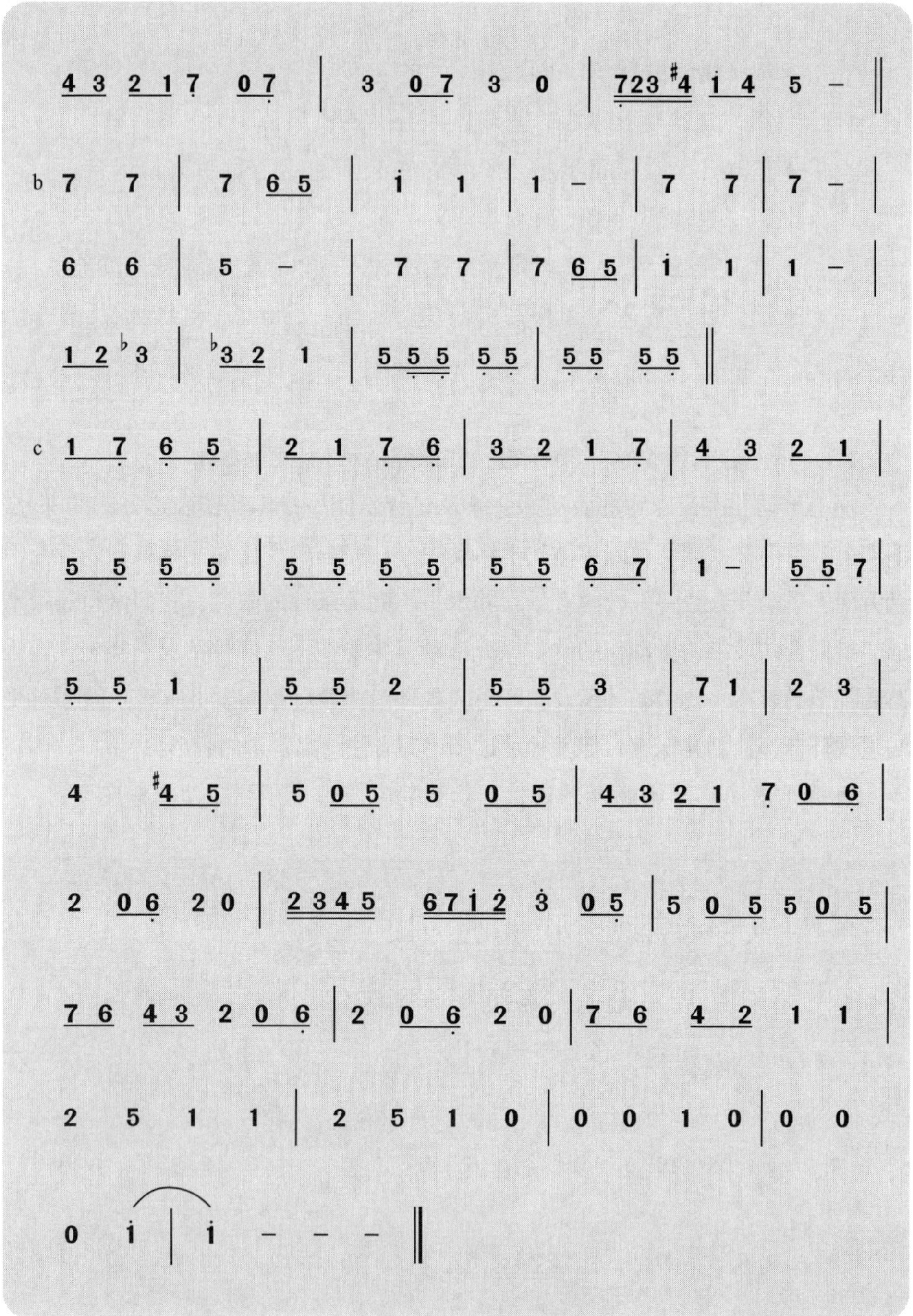
b
c

[音乐段落结构分析]

大写字母表示大段，小写字母表示小段。

	A		A′	
	a　b　c		a　b	

[音乐内容形象]

以故事的方式呈现：

在城市的一个小巷里，有一个米格爷爷的鞋匠铺，里面住着米格爷爷和他可爱的小宝贝们。米格爷爷的手艺可好了，住在他附近的人们都愿意到他这儿来做鞋子。他那里有专门给高贵小姐准备的黑美人鞋，还有给可爱的小男孩的小叮当鞋，还有许多许多你想象不到的可爱的、漂亮的鞋子。鞋匠铺里有个秘密，就是每天到晚上十二点的时候，米格爷爷睡着了，可爱的小鞋子们都会出来唱歌、跳舞，玩得可开心了。

[动作设计]

坐在位置上，用两只手表现两只鞋子的上肢动作设计。

A段

A段a：表现两只鞋子跑出来站好的情节。准备动作：两腿并拢坐下，两只手掌立起，掌心朝向身体，垂直放在腿上，两只手掌表示两只站在鞋柜里的鞋子。

第［1］至［2］小节：一只手一边像弹琴一样弹奏，一边由里向外推出，表示一只鞋子从鞋柜里跑出来。

第［3］至［4］小节：手臂平举伸直，手掌掌心朝身体垂直，表示鞋子跑到外面鞋柜后站立。

第［5］至［8］小节：换一只手表示另一只鞋子跑出来，动作与第［1］至［4］小节相同。

A段b：表示两只鞋子互相打招呼的情节。

第［9］至［12］小节：两手拍手，表示两只鞋子对拍。

第［13］至［16］小节：两小节打一次招呼，先举右手打招呼，再举左手打招呼。

第［17］至［20］小节：同第［9］至［12］小节。

第［21］至［24］小节：两小节一次做侧耳倾听状，先举右手至右耳旁倾听，再举左手至左耳旁倾听。

A 段 c：表示两只鞋子重新跑回鞋柜的情节。

A′段

A′段 a：同 A 段 a。

A′段 b：同 A 段 c。

[活动过程建议]

• 讲故事，请幼儿猜猜鞋子们的秘密是什么。

• 教师用上肢动作表演小鞋子们的故事。通过提问、反馈、同伴支架、分句示范等策略，使幼儿理解老师用两只手掌代表的两只鞋子，做了一些什么事情，是怎么做的。

• 请幼儿也用两只手掌代表两只鞋子，把鞋子们玩耍的故事表现出来（如果能够表现，表示幼儿对音乐句子、段落的感受目标完成）。

• 请幼儿用整个身体做出鞋子的造型。幼儿自由造型，教师逐一猜猜都是什么鞋子。教师要求每名幼儿至少做出三种鞋子造型。

• 教师做一只鞋子的造型，请一个小朋友上来与教师做的鞋子配对。在配对过程中与幼儿互动，解决以下问题：第一只鞋子（第一个小朋友）要先造型，然后第二只鞋（第二个小朋友）要做与第一只鞋子配成对的造型。

• 教师扮演第一只鞋子，合着音乐表演这只鞋子的造型。然后，请一个幼儿与自己配合，表演第二只鞋子，与第一只配对，然后做玩耍等动作。

- 请出两名幼儿来表演这个故事，教师现场指导幼儿的表演。
- 将全班分成两组，一组扮演第一只鞋子，另一组扮演第二只鞋子，完整表演。

- 音乐感受与表现环节都让幼儿探究，在感受与表现的转换环节给出图谱。

范例3-3-14 打字机

打 字 机

$1 = C \dfrac{2}{4}$

安德森 曲

[音乐句段结构分析]

整个曲子就一段音乐，由引子与六句音乐构成，下面为句子结构。

引子　a　b　c　d　e　f

[音乐内容形象]

无固定的音乐内容形象，让幼儿开放式地探究。

[图谱设计]

由于没有音乐内容形象的预设，所以图谱设计中的图像就相对比较抽象，属于图形谱一类。

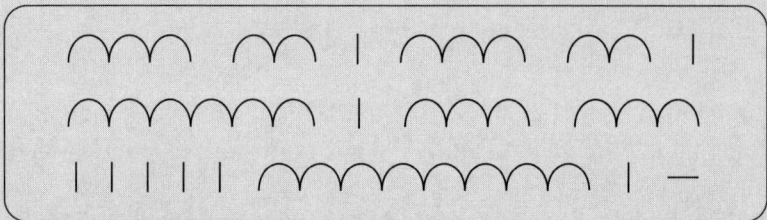

[动作设计]

由于没有固定的音乐内容形象，也就无法开展固定模式的动作预设。

[活动过程建议]

● 教师放音乐，请幼儿联想：听着这段音乐，你想到了什么？

● 请幼儿自由地把自己的想法用动作表现出来，向幼儿强调要合上音乐。

● 请相对能合上音乐的幼儿进行表演。

● 教师与幼儿讨论：表演这个音乐时，主要的困难是什么？（音乐的句子很难）

● 教师出示图谱，请幼儿徒手跟着音乐画图谱中的图形。

● 教师与幼儿讨论：跟着音乐徒手画图形有困难吗？（音乐第一句合不上）教师给出引子部分的预令（最后两拍说"开始"两字），帮助幼儿准确地进入第一句。

- 当幼儿能比较准确地徒手画图形后，请幼儿把一开始自己表演过的身体动作，合上音乐后再表演出来。
- 请相对能合上音乐的幼儿上台展现他们的创造性表演成果。
- 全体幼儿跟着音乐用动作表演自己的创造性联想故事。

（三）用身体动作描述音乐的内容与形式关键经验的指导要点

在音乐欣赏活动中，音乐的内容指根据音乐形式特征联想出来的人、物、事件。用身体动作描述音乐的内容，即用身体动作把头脑中对音乐的联想表达出来。用身体动作描述音乐形式指向合拍、合音乐句段做动作，它属于节奏关键经验，不在这里赘述。

在指导幼儿用身体动作表达对音乐特征的联想时有以下几个要求。

（1）联想是两物之间建立有根据的联系，音乐联想的根据就是音乐八大形式元素特征之和。教师自己要非常清楚每一作品的音乐八大形式元素特征，这样才能指导幼儿去发现与理解这些特征。首先，教师要清楚每一音乐作品的体裁风格特征：是抒情（摇篮曲体裁风格）、欢快（舞曲体裁风格），还是行进（进行曲体裁风格）？体裁风格特征决定了音乐联想的基本方向，比如，行进曲风的就不能联想到飞的动物。其次，教师要分析清楚每一音乐作品的力度、速度、音色、句段结构、节奏与节拍、旋律等特征，这些音乐特征会在人的大脑中显现出一定的形象化的感觉，比如：慢速、很有力度、节奏型舒缓的音乐段落与快速、轻巧、旋律在高音区转动的音乐段落，由于音乐元素特征不同，联想的结果就会不同。

（2）进行音乐联想后，用身体动作表达出联想内容，这是一种动作探究学习。但是，在集体教学情境下的器乐曲动作探究，是受器乐曲段落数量制约的，不同的段落数量，探究的空间大小不一。段落越多，能放手让幼儿探究的空间越小，一段体就有完全放手让幼儿探究的可能。

第一，在集体教学情境下，只有一段体的器乐曲才有可能让幼儿全方位地进行探究。全方位的探究是指感受与表现这一音乐作品的全过程，包括：通过联想产生幼儿自己的音乐内容形象；用身体动作表现出自己联想的音乐内容形象，让身体动作的表演合拍、合句子；完整合乐地用自己的身体动作表现音乐。

第二，二段体及以上的器乐曲，一般只能让幼儿探究一个段落，而且这个段落的内容联想是教师给出的，探究的问题是一个小问题，即如何把老师给出的某一段音乐内容形象用合适的身体动作表达出来。

器乐曲的段落转换一般就是风格转换，否则没有必要换段。不同段落需要完全不同的内容形象，而且段落之间的不同内容形象还得具有情节发展的逻辑关系，否则很难以时间艺术的方式绵延地表现出来。这样一种音乐联想很难在听了一到两遍音乐之后就完成。另外，在集体教学情境下，不同段落之间音乐形象的变化，导致幼儿的想法过度离散，且几乎没有集中的可能，教师很难有的放矢地指导与提升。所以，对二段体或以上的器乐曲的全方位探究只能放到区域或生活活动中，以个别与小组的形式展开。

（3）教师要对幼儿的联想与动作表达进行合理的提升与精练。教师对音乐作品的内容形象与身体动作表现必须经过预设，如果可能的话，一个音乐作品要有几种内容形象与身体动作表现的版本。在这种情况下，教师才有可能对幼儿的联想与动作表达进行比较到位的指导。

（四）用语言描述音乐的内容与形式关键经验的指导要点

1. 语言描述活动不能脱离音乐操作实践活动单独存在。

2. 语言描述活动重在描述、刻画音乐的内容与形式特征，而非记忆音乐术语。

第四节 欣赏教育活动的设计与组织

一、欣赏教育活动的设计

欣赏教育活动的设计是依据欣赏关键经验，选择音乐作品，处理音乐作品，选择教学方式，对幼儿施加教育影响的方案；也是对影响欣赏教育活动的主要因素，如欣赏教育活动目标、教育内容、教育方法、教师与幼儿以及环境媒介等进行合理而系统地编制和处理的过程。

（一）活动材料的设计

欣赏教育活动的材料包括音乐作品、动作、视觉媒介等。活动材料设计的本质是对音乐作品进行幼儿化表征，是音乐学科知识的幼儿化转换，是音乐教学专业性的重要体现。欣赏教育活动的材料设计包括四方面的内容：音乐作品的选择、音乐内容形象的挖掘、音乐动作的设计、视觉媒介的设计。

1. 音乐作品的选择

（1）音乐作品的长短与性质

用于幼儿园音乐欣赏活动的音乐作品，其时间长度一般控制在 1—3 分钟，超过 3 分钟的音乐很难集中幼儿的注意力。事实上，幼儿园音乐欣赏作品时长在 2 分钟内是最常见的，效果也是最好的。受时长限制，幼儿园音乐欣赏作品的曲式以一段体、二段体、三段体为主；如果是回旋曲，除非段落非常短小，否则就需经过裁剪；如果是五段体、六段体，除非段落非常短小，否则也需做些裁剪工作。

用于幼儿园音乐欣赏活动的音乐作品，其性质的基调集中在欢快、活泼与中速、行进这两种，也就是说如果是二段体与三段体，音乐作品的主段往往是欢快、活泼或中速、行进的性质，而对比段则会出现抒情或激烈、紧张的音乐性质，如果是一段体，一般就直接选择欢快、活泼或中速、行进性质的音乐作品。

（2）音乐作品的来源

用于幼儿园音乐欣赏的音乐作品主要来源于西方经典音乐与中国音乐，另外有来自各国的民间音乐、动画片音乐、儿童音乐等，但数量不多。西方经典音乐作品中，直接类属儿童音乐经典作品的就只有《动物狂欢节》组曲、《图画展览会》组曲及《彼得与狼》，其余作品多来自于为成人创作的大大小小、各种体裁的音乐。除音乐小品外，选用来自成人音乐的曲目，一般要么只截取一段，要么要经过裁剪等处理。中国音乐则都是成人作品，有传统经典的音乐作品，也有近、现、当代创作的音乐作品。

（3）音乐作品的剪裁

幼儿园课堂上的音乐欣赏作品有的需要经过剪裁，剪裁的类型一般有：第一，受时长限制，截取成人作品中的一个片段，这种剪裁算是常规方法。第二，把一个本来就短小的成人音乐作品再短小化，最常见的短小化就是剪掉重复段，如中国音乐《喜洋洋》，原曲 ABABA 五段，裁成 ABA，再把 B 段的重复裁掉，使得音乐显得简洁、精练。第三，把段落内部的过渡句、华彩句裁掉。这种裁减显得有点破坏音乐，但是，音乐段落中的过渡句、华彩句往往句式不规整，速度有变化，节拍处理要求高，这些内容超越幼儿的感受能力和理解能力，我们就不得不"含泪斩马谡"。第四，由于音乐内容形象化挖掘的需要，直接裁减句子、颠倒前后，甚至将不同音乐作品进行对接。这种大刀阔斧的裁剪动作，动机是出自于对幼儿年龄特点、音乐学习特点的考虑，效果取决于裁剪者对音乐的把握能力。对幼儿园一线教师而言，选择质量比较高的幼儿园音乐教材是获得好的音乐作品的主要途径。质量高的幼儿园音乐教材应该提供音乐作品幼儿化处理后的教学方案，提供合理裁剪后的音乐作品的音响。

2. 音乐内容形象的幼儿化挖掘

音乐"语言"是抽象的，即便是最"具体"的充满说明、描述的再现性

（形象化）音乐作品，其音乐内容形象也不是唾手可得的。音乐内容形象需要多次倾听、理性分析才能捕捉到，这就是音乐作品的内容形象需要挖掘的原因。对幼儿园教师来说，挖掘出的音乐作品的内容形象必须是在幼儿生活经验范围内的，是被幼儿理解与熟悉的内容。

对音乐作品进行内容形象的幼儿化挖掘，一般需要做两件事，或经历两个步骤：第一，分析音乐的句段结构，旨在捕捉到具体的内容形象；第二，用身体动作把内容形象表现出来，旨在确认与沉淀音乐内容形象。幼儿园音乐欣赏作品内容形象的幼儿化挖掘一般具有两种方式：第一，根据作品原意进行内容形象的幼儿化挖掘；第二，离开作品原意进行内容形象的幼儿化挖掘。

下面我们以上述两类挖掘方式为例，分别说明如何推进以上两件事或两个步骤，挖掘音乐作品的内容形象。

（1）根据音乐作品原意进行幼儿化内容形象的挖掘

在幼儿园音乐欣赏教育活动中，这类作品较少，主要集中在《动物狂欢节》《图画展览会》等儿童味较足的组曲范围内。这类曲子的音乐内容形象线索来自音乐标题，像《水族馆》这个曲子，其标题已经给出了音乐内容形象的范围，我们的思维只要围绕着与水有关的动植物展开就行了。

下面以《图画展览会》中《未出壳雏鸡的舞蹈》为例，说明挖掘内容形象的步骤。

步骤一：　画出此曲的句段结构图，　明确音乐内容形象。

对音乐作品进行句段结构分析，要画出句段结构图，对照结构图反复揣摩与倾听音乐，音乐的内容形象才能逐渐浮现在脑海中。《未出壳雏鸡的舞蹈》为三段体，大写字母表示段落，以下为段落结构图。

$$ | \quad A \quad | \quad B \quad | \quad A' \quad | $$

这首曲子就是描述没出壳前的小鸡的形象，所有的音乐都围绕这个形象展开。所以，我们的任务也就是把小鸡形象具体化，即每一句音乐中小鸡到底在干什么。我们可以边听音乐边根据音乐特征思考每一句中的小鸡形象，思考过程如下。

A 段第一句的音响效果两音一组、一高一低，尖锐而突兀，有小鸡啄东西的感觉；第二句则是由低音到高音的连贯走向，有小鸡扭屁股的感觉。B 段三句音乐在力度与紧张度上，明显具有一句比一句强烈的递进感，似乎是这样一个过程：小鸡先稍慢、轮流地动翅膀，然后同时动两边翅膀，最后用力并快速、同时动两边翅膀。A′段是 A 段的重复。所以，此曲的主题内容可以这样描述：小鸡在壳里努力想出壳，先用嘴啄壳，再用屁股顶壳，然后用翅膀敲壳，再重复用嘴啄壳、用屁股顶壳，最后根据尾声的音区下行特征，表明小鸡没有出壳，还得继续努力。

对音乐作品做出这样的句段分析后，内容形象往往就比较清晰了。当然，对教师来说，音乐内容形象的最后确认与掌握还得通过表演来完成，仅是语言或思维是不够的。

步骤二： **把音乐内容形象用动作诠释出来。**

其实步骤一已经把动作的表达思路呈现出来了，步骤二旨在要求，在流动的音乐中，以拍子为基石、以句子为单位，与音乐匹配地把动作表演出来。因为步骤一属于理性分析阶段，还没有进入音乐感性，只有完成了步骤二，教师才是把理性分析与感性表演结合了起来。理性分析是感性表演的前提，当进入音乐课堂时，理性被隐藏起来，呈现在幼儿面前的是教师的感性表演。

以下是《未出壳雏鸡的舞蹈》的动作说明。

A 段第一句的动作：双手握拳，伸出食指放在嘴前，表示是小鸡的嘴。一拍一点头，做啄壳动作。

A 段第二句的动作：双手动作不变，两拍扭一次臀部，做拱壳动作。

A 段第三句的动作：与 A 段第一句的动作相同。

A 段尾声：做垂头泄气状。

B 段第一、二句的动作：轮番压左、右手肘，两拍一次。

B 段第三句的动作：左、右手肘同时压，两拍一次。

B 段第四句的动作：左、右手肘同时压，一拍一次。

A′段的动作：重复 A 段动作。

（2）离开音乐作品原意进行幼儿化内容形象的挖掘

完全为儿童而作的曲子太少，幼儿园音乐欣赏教学中的很多作品是教师从成人作品中挑选出来的。当为这类曲子进行内容形象的幼儿化挖掘时，就不可能完全按照作品原意走了，我们需要创造出全新的音乐内容形象。

下面以我国民族器乐曲《喜洋洋》为例，来说明该如何挖掘此类作品的内容形象。

步骤一：　画出此曲的句段结构图，　明确音乐内容形象。

《喜洋洋》为三段体，原曲结构为 ABABA，为了符合幼儿注意时间较短的特点，我们把此曲简化为 ABA。以下为段落结构图。

	A	B	A′	

在介绍再现音乐的类型时我们提到过，这类曲子的内容形象并不是音乐本身具有的，它需要教师以音乐风格为依据，在幼儿能理解的生活情境中"寻找"。这种"寻找"是一种想象，具有创造意味。我们为此曲"寻找"的音乐内容形象是这样的：在粮食丰收后的一个晚上，农村男女青年喜气洋洋地敲锣打鼓、跳舞欢庆。有几个男青年敲起了鼓（A 段第一、二句），有几个男青年敲起了钹（A 段第三句），有几个男青年敲起了吊镲（A 段第四句）；然后，所有的女青年拿着绸带跳起了绸带舞，先是把绸带往头顶甩（B 段第一、二句），然后把绸带往身旁甩（B 段第三、四句）；最后，男青年重新出来表演敲鼓、敲钹、敲吊镲（A′段重复 A 段）。

步骤二：　把音乐内容形象用动作诠释出来。

以下是《喜洋洋》的动作说明。

A 段为男孩表演的动作。

A 段第一句的动作：身体朝向左边，左、右手一拍一次，轮流做敲鼓状。

A 段第二句的动作：身体朝向右边，动作与第一句同。

A 段第三句的动作：一拍一次，做敲钹动作。

A 段第四句的动作：一拍一次，做敲吊镲动作。

B 段为女孩表演的动作。

过渡句：身体左右摇晃各一次。

B 段第一、二句的动作：彩带抛向头顶，左、右手轮流，四拍一次。

B 段第三、四句的动作：彩带与腰齐，左、右平抛，左、右手轮流，四拍一次。

A′段重复 A 段。

在幼儿园音乐欣赏教学中，这类曲子的原名往往会被改掉，教师会根据挖掘出来的内容形象重新给这类曲子取名。如按照上面对《喜洋洋》内容形象的挖掘，这个曲子的标题可能就是《丰收的喜悦》。对这类音乐作品的内容挖掘，首先要做到，让挖掘的内容进入幼儿的生活经验范围，做到内容是恰当与生动的；其次，需要用极其简单的动作把挖掘的内容表达出来。在儿童味没有被挖掘出来之前，这类作品即使放在幼儿园教材中，也是僵死的音乐材料。但一旦挖掘出儿童味，它们便鲜活起来。可以这么说，其实我们不缺少音乐作品，缺少的是对音乐作品儿童味的挖掘。

3. 音乐欣赏作品幼儿化动作设计要点

针对音乐欣赏作品进行幼儿化动作设计时，需要特别关注以下几点。

(1) 画出音乐句段结构图，把握音乐句段结构

理解音乐是通过理解句段结构这个路径完成的。教师理解音乐结构的重

要性就好比中小学生划分文章段落的重要性一样。一篇文章，如果学生不能快速划分段落，那么他理解起来就比较困难。对选为音乐教学内容的乐曲，教师首先得把乐曲的结构分析清楚，然后才有可能对其进行内容形象的挖掘与动作诠释。如果事先不进行音乐结构分析，或者不能进行音乐结构分析，那么教师的动作诠释可能会走向盲目、不合理，甚至会出现背离音乐形象的问题。

（2）遵循重复、对比等音乐组织手法

当音乐句段结构图出来后，音乐中段落与句子的重复也就一目了然，而理解重复是理解音乐的第一道坎。就音乐而言，重复是音乐结构识别中最重要的标示。当教师用动作诠释音乐时，凡段落与句子重复，动作设计也要重复。幼儿是通过动作来理解音乐的，教师把音乐标准即音乐的拍子、句段结构、轻重等特征投放到身体动作中，幼儿通过身体动作的表演体验、领悟这些音乐的特征。当你的动作设计与音乐标准不一致时，如音乐段落重复而你设计的动作却不遵守重复规律，让前后重复的两段音乐具有完全不同的动作，那么，通过身体动作表演让幼儿理解音乐的功能就无法实现了。

与重复对应的是对比组织手法。三段体中的 AB 段、回旋体中的 A 段与其他变化段一定会有对比效果，在进行动作设计时，要抓住这些对比特征，使幼儿一看动作就知道音乐的风格变了。说到底，动作设计最怕的是该重复处不重复，该对比处却重复这种音乐特征与动作。

（3）动作要与音乐的形式元素特征匹配

音乐的形式元素包括节奏、旋律、力度、速度、音色、结构、织体等。动作设计需要匹配旋律型、节奏型的变化特征，需要吻合快慢、轻重、厚薄等特征。例如，《动物狂欢节》中的《大鸟笼》这首曲子，旋律快速在高音处飘浮，并不断地上扬。显然，这是一首高音区、上行旋律、快速的曲子。鉴于此，我们匹配的动作也需要具有上扬、飘浮、快速颤动等特征。又如，《动物狂欢节》中《大象圆舞曲》这首曲子，以低音和声、缓慢为特征，所以我们的动作也要相应地以低矮、稍显呆板为特征。

（4）动作简单原则

很多幼儿园教师喜欢使用繁复的动作，试图用难度较高的动作吸引幼儿的注意力。事实上，幼儿园音乐教学是以让幼儿理解音乐，使其情感与思维都投入到音乐中去为目标的。在音乐活动过程中，动作是激发幼儿本能需要、引导幼儿理解音乐的中介和手段，因此，它越简单越好，以便让幼儿留有较多心理能量去关注音乐本身，并积极投入到对音乐特征的主动表现中去。如果教师设计的动作成了幼儿音乐学习的负担，那么教师对音乐的动作诠释不但不能成为幼儿音乐学习的支架、幼儿理解音乐的桥梁，反而会成为幼儿理解音乐的障碍，这就事与愿违了。

4. 视觉媒介设计

在幼儿园音乐欣赏活动中，视觉媒介设计主要包括视频、图片、图谱等的设计，每种视觉媒介都有其特有的设计功能与设计难度。

第一，视频的选用与裁剪。

幼儿的思维是具体形象的。在幼儿园音乐欣赏活动中，如果只用语言的方式来呈现教师为音乐欣赏作品挖掘的内容形象，那么对幼儿来说，往往是不够具体形象的。换言之，只用语言还不足以激活幼儿的思维，这时，教师就需要用直观的视觉媒介去激活幼儿的思维，把幼儿的思维带入与音乐作品相关的内容形象中去。视频当然是最直观的一种视觉媒介。比如，让小班幼儿欣赏《旋转木马》这首曲子，在呈现这首曲子的音响之前，先让幼儿看一段公园里幼儿玩旋转木马的视频，于是曲子《旋转木马》的内容形象就一目了然，幼儿的思维自然地进入旋转木马这一内容中去，后面的音乐出现就显得自然、水到渠成。视频的功能是让幼儿理解与音乐作品相关的内容形象，教学内容只有被幼儿理解，才能让幼儿积极投入到学习活动中去。

视频使用的主要困难是要找到与音乐内容形象非常匹配的视频。为幼儿挖掘的音乐内容形象往往简单，主题非常突出，完全符合要求的视频很少。即使找到了相关度非常高的视频，要做到针对性强、完全匹配，也需要经过认真的裁剪。而视频的裁剪对技术要求非常高，经常需要动用幼儿园以外的专业人员。鉴于此，在幼儿园音乐欣赏活动中，视频的使用率不高。

第二，图片的功能与设计要求。

在欣赏活动中，图片的功能与视频是一样的，旨在激活幼儿思维，使幼儿的思维积极地投入到音乐作品的内容形象中去，使幼儿更好地理解音乐作品的内容，从而使音乐音响的出现自然、不突兀。

图片设计要求通过图片内容来揭示音乐的内容形象，借助图片使音乐内容形象直观地展开，让幼儿的理解过程变得简单轻松。

第三，图谱的功能与设计要求。

音乐欣赏活动涉及句段结构的关键经验，所以图谱很重要。

图谱的功能在于促进幼儿对音乐句段结构的理解与掌握。它与视频、图片的功能不一样，视频与图片被用于理解音乐的内容，而图谱则是用于理解音乐的形式（结构）。

图谱设计的要求是简化与准确，这部分内容在前面已经阐述，不在这里赘述。

（二）欣赏活动的目标设计

欣赏活动的目标设计是依据欣赏关键经验，对欣赏关键经验的具体化。

1. 欣赏活动目标的设计原则

欣赏活动的目标设计与歌唱活动目标设计一样，需要遵循教育活动目标设计的发展性、完整性、灵活性等原则，具体可参照前文。

2. 欣赏活动目标的表述

与歌唱活动目标的表述一样，对欣赏活动目标，我们也着重介绍音乐性目标的表述方式。

（1）欣赏活动的目标表述要具有感受与表现两个内容维度

欣赏活动中幼儿的音乐学习是一种艺术心理的展开过程，必然地经历感受与表现两个过程，所以，在目标表述中需要体现出感受与表现两方面内容，并做到统一。

（2）欣赏活动目标表述要具有关键经验的维度

欣赏活动中涉及的关键经验有合拍做动作、合音乐句段结构做动作、语言描述、动作描述四项。在目标表述时，需要揭示出在感受阶段完成什么关键经验，在表现阶段完成什么关键经验。一般而言，在目标表述中，感受阶段比较多地使用语言、动作这两项非音乐的关键经验，而表现阶段则进入两项音乐关键经验的实现。

（3）欣赏活动目标表述范例

范例3-4-1 中班音乐欣赏活动《农夫与禾苗》活动目标

[活动目标]

（1）通过对教师示范表演的观察与描述，感受此曲的音乐形象内容。

（2）能够合拍、合句子地扮演农民与禾苗的角色，体验在音乐中扮演不同角色的愉悦情绪。

范例3-4-2 大班音乐欣赏活动《吃苦头的狐狸》活动目标

[活动目标]

（1）通过听故事、观察图片、描述图片，理解故事的情节转换及乐曲的音乐内容形象。

（2）为狐狸所吃的苦头创编动作，理解动作变化及音乐段落变化的关系。

（3）合拍、合段落地扮演狐狸角色，体验在音乐中进行戏剧化角色扮演的乐趣。

（三）欣赏活动的过程设计

1. 欣赏活动的一般环节

幼儿园音乐欣赏活动的一般环节也遵循艺术心理的一般过程：感受过程—表现过程。幼儿音乐感受的最大特征是身体动作的参与，音乐感受与身体动作是分不开的。幼儿的音乐感受阶段的身体动作表演与表现阶段的动作表演，区别在于前者是不完整的，是模仿性的，而后者是完整的、脱离榜样独立的。

依据艺术心理由感受到表现的一般心理过程及由生活经验走向音乐经验的经验组织原理，幼儿园音乐欣赏活动的环节可分为音乐内容感受、音乐形式感受、身体动作表现三个环节。

2. 每一环节中涉及的欣赏关键经验

（1）音乐内容感受环节涉及的欣赏关键经验

- 对音乐内容的语言描述（借助视觉媒介）
- 对音乐内容的动作探究
- 对身体动作的语言描述

幼儿园音乐欣赏活动成功与否很大程度上取决于这一环节，它是对音乐作品中的音乐内容形象幼儿化挖掘的具体展开，完全处于幼儿的生活经验层面，一般不涉及音乐经验（即使让幼儿听音乐或看教师合乐的身体动作示范，教学任务的指向也是音乐作品的内容）。上面的三项具体关键经验实际上构成了这一环节的三项具体教学内容：第一，对音乐内容的语言描述。为了激发幼儿用身体动作表达音乐内容的欲望（这是幼儿主动参与音乐活动的主要指标），教师需要把音乐内容用视觉媒介生动、直观地展现出来，然后，依据对视觉媒介的观察，让幼儿发表看法。教师的视觉媒介设计越到位，幼儿的语言描述就越丰富，学习的积极性也就越高。第二，对音乐内容的动作探究。其实在对视觉媒介进行语言描述的同时，对音乐内容的动作探究也就展开了。同样，教师的视觉媒介设计越到位，幼儿的动作探究就越活跃、丰富。第三，对身体动作的语言描述。当幼儿用身体动作表达音乐内容时，教师需要幼儿描述这些动作的状态与意义。这种描述在梳理幼儿思维、提升幼儿行动目的性等方面具有重要价值。

（2）音乐形式感受环节涉及的关键经验

- 合拍做动作
- 合音乐句段结构做动作

音乐形式感受环节具体涉及两项音乐关键经验，此两项经验构成了形式感受环节的两项具体教学内容。音乐形式感受环节需要在角色扮演等情境中完成。第一，合拍做动作。合拍做动作的感受，一般通过提问、完整示范、反馈、同伴支架、分句示范等策略的交替使用来完成。第二，合音乐句段结构做动作。合音乐句段结构做动作的感受，一般是通过教师完整的动作示范、教师与幼儿的配合示范、图谱的呈现等策略的交替使用完成的。

（3）身体动作表现环节涉及的关键经验

- 合拍做动作
- 合音乐句段结构做动作

这个环节的合拍与合音乐句段结构做动作具有了表现特征，包括：第一，对完整音乐的身体表演；第二，脱离教师榜样的独立的身体表演。这一环节设计的关键是情境化、戏剧化的角色扮演，让幼儿在角色扮演的情境中进行充满戏剧色彩的表演。

（四）欣赏活动方案的结构与范例

1. 欣赏教育活动方案的结构

欣赏活动方案由四个部分构成：音乐材料、活动目标、活动准备与活动过程。（1）音乐材料部分。音乐材料部分需要呈现乐谱、对音乐作品内容形象幼儿化挖掘所需要的视觉直观教具（图片、视频、图谱等）、对音乐作品的动作设计。（2）活动目标部分。活动目标往往由感受与表现两个部分构成。感受部分包括音乐内容与形式两方面，一方面写清楚通过什么方式使幼儿感受到音乐内容；另一方面写清楚需要幼儿实现的表现方面的关键经验是什么。（3）活动准备部分。准备部分包括经验准备与物质准备。乐曲的音乐内容中有幼儿不是太熟悉的情境、事件、知识等情况时，教学活动之前需要对幼儿进行经验铺垫或准备，以便顺利展开教学。物质准备主要指设备、教具、学具的准备。（4）活动过程部分。过程部分一般按照音乐内容感受、音乐形式感受、身体动作表现三个环节推进。由于每首乐曲的侧重环节会有区别，导致不同的乐曲在教学环节的文本呈现上会有较大差异。

2. 欣赏活动方案的范例

范例 3-4-3　中班音乐欣赏活动《小兔子与大灰狼》①

小兔子与大灰狼（挪威舞曲）

① 本活动为浙江省宁波市江东实验幼儿园孙捷、郁磊两位老师的原创设计。

```
3 1 2 7   1 2 3 4 | 5 6 5 4   3 1 | 3 1 2 2   1 |

B  3 4 3 2 1 2 1 7 | 6 7 6 5 4 5 4 3 | 2 3 3   7 3 3 |

‖: 3 4 3 2   1 6 | 1 6 7 #5 6 7 1 2 | 3 4 3 2   1 6 |

1 6 7 #5   6 :‖ 3 4 3 2 1 6 | 1 6 7 #5 6 7 1 2 |

3 4 3 2   1 6 | 1 6 7 #5 6 | 3 4 3 2 1 6 |

1 6 7 #5 6 7 1 2 | 3 4 3 2 1 6 | 1 6 7 #5 0 ‖
```

[作品分析]

这是一首 ABA 三段体乐曲。A 段共由三句构成，节奏跳跃欢快；B 段四句加一个尾声，是急板、激烈情绪的风格。全曲句段结构简单、规整，很容易进入幼儿的音乐感受阈，所以，比较适合让幼儿进入探究式学习。

[图片]

[图谱]

（表示小兔子做的三件事：蹦蹦跳跳到公园、闻花、采蘑菇）

（表示小兔子先慌乱逃跑，然后做了三次木头人，最后大灰狼走了，小兔子叹气，表示放松了、安全了）

[动作预设]

A 段

第一句：双手放头顶做兔子耳朵，两拍一跳，共跳四次。

第二句：双掌手心朝外，在嘴前往两边打开，表示闻花香，共做四次。

第三句：做摘蘑菇动作，共做四次。

B 段

第一句：小兔子拼命逃跑。

第二句：在第一拍，做跑步的木头人造型。

第三句、第四句：与第一句相同。

尾声：轻拍自己的胸，并发出"嘘"声，表示虚惊一场。

[活动设计过程]

活动目标

1. 通过对图片的观察与描述，理解内容情节。

2. 根据教师给出的内容情节，创编小兔子动作。

3. 合乐、有戏剧性地扮演小兔子角色，体验戏剧性表演的快乐。

活动准备

1. 多媒体放映设备。

2. 教师扮演大灰狼需要的头饰，一位配班教师需要进行合作示范。

活动过程

(一) A 段音乐的感受与表现。

1. 出示图片，引出兔子到公园玩的内容情节。

2. 请幼儿用身体动作表现兔子到公园玩的情节。

● 提问：小兔子怎样到公园去的？到了公园看到花可能会做什么事、怎么做？看到蘑菇会做什么事、怎么做？

3. 启发幼儿做动作，并提升幼儿的动作。

4. 出示第一张图谱与 A 段音乐，请幼儿在音乐中完成兔子所做的三件事。

● 边听音乐边做三件事，观察幼儿是否能在三个乐句中完成。如果有部分幼儿出现三件事不能与三个句子对应的情况，教师需要第二次甚至第三次放音乐，直到幼儿感受到每件事都是用一个句子完成为止。

- 当幼儿能把事与句子对应起来以后，提升幼儿的动作，使动作合拍。兔子跳动作需要控制在两拍跳一次的频率，一拍一次容易使幼儿的情绪太兴奋。

（二）B 段音乐的感受与表现。

1. 把 AB 两段音乐连起来放一遍。

- 第一段音乐，幼儿扮演小兔子，到公园玩。B 段开始，教师戴大灰狼头饰扮演大灰狼，凶狠地出场，小兔子们四散奔跑。
- 提问：小兔子再跑能跑得过大灰狼吗？（不能）那该怎么办？
- 在总结幼儿想出的办法基础上，教师提供逃过被大灰狼吃掉的办法：因为这只大灰狼年龄很大，眼神不太好，所以，如果做木头人造型一动不动，大灰狼会认为是石头或树，或许可以逃过一死。

2. 执教教师扮演小兔子，配班教师扮演大灰狼，两位教师合作示范表演。

- 提问：小兔子做了几次木头人造型？在每一句音乐的什么地方做造型？大灰狼走了以后，小兔子们做了什么事？
- 出示第二张图谱，请幼儿观察 B 段音乐所做的事情与做的方式。

3. 播放 AB 两段音乐，教师扮演大灰狼，幼儿扮演小兔子，合作表演。

（三）完整表现音乐。

1. 播放 ABA 完整的三段音乐，教师与幼儿合作表演。

2. 讨论与评价表演情况。

3. 根据讨论结果改进，然后再次表演。

二、欣赏教育活动的组织

欣赏活动的组织是指根据课堂实际情况，灵活地将欣赏活动设计方案转化为课堂实践的过程，也是教学内容有序展开的过程。

（一）欣赏活动的课时安排

一个欣赏活动一般需要一个课时完成，复习巩固内容可以放在日常生活活动中去进行。常规的一课时欣赏活动环节一般安排如下。

（1）音乐内容感受环节。

（2）音乐形式感受环节。

（3）身体动作表现环节。

如果所欣赏作品段落较多，以上一个课时的三环节也可以演变为以下的三个环节。

（1）第一段音乐的内容感受与形式感受环节。

（2）第二段音乐的内容感受与形式感受环节。

（3）完整音乐的身体动作表现环节。

（二）指向关键经验的欣赏活动组织

欣赏活动的组织即教学内容的有序推进，同时每一项教学内容都有让幼儿获得关键经验的目标指向。

下面为常规三环节欣赏活动的教学内容组织与目标指向的关键经验。

1. 音乐内容感受环节（目标指向语言、动作描述的非音乐关键经验）

（1）借助直观教具，呈现音乐内容形象。

（2）幼儿用语言描述音乐内容形象。

（3）幼儿用身体动作表现音乐内容形象。

2. 音乐形式感受（目标指向合拍、合音乐句段结构关键经验）

（1）呈现音乐，让幼儿尝试发现刚才的身体动作是否与音乐匹配上了。

（2）讨论在音乐中用身体动作表现时出现了什么问题。（不合乐的问题）

（3）解决幼儿身体动作合乐的问题。

3. 身体动作表现（目标指向合拍、合音乐句段结构的音乐关键经验）

（1）在教师指令下，进行情境化、戏剧化的角色扮演。

（2）教师撤除指令，进行情境化、戏剧化的角色扮演。

欣赏活动教学内容也有可能以段落为单位展开，下面为从常规三环节演化而来的三环节活动的教学内容组织与目标指向的关键经验。

1. 第一段音乐的内容感受与形式感受

（1）借助直观教具，呈现第一段音乐的内容形象。

（2）幼儿用语言描述音乐的内容形象。

（3）幼儿用身体动作表达音乐的内容形象。

（以上指向第一段音乐的语言、动作描述关键经验）

（4）呈现第一段音乐，让幼儿尝试发现刚才的身体动作能否与音乐匹配。

（5）讨论在音乐中用身体动作表现时出现了什么问题。（不合乐的问题）

（6）解决第一段幼儿身体动作的合乐问题。

（以上指向第一段音乐的合拍、合句段结构关键经验）

2. 第二段音乐的内容感受与形式感受

（1）呈现第二段音乐的内容形象。

（2）幼儿用语言描述音乐的内容形象。

（3）幼儿用身体动作表达音乐的内容形象。

（以上指向第二段音乐的语言、动作描述关键经验）

（4）呈现第二段音乐，让幼儿尝试发现刚才的身体动作能否与音乐匹配。

（5）讨论在音乐中用身体动作表现时出现了什么问题。（不合乐的问题）

（6）解决第二段幼儿身体动作的合乐问题。

（以上指向第二段音乐的合拍、合句段结构关键经验）

3. 完整音乐的身体动作表现

（1）在教师帮助下完整表现。

（2）幼儿独立地完整表现。

（以上指向完整音乐的合拍、合句段结构关键经验）

第四章

打击乐： 关键经验与活动指导

　　幼儿园打击乐教育活动是指以一个音乐作品为单位，基于对此音乐作品的感受与身体动作表现，最后走向打击乐演奏，从而促进幼儿音乐能力发展的一种音乐实践活动。

　　本书倡导的打击乐活动与我国幼儿园传统的打击乐活动是不同的。传统打击乐活动是指幼儿根据教师编制的节奏谱进行打击乐演奏，"认识节奏谱—理解节奏谱—实现节奏谱的演奏"是传统打击乐活动的三个环节。这种教学模式的理念与美术教学中的教师"出示范画—幼儿观察范画—按照范画作画"如出一辙。本书倡导的作为一种节奏关键经验的打击乐演奏指向音乐思维的启动，不只是拿着乐器演奏这一行为本身。打击乐器是幼儿探究音乐表现的工具，演奏的内容不是教师编制的节奏谱，而是幼儿感受音乐作品时在头脑中留下的有关音乐作品的表现特征。本章将打击乐器作为幼儿探究音乐表现的一种工具，重点阐述打击乐教育活动的关键经验、设计与组织这两方面内容。

第一节　打击乐器演奏在幼儿音乐能力发展中的地位

打击乐器是幼儿最容易掌握的乐器。打击乐器演奏是以身体大肌肉动作参与为主，运用一定的节奏和音色，通过打击乐操作来表现音乐的一种活动。打击乐器是幼儿表达音乐的一种最自然、最直接的工具，打击乐演奏活动是能够令幼儿感到快乐的一种音乐活动。幼儿的打击乐演奏能力既是其节奏能力发展的一个方面，也是感知、理解及创造音乐能力的具体表现。

开展集体打击乐器演奏活动，可以使幼儿有机会参与表演比较长、大型、复杂的音乐作品，从而提高幼儿对这些音乐作品的熟悉程度，扩展幼儿的音乐词汇，提高幼儿的音乐理解能力与表现能力。开展集体打击乐器演奏活动，也可以发展幼儿听辨节奏和音色的能力、良好的合作意识和熟练的动作协调技能。在乐器演奏活动中，幼儿还可以发展探索精神和创造能力。

一、促进幼儿听辨声音能力的发展

1. 发展幼儿辨别声源的能力

通过即兴敲打生活中各种材料的物品，如锅碗瓢盆、木勺子、积木块等，幼儿可自发地探索这些物品发出的声音，从而引发对不同材料发出不同声音这种现象的探究兴趣。所以，打击乐器不只是用钱买来的乐器公司售出的乐器，对幼儿来说，日常生活中到处都是打击乐器，对能发出声音的物品、器械的敲击，是幼儿乐意去做并能做得很有创造力的事情。在做这样的事情的过程中，提高了幼儿的听觉敏感性，发展了捕捉并辨别声音的能力。

在家庭、学校、户外和社区环境中听到各种声音时，引导幼儿关注这些声音，然后通过播放磁带等方式让幼儿倾听与辨认这些声音，再通过自制或买来的打击乐器去模拟表现这些声音，这些方法能够很好地发展幼儿辨别与表现环境中各种声音的能力。

2. 发展幼儿辨别不同乐器声音的能力

对幼儿来说，辨别与认识经常演奏的各种打击乐器是一件轻而易举的事情。而且这种辨别打击乐器声音的能力很容易被迁移到其他复杂乐器声音的辨别上。当幼儿理解了鼓类、木制类、金属类、散响类打击乐器各自所具有的声音特征后，很容易理解交响乐队中木管乐、铜管乐、弦乐、键盘乐的声音特征，从而区分不同类型乐器所发出的声音的不同。

二、促进幼儿节奏能力的发展

1. 发展幼儿的节奏感受力

打击乐要求听着歌曲、乐曲，按照节拍、节奏敲打不同的乐器，这种敲打应基于对歌曲、乐曲的节拍、节奏、句段结构等音乐元素特征的理解，这些理解是幼儿音乐感受力的具体体现。经常开展打击乐演奏活动，会促使幼儿去理解音乐作品的节奏、句段结构特征，长此以往，幼儿的节奏感受力会得到长足的发展。

2. 发展幼儿的节奏表现力

感受力与表现力是一个硬币的两面，很难截然分开，但感受力存在于头脑之中，需要借助表现力来确认。打击乐演奏活动中，当幼儿一边倾听音乐，一边进行合乐地打击乐敲打时，幼儿的节奏表现力已经被充分地显现出来，同时也就确认幼儿具有相对应的节奏感受力。

让幼儿用打击乐器为简单歌曲伴奏，用简单的节奏型刻画不同人物、动物形象，用自制与购买的打击乐器展现生活中的各种声音……经常提供给幼儿这样的参与打击乐演奏的机会，会使幼儿的节奏表现力得到迅速的发展。

三、促进幼儿探究能力的发展

打击乐演奏活动的本质是一种探究活动。当幼儿通过敲打各种类型的打击乐器来模拟生活中的各种声音时，这种活动本身就是一种声音探究活动，就是在启动打击乐器声音与生活环境声音之间的联想思维。当幼儿通过敲打打击乐器来刻画音乐作品中的人物、动物等形象时，这种活动就是一种戏剧化表现音乐的探究活动，就是在启动音乐形象特征与不同类型打击乐器声音特征之间的联想思维。当幼儿进行多声部打击乐合奏时，则是探究声音和谐、协调合作的一种演奏活动。事实上，所有的打击乐演奏活动都是通过探究性学习完成的，经常开展打击乐演奏活动，会促进幼儿探究能力的发展。

第二节　幼儿打击乐演奏的方式与特点

在幼儿园音乐教育活动中，幼儿打击乐演奏的方式主要有三种：音色探究；音乐形象刻画；多声部声音和谐、动作协调地探究。另外，幼儿打击乐演奏呈现出与成人不同的特征。

一、幼儿打击乐演奏的方式

（一）音色探究

在幼儿的音色探究活动中，在进入人声与正规乐器声探究之前，会围绕环境中的音色、机器的音色、自然界的音色进行很长时间的音色探究活动，这部分音色探究活动主要靠使用打击乐器来完成。

1. 探究生活环境中的音色

幼儿的日常生活中存在很多声音，例如，钥匙会发出声音，撕纸会有声音，敲门会发出声音等，请幼儿尝试各种打击乐器的敲击方法，找出最能模拟日常环境中一些声音的打击乐器与打击方法。另外，无用的钥匙、纸等废旧物品，只要能发出声音，都可以成为打击乐器。

2. 探究自然界的音色

自然界有风声、雨声、雷声，各种动物也会发出不同的声音。请幼儿尝试找出能模拟风声、雨声、雷声的乐器，并找出相应的打击方法。然后，可以边朗诵童谣边打击乐器。

范例 4-2-1　蛤蟆鼓

风来了，雨来了，

蛤蟆背着个鼓来了。

什么鼓，花花鼓；

噼噼啪啪噼噼啪啪二百五。

[演奏建议]

念"风"字时，请已经找到模拟风声乐器的幼儿演奏；念"雨"字时，请已经找到模拟雨声乐器的幼儿演奏；念"鼓"（共有三个）字时，请拿鼓的幼儿演奏，最后一句只念不演奏。

---

3. 音色综合探究

无论是日常生活中的音色，还是自然界的音色，到了大班就可以综合起来进行探究。

范例4-2-2 声音探究

一天，小华正蜷曲着身子在看书。"小华！"妈妈喊道，"你能帮妈妈去买些牛奶和面包吗？""可以！"小华大声回答。

"一定要带上伞，天快下雨了。"妈妈说着递给小华一把雨伞和钱，又说，"也给你自己买一些饼干和果汁吧。"

当小华离开家的时候，天就开始下雨了。一开始下的是小雨，雨滴柔和地拍打在雨伞上。然后，她听到一声霹雳，打在伞上的雨滴重了起来。风也刮了起来，开始时，风声是细柔的，后来越来越重。小华跑了起来，一些硬币从她的口袋里掉了出来。一个路过的好心阿姨替她捡了起来。

小华冲进商店，门在她身后"砰"的一声关上了。她买了想要的东西后急忙回家。出门时她又忘了扶门，门又发出"砰"的一声。

回到家，她迫不及待地吃起了饼干，喝起了果汁。喝到最后，她还拼命地吸着吸管。"这是多么不文明的声音啊！"妈妈说道。

[活动方式建议]

- 讲述故事时，请幼儿用乐器配上音响。
- 语言部分由教师完成，音响部分由幼儿完成。

（二）音乐形象刻画

在幼儿园音乐教育活动中，让幼儿倾听音乐作品的音响时往往伴随着教师的动作表演（对乐曲再现性内容的呈现），幼儿通过模仿教师的动作表演来感知与体验音乐（感受音乐），直到幼儿能够独立地进行身体动作的合乐表演（表现音乐）。当幼儿能够用身体动作来表现音乐作品时，意味着幼儿已经捕捉到了此音乐作品中的音乐形象。这时，可以让幼儿为音乐形象选择合适的打击乐器并进行演奏。这种演奏方式就是对音乐形象的刻画。幼儿通过身体动作表演感受到音乐形象，然后选择与音乐形象特征相匹配的某种乐器，再把用身体动作表现音乐形象的行为迁移到用打击乐器敲打的行为上，就完成了音乐形象的刻画工作。

范例 4-2-3　和尚与老鼠

和尚与老鼠（三个和尚）

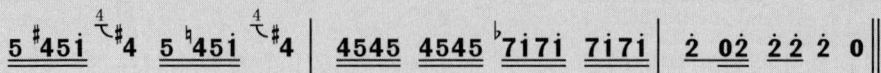

$5\ {}^{\#}45\dot{1}\ {}^{4}_{\curvearrowright}{}^{\#}4\ 5\ {}^{\flat}45\dot{1}\ {}^{4}_{\curvearrowright}{}^{\#}4\ |\ 4545\ 4545\ {}^{\flat}\dot{7}\dot{1}\dot{7}\dot{1}\ \dot{7}\dot{1}\dot{7}\dot{1}\ |\ \dot{2}\ 0\dot{2}\ \dot{2}\dot{2}\dot{2}\ 0\ \|$

B′
转1= F

$5\ {}^{\#}45\dot{1}\ {}^{4}_{\curvearrowright}{}^{\#}4\ 5\ {}^{\flat}45\dot{1}\ {}^{4}_{\curvearrowright}{}^{\#}4\ |\ 565\dot{1}\ 6\dot{1}63\ 2326\ 5\ |\ 5\ {}^{\#}45\dot{1}\ {}^{4}_{\curvearrowright}{}^{\#}4\ 5\ {}^{\flat}45\dot{1}\ {}^{4}_{\curvearrowright}{}^{\#}4\ |$

$5656\ \dot{1}2\dot{1}2\ \dot{3}\ 0\dot{3}\ \dot{3}\dot{3}\ |\ \dot{3}\ 0\ \times\ -\ |\ \times\ 0\ 0\ 0\ \|$

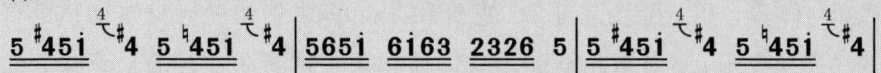

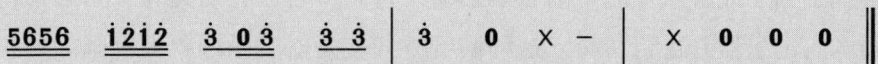

[音乐段落结构分析]

以下为《和尚与老鼠》音乐的段落结构，大写字母表示段落。

| A | B | B′ |

[故事设计]

在一座山上，有一座庙。庙里只有一个和尚的时候，那个和尚一个人挑水喝。后来，又来了一个和尚，两个和尚就抬水喝了。再后来，又来了一个和尚，三个和尚就没水喝了。一群小老鼠看三个和尚不团结又懒惰，就出来取笑和尚。这次，三个和尚团结起来，把小老鼠吓晕了。

[动作设计]

将全班分成和尚组与小老鼠组。

A 段

第一句：和尚组的幼儿做和尚挑水的动作。脚原地行走，一拍一步，双手一前一后做挑水动作。间奏时，嘴里说"一个 和尚 挑水 喝"。

第二句：做两个和尚担水的动作。脚原地行走，一拍一步，双手放肩前做抬水动作。间奏时，嘴里说"两个 和尚 抬水 喝"。

第三句：和尚组的幼儿做和尚念经的动作：左手像课堂举手的动作一样举着，右手伸出一个食指按"××××"节奏型敲腿，表示在念经敲木鱼。间奏时，嘴里说"三个 和尚 没水 喝"。

小老鼠组的幼儿在第三句从洞里跑出来，到间奏时与和尚一起说"三个 和尚 没水 喝"。

B 段

第［1］小节：和尚组的幼儿继续做念经动作。老鼠组的幼儿双手握拳伸出两个食指，放在嘴前，表示老鼠的嘴巴，然后按"×× × ×× ×"节奏型啄和尚。

第［2］小节：和尚组的幼儿继续做念经动作。老鼠组的幼儿两个手掌手心向内伸开，放在嘴前，按"× × × ×"节奏型，做取笑和尚的动作。

第［3］、［4］小节：同第［1］、［2］小节。

第［5］小节：第一、二拍，"和尚"突然站立起来，站立动作合第一拍强拍；第三、四拍，"和尚"跺脚，表示愤怒，跺脚动作合第三拍次强拍。"老鼠"看着"和尚"做害怕发抖的动作。

B′段

第［1］小节："和尚"双手叉腰，按"× — × —"节奏型跺脚。

第［2］小节："老鼠"双手做投降动作，脚步碎步往后退。

第［3］、［4］小节：同第［1］、［2］小节。

第［5］小节：第一、二拍，"和尚"做跺脚动作，跺脚动作合第一拍强拍。第三拍至最后，"老鼠"做吓晕倒地动作，倒地动作合第三拍次强拍。

［打击乐演奏建议］

打击乐演奏的基本原则是所有乐器的节奏型来源于动作设计中的节奏型，乐器选择也要符合故事的情境与角色条件。

A 段

第一、二句：乐器选择串铃与木鱼。挑水、抬水时按"× × × ×"节奏型敲木鱼，间奏时，按语言韵律摇串铃。

第三句：乐器选择木鱼与串铃。按"×× × ×× ×"节奏型敲木鱼，间奏时，按语言韵律摇串铃。

B 段

第一句：和尚组按"×× × ×× ×"节奏型敲木鱼。

第二句：老鼠组按"×× × ×× ×"节奏型用串铃敲腿。

第三、四句：同第一、二句。

第五句：全体按"× — × —"节奏型演奏，第四拍，教师加一个刮奏音效。

B′段

第一句：全体按"× — × —"节奏型演奏。

第二句：老鼠组按"×× × ×× ×"节奏型用串铃敲腿。

第三、四句：同第一、二句。

第五句：全体按"× — × —"节奏型演奏，第四拍开始，教师加刮奏音效，串铃组摇串铃。

[活动过程建议]

- 在幼儿完成了《和尚与老鼠》的身体动作表演后，引导幼儿进入用打击乐器演奏替换身体动作的活动。

  教师：应该用什么乐器来表现和尚？用什么乐器表现老鼠？

- 教师与幼儿讨论乐器的选择，让幼儿说出选择理由，最后选择最合理的乐器。一般而言，用木鱼表现和尚，用散响类乐器表现老鼠。

- 用演奏乐器的方式替代身体动作表演，把身体动作的律动频率变成乐器演奏的节奏型。

- 与分角色表演一样，请幼儿分角色演奏。

（三）多声部声音和谐、动作协调地探究

幼儿的多声部演奏不是按照教师的节奏谱依样"画"葫芦，而是在熟悉演奏曲目的前提下，进行一个声部、一个声部地追加，每一声部的追加都是幼儿认可并喜欢的。应该说，歌曲类作品比较适合幼儿进行多声部演奏，因为歌曲简短，容易哼唱，为会哼唱的曲子配制伴奏比较容易启动音乐思维。例如，当幼儿学会一首歌曲后，请几位幼儿用固定音高的乐器演奏简单旋律，几位演奏固定音型，如"1 5"或"15 35"等，另几位演奏八度音，其他幼儿分组演奏不同的节奏型，用这种方式形成多声部演奏。只要是简单的歌曲，都可以进行多声部演奏，而且伴奏类型可以由幼儿来决定。不过，与"刻画音乐形象"的演奏方式相比，多声部演奏因对乐器要求高、难度相对比较大、幼儿对和声效果不是很敏感等原因，使用率不是很高。

范例 4-2-4　赛船

赛　船

$1 = F \frac{2}{4}$

德国民歌
沈心工　配词

5 3　3 | 4 2　2 | 1 2　3 4 | 5 5　5 |
小小　船　小小　船　你们　一起　赛一　赛，

5 3　3 | 4 2　2 | 1 3　5 5 | 3　－ |
船身　小　胆量　好，不怕　浪头　高。

2 2　2 2 | 2 3　4 | 3 3　3 3 | 3 4　5 |
用力　用力　齐用力，追过　前面　得第一，

5 3　3 | 4 2　2 | 1 3　5 5 | 1　－ ‖
追追　追，追追　追，比赛　得胜　利。

[活动过程建议]

- 引导幼儿感受歌词内容。
- 幼儿念歌词，并按歌词拍手与打击乐器，然后边在心中念歌词边进行乐器演奏。
- 新增一种节奏型，与幼儿合奏。请幼儿边进行演奏，边注意倾听老师是怎样敲大鼓与他们配合的（教师每两拍敲一次大鼓）。请幼儿学老师的样子，与其他幼儿配合演奏，最后请两位幼儿敲鼓与其他幼儿合起来。
- 新增低音。幼儿边进行演奏，边倾听老师做了什么（教师在铝板琴上双手同时敲"1 1"两音，四拍敲一次）。然后，请幼儿学老师的样子与其他小朋友合起来演奏，最后由两位幼儿演奏低音。
- 新增一种固定音型。幼儿边演奏边倾听老师做了什么（教师在木琴上左、右手轮流敲"12 15"固定音型，在木琴上只留这三个音的音块）。然后，请幼儿学老师的样子，与其他小朋友合起来演奏，最后由两位小朋友演奏固定音型。
- 教师演奏旋律，完成合奏。最后教师演奏旋律，大家一起合奏，请幼儿注意控制音量，要能听到别人演奏的声音。

二、幼儿打击乐演奏的特点

　　打击乐器是一种没有音高的乐器，所以与成人正规乐器演奏相比，打击乐演奏只能说是一种带器械的身体动作而已。就本质而言，敲击打击乐器与敲击竹棍、筷子等器械没什么区别。但是，当皮革、木质、金属与散响四类乐器有序、有织感地合奏时，声音虽然不像演奏有音高的乐器那样具有旋律性，但具有节奏型交织的音响也是具有音乐性的。可以这样说，在幼儿自己制作出的所有声音中，打击乐演奏的音响是唯一能与嗓音歌唱媲美的一种声音。鉴于此，我们认为，幼儿的打击乐演奏相应地具有了两种特点。

（一）作为一种带器械的身体动作操作

把打击乐演奏定位于带器械的身体动作操作，旨在凸显教师对身体动作难易层级的意识与合理运用。当幼儿用身体动作去表现音乐时，需要关注两个对象：身体动作与音乐。学习心理学强调人在从事学习活动时，注意力只能投向一个对象。在用身体动作表现音乐的过程中，身体动作与音乐两个对象中必须有一个是幼儿熟悉的，否则学习行为很难发生。如果音乐是新的，那么身体动作必须是幼儿容易做的或熟练掌握的；如果身体动作要变换花样或增加难度，那么音乐必须是幼儿熟悉与理解的。带器械的身体动作是身体动作层级中最难的一个层级，其原因在于，学习活动中幼儿需要关注的对象数量发生了变化，由原来的身体动作与音乐两个对象变成了身体动作、音乐与器械（打击乐器）三个对象。为了有效开展幼儿的打击乐学习活动，在三个学习对象中，必须有两个对象达到熟悉、理解的程度。一般而言，在进行打击乐演奏之前，幼儿需要对演奏中使用的乐器达到熟悉、没有操作障碍的程度。

作为带器械身体动作操作的打击乐演奏，其特点是比一般身体动作操作多了一个关注对象（打击乐器）。引导幼儿进行打击乐演奏时，教师头脑中需要有清晰的身体动作层级意识，这样才能处理好音乐学习中三个对象的关系，做到有的放矢，达到事半功倍的效果。总之，把打击乐演奏作为一种带器械的身体动作操作，其本质是强调打击乐演奏在操作行为层面或技术层面的特点，教师可以基于这一特点去指导幼儿的演奏活动。

（二）作为一种乐器演奏

作为表演艺术的音乐，其表演形式是歌唱与演奏，身体动作表演可以作为辅助形式，但不能单独存在。歌唱与演奏之所以成为音乐表演的两种基本类型，是因为它们能够把表演者内心的情感、冲动、想法转化为音乐音响。

把幼儿的打击乐演奏定位于乐器演奏，旨在凸显教师的音乐表演需要完成由对音乐形象的动作表达到合音乐形式的演奏这种转换。不能完成转换功能的打击乐演奏不是音乐演奏，顶多是上面提到过的带器械的身体动作表演。所以，我们需要厘定作为乐器演奏的打击乐表演其"对音乐形象的动作表达"是指什么，"合音乐形式的表现"是什么，两者如何转换等问题。先谈合音乐形式的演奏中的"音乐形式"。幼儿园音乐课堂情境中的"音乐形式"就是幼儿用打击乐演奏出来的、无旋律的节奏型音响。我国幼儿园传统的打击乐教学模式中，幼儿演奏出来的"音乐形式"基本上是教师直接教给他们的，教师先规定好每种乐器的节奏型，然后请幼儿分组拿乐器把教师教给他们的节奏型敲打出来。在直接教节奏型的打击乐教学中，幼儿缺少对音乐形象感知的环节，所以敲打出来的节奏型都应该是音乐形象的一种表达，心中没有音乐形象，对乐器的敲打就变成机械无意义的动作。本书倡导的幼儿园打击乐教学与传统打击乐教学的区别在于，前者强调幼儿对音乐形象的身体动作感知，进而形成幼儿自己所理解的音乐形象。通过音乐作品的身体动作表演，幼儿获得了对音乐形象的感知。当能用身体动作合乐地表达音乐作品时，说明幼儿对此音乐作品已经有了最基本的、内在于心的、形象化的感受与理解。这就是幼儿学习打击乐演奏的第一个环节——由于对音乐形象的感受与理解是内在的，所以需要通过身体动作的表演呈现出来。由于身体动作的表演主要是通过模仿习得的，而且身体动作表演只是音乐表演的第一层面，鉴于这两方面的局限，需要把身体动作表演推向演奏。把身体动作表演推向演奏是指让幼儿用打击乐演奏的方式替代身体动作表演的方式，这种替代是一种音乐知识的迁移。如果幼儿实现了这种转移，那么就完成了由"对音乐形象的感受"到"合音乐形式的演奏"的转换，这种打击乐演奏不是带器械的身体动作，而是真正的乐器演奏。总之，把打击乐演奏作为一种乐器演奏，其本质是强调音乐演奏在思维层面所应具备的要求，也希望读者可以基于打击乐演奏的这一思维特点或要求去指导幼儿的打击乐演奏。

第三节 打击乐教育活动的关键经验

本节的内容围绕幼儿六项打击乐关键经验展开，具体关键经验如下。

关键经验 1：合拍做动作（用身体动作表达出音乐节拍的稳定特质）；

关键经验 2：合句段结构做动作（用身体动作表达出音乐形象的细节）；

关键经验 3：合拍演奏（用打击乐器表达出音乐节拍的稳定特质）；

关键经验 4：合句段结构演奏（用打击乐器表达出音乐形象的细节）；

关键经验 5：用动作描述音乐内容与形式（包括对音乐内容的动作探究与对音乐元素、音乐情绪特征的动作表现）；

关键经验 6：用语言描述音乐内容与形式（包括用语言描述身体动作、音乐内容、音乐元素与情绪特征）。

一、打击乐关键经验的分类

上述六项打击乐关键经验可以分成三类：节奏关键经验 1、节奏关键经验 2 与描述关键经验。下图对三类打击乐关键经验的类属做出说明。

在打击乐教育活动中，节奏关键经验被分为动作合乐与演奏合乐两个类别，动作合乐是演奏合乐的基础。在一个具体的打击乐教育活动中，动作合乐是音乐感受环节完成的一个标志，对一个音乐作品的音乐形象由动作表现向演奏表现迁移是打击乐教育活动的价值所在，迁移成功的标志即演奏合乐。描述关键经验是指对音乐的内容与形式进行动作与语言的描述，在所有音乐

节奏关键经验1	节奏关键经验2	描述关键经验
1 合拍做动作	3 合拍演奏	5 用动作描述音乐内容与形式
2 合句段结构做动作	4 合句段结构演奏	6 用语言描述音乐内容与形式

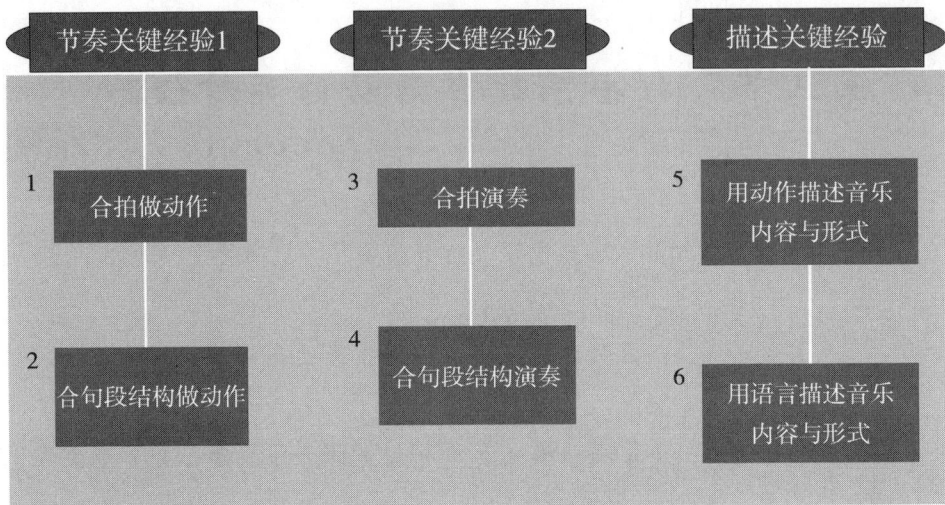

教育活动类型、所有音乐教育过程中，这两项描述经验都是如影相随。

二、打击乐关键经验的指导原则

在幼儿园音乐教育活动中，歌唱与欣赏具有基础地位，它们涉及音乐教育领域节奏、旋律与描述所有三个大项的关键经验。就打击乐活动而言，合拍做动作、合句段结构做动作与描述关键经验，其指导要求与欣赏活动是一样的，所以，在此不再赘述。下面着重阐述合拍演奏与合句段结构演奏这两项关键经验的指导原则。

（一）合拍演奏关键经验的指导原则

1. 合拍演奏的指导原则

在打击乐教育活动中，幼儿合拍演奏的意识来自于对音乐作品的合拍做动作，合拍演奏是对合拍做动作的动作迁移。就合拍难度而言，敲击乐器是一种上肢动作，所以比较容易合拍。导致幼儿演奏不合拍的原因一般有两个：一是不会合拍做动作，即从思维上没有形成合拍意识；二是受打击乐器的敲击技能制约，不熟悉乐器敲击方法，或敲击方式太难，导致演奏不合拍。针对可能导致演奏不合拍的这两个原因，我们相应地制定在打击乐教育活动中指导幼儿合拍演奏的几条原则。

（1）打击乐演奏之前，确认幼儿已经能够合拍做动作

合拍演奏是合拍做动作的动作迁移，只有理解打击乐演奏的这种机制才能由衷地去遵守这条指导原则。音乐表演行为都是一种有目标指向的实践活动，合拍演奏是打击乐演奏最基本的目标，所以，称得上演奏的行为一定是受头脑中稳定拍感的指挥的。然后，就幼儿园阶段的普通幼儿而言，其头脑中并不存在一种抽象的稳定拍感（还没有建立节奏概念），指挥幼儿演奏行为的是身体动作做过的一下一下的肌肉感觉。当幼儿能够用身体动作一下一下地合拍时，这种肌肉感觉会被迁移到打击乐演奏中去。身体动作合拍可以帮助幼儿演奏合拍，而演奏合拍又反过来可以促使身体动作合拍更自如轻松，长此以往，身体动作表演与演奏这两种音乐实践活动的合力，可以促进幼儿节奏能力的发展，也可以让幼儿获得表现能力上的成就感。

在幼儿园打击乐活动中，合拍做动作中的"动作"是指"徒手的身体动作"，主要包括律动、声势两种。律动是指对人类日常生活中使用的身体移动行为与模仿行为的动作重复化，包括自然的走、跑等下肢动作，手臂与手无意义的挥动、比画等上肢动作，对生活劳动行为的模仿动作，对动物行为的模仿动作等。声势是指用身体部位发出声响的动作，包括拍手、拍腿、跺脚、捻指等。在幼儿进入打击乐演奏之前，幼儿需要会用一种身体动作表演这一音乐作品，而且这种身体动作表演需被确认是合拍的。

（2）打击乐演奏之前，确认幼儿熟悉乐器的特征与演奏方法

活动中可能用到的乐器需要事先让幼儿熟悉并练习演奏，这是打击乐演奏活动展开的前提。事实上，应该在学年之初就带领幼儿开展对每一年龄阶段所要用到的打击乐器的名称、性质特征的认知，以及演奏方式的探究，同时在日常生活、区域活动等环节常规性地练习使用这些打击乐器。打击乐合拍演奏的难度不在于操作动作本身，而在于对乐器及乐器操作方式不熟悉这一状态极容易分散幼儿的注意力，当幼儿的注意力指向对乐器好奇、玩乐器

时，演奏就没法正常进行。所以，对乐器的好奇与探究乐器本身需要在日常生活中进行，或在先于音乐作品演奏的教育活动中进行。

（3）合拍演奏的目标应在音乐探究的情境中实现

在幼儿园音乐教育活动中，对一个音乐作品的打击乐演奏应基于对此作品的欣赏，而幼儿的音乐欣赏需要在音乐探究的情境中完成，没有音乐形象情境的音乐欣赏很难真正产生音乐感受。所以，打击乐演奏需要继续在音乐欣赏时创设的探究情境中完成，只是探究的方式由身体动作转向乐器演奏，但探究的情境应是同一的或持续的。例如，欣赏时设置的探究情境是戏剧化表现狐狸与小鸡吵架的情节，那么打击乐演奏时也要表现这一情节，不同的是表现的手段不同，欣赏活动用身体动作表现，而打击乐活动用乐器演奏来表现。

2. 指向合拍演奏的打击乐教育活动类型

如果打击乐演奏的节奏关键经验是指向合拍演奏，那么，一般而言，在欣赏环节，演奏的音乐作品采用故事情境、生活情境等音乐作品的情境设计手法。情境设计手法的主要特点是动作强调拍点，即按拍点做动作。针对具体音乐作品的打击乐演奏是依据身体动作的表演展开的，演奏的节奏型即身体动作的频次。当身体动作按拍点设计时，演奏的节奏型也主要是由节拍构成的节奏型。对这种类型音乐作品的打击乐演奏特别容易让幼儿获得合拍演奏的关键经验。

（1）幼儿演奏部分音乐作品的打击乐教育活动类型

对音乐作品的打击乐演奏必须经由欣赏环节，从这个角度来说，打击乐演奏活动仅是欣赏活动的后续而已。但是，不是所有用来欣赏的音乐作品都可以走向打击乐教学，有的欣赏作品因为速度太快或太慢、乐句结构不规整等原因，不适合幼儿进行演奏。当整首音乐作品不适合演奏时，这样的作品就不会成为打击乐活动的内容。不过，有很多音乐作品是部分合适，部分不合适，于是就有了演奏部分音乐作品的这种打击乐活动类型。

一首音乐作品有一段或两段特别适合幼儿进行打击乐演奏，但另外一段或两段又不适合幼儿演奏，针对这种音乐作品展开的打击乐活动被称为幼儿演奏部分音乐作品打击乐教育活动。

范例 4-3-1　赛马

　　《赛马》是一个 ABA′三段结构的乐曲。由于 A 与 A′段的乐句结构不规整，对幼儿而言构成了难度，所以，这两段乐曲由教师表演，不需要幼儿表演，幼儿只是表演 B 段。

赛　马

$1 = F \dfrac{2}{4}$

A
(a)

黄海怀　曲

| 6. 35 | 6. 35 | 6. 35 | 6. 35 | 6535 6535 |

| 6535 6535 | 6̌5̄6 6̌5̄6 | 6̌5̄6 6̌5̄6 | 6̌5̄6 6̌5̄6 | 6 3 1 6 |

| 3 6 5 3 | 2321 2321 | 2321 2321 | 6 3 1 6 | 3 6 5 3 |

| 2321 2321 | 2321 2321 | 2. 61 | 2. 61 | 2. 61 |

| 2. 61 | 2321 2321 | 2321 2321 | 2̄1̄2 2̄1̄2 | 2̄1̄2 2̄1̄2 ‖

(b)

| 6 6 | 5 3 | 2 5 | 3 1 | 6 6 5 3 |

| 2 5 | 3 1 | 6. 12 | 6. 12 | 6. 12 | 6. 12 |

| 6212 6121 | 6212 6121 | 6 6 6 | 6 - |

B

| 3 6. 1 | 5. 3 | 5 6 1 | 6 - | 3 6. 1 | 5 5 3 |

| 23 6 5 | 3 - | 5 6. 1 | 1. 6 | 23 6 5 | 3 23 ‖

$\underline{1.2}$　$\underline{3\ 5}$　|　6　$\dot{6}$　|　$\underline{2\ 3}$　$\tilde{\dot{1}}$　‖　$\dot{6}$　－　:‖　$\dot{6}.$　$\underline{35}$　|

1. 2.　*3.*

A′
$\dot{6}.$　$\underline{35}$　|　$\dot{6}.$　$\underline{35}$　|　$\dot{6}.$　$\underline{35}$　|　$\dot{6}.^{\vee}$　$\underline{12}$　$\underline{3235}$　$\underline{6165}$　|　$\underline{3235}$　$\underline{6165}$　|

$\underline{3532}$　$\underline{1\ 3}$　|　$\dot{6}.$　$\underline{12}$　|　$\underline{3235}$　$\underline{6165}$　|　$\underline{3235}$　$\underline{6165}$　|　$\underline{3532}$　$\underline{13}$ $\dot{6}.$　$\underline{36}$　|

$\underline{\dot{1}\ 6}$　$\underline{6\ 3}$　|　$\underline{\dot{1}\ 6}$ $\underline{6\ 3}$ $\underline{\dot{1}\ 6}$ $\underline{6\ 3}$ $\underline{\dot{1}\ 6}$ $\underline{6\ 3}$ $\underline{\dot{1}\ \dot{6}}$ $\underline{2\ 12}$ $\underline{3\ 23}$ $\underline{5\ 35}$ ‖

[音乐段落结构分析]

以下大写字母表示大段落，小写字母表示小段落。

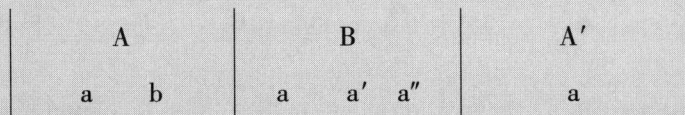

A		B			A′	
a	b	a	a′	a″	a	

[动作设计]

A 段

A 段 a，所有动作由教师完成。

第［1］至［8］小节：为引子部分。教师原地做骑马动作，身体左右轻微摇摆，一小节一摇摆。

第［9］至［12］小节：第一次抽马鞭，右手由上至下、由身前向身后，猛烈地一抽。抽马鞭动作合第［9］小节强拍，其余时间身体左右摇摆，手保持抽马鞭的姿势。

第［13］至［16］小节：同第［9］至［12］小节。

第［17］至［20］小节：同第［9］至［12］小节。

第［21］至［24］小节：同第［9］至［12］小节。

A 段 b，所有动作由幼儿完成。

第［1］至第［8］小节：为摇晃部分。双手臂交差放在胸前，动作像小学生认真听课的动作一样，身体左右摇晃，一小节一摇晃。

第［9］至第［16］小节：为语言部分。双手摊开放至身前小腹位置，手心朝上；嘴里喊："小朋｜友—｜快快｜来—｜草原｜比武｜开始｜了—｜"

B段，所有动作由幼儿完成，最后可以分为三组，每段由一组幼儿表演。

B段a，骑马动作。

第一句：双手握拳在胸前，一拍一次压手腕，做骑马动作。

第二句：同第一句。

第三句：左手动作不变，右手食指伸出、高举，做挥鞭动作。

第四句：前半句同第三句，后半句右手自上而下，做一个抽鞭动作，抽鞭动作合第四句第［3］小节的强拍。

B段a'，跳舞动作。

第一句：双手臂伸直、侧高举，身体两小节摇摆一次。

第二句：同第一句。

第三句：双手手腕靠拢，手掌做花状放至下巴处，身体一小节摇摆一次。

第四句：同第三句。

B段a"，射箭动作。

第一句：前半句，双手握拳从眼前开始逐渐上下拉开，拉开动作合第［1］小节强拍；后半句，左手不动，右手伸开手掌左右抖动。

第二、三、四句：同第一句。

A'段a，所有动作由教师完成。

第［1］至［12］小节：引子部分。原地做骑马动作，身体左右摇摆，一小节一摇摆。

第［13］至［16］小节：抽马鞭动作。右手由上而下、由身前向身后猛烈地一抽。抽马鞭动作合第［9］小节强拍，其余时间身体左右摇摆，手的姿势保持抽好马鞭的姿势。

第 [17] 至 [20] 小节：同第 [13] 至 [16] 小节。

第 [21] 至 [24] 小节：同第 [13] 至 [16] 小节。

第 [25] 至 [28] 小节：同第 [13] 至 [16] 小节。

第 [29] 至 [30] 小节：双手臂伸直，逐渐由低向高举起，表示收马动作，嘴里同时喊"吁——"。

第 [31] 小节：把"吁——"尾音强调一下。

[打击乐演奏建议]

A 段 a：所有乐器在教师抽鞭动作这一拍齐奏。

A 段 b：不演奏。

B 段 a：选两种乐器（双响筒与串铃），骑马动作的频次由双响筒奏出，挥鞭动作的频次由串铃奏出。

B 段 a'：选金属乐器小铃、三角铁等，按照身体摇摆频次，演奏乐器。

B 段 a"：选择铃鼓，拉弓动作，打击铃鼓；颤弓动作，摇铃鼓。

A' 段：同 A 段。

[活动过程建议]

●欣赏环节（略）。

●打击乐演奏环节。

　◇将幼儿分成三组，每组幼儿讨论本组的身体动作用什么乐器来替代是合理的，每种乐器如何演奏。

　◇每组幼儿把讨论的最后结果用节奏谱表达出来。

　◇每组幼儿展现他们的打击乐演奏，全体幼儿对每组的演奏进行评价，提出建议。

　◇全班集中演奏 B 段音乐，每组表演一段。

　◇教师与全体幼儿合作表演整首音乐。

（2）幼儿完成完整演奏的打击乐活动类型

有的音乐作品整首都适合幼儿进行打击乐演奏，针对这样的作品展开的打击乐活动称为幼儿完成音乐作品完整演奏的打击乐教育活动。要演奏整首音乐作品同样需要幼儿用身体动作表演整个音乐作品，这种情况下，欣赏音乐作品与演奏音乐作品都需要一个课时来完成，针对这一音乐作品的打击乐教育活动就共需两个课时。

范例 4-3-2　小象与蚊子

小象与蚊子（宾果）

［音乐段落结构分析］

根据需要，我们把此曲分为六段 ABCDEC′。除前奏外，从完整小节［1］到第［4］小节为 A 段，第［5］小节到第［8］小节为 B 段，第［9］小节到第［13］小结为 C 段，第［14］小节到第［17］小节为 D 段，第［18］小节到第［21］小节为 E 段，从第［22］小节到结束又回到 C 段。

这首曲子的段落结构如下，其中大写字母表示段落。

| A | B | C | D | E | C′ |

［故事设计］

一天，一只可爱的小象在森林里散步。这时，飞来很多蚊子，它们"嗡嗡嗡"地叫个不停，叫得小象很烦。小象用鼻子赶蚊子，蚊子被赶跑了，小象很高兴，又开始散步了。这时，蚊子又飞来了，还是"嗡嗡嗡"地叫个不停，小象很生气，用鼻子赶蚊子。这次蚊子变聪明了，它们不叫，而是直接叮小象：看 见了 叮—｜看 见 了 叮—｜。叮完了，喝饱血了，蚊子高兴地跳起了舞。这次小象真的是气到不行，猛地用鼻子赶蚊子，最后气得直跺脚。

［动作设计］

A 段：第［1］小节，双手十字相交，垂下，做象鼻子，第一、二拍，左脚踏地，双手同时移至身体的左边；第三、四拍，右脚踏地，双手移至身体的右边。

第［2］小节，双手做弹琴状，在腰间敲打，一拍一次，共敲打三次，第四拍不做动作。

第［3］小节，同第［1］小节。

第［4］小节，同第［2］小节。

B 段：第［1］小节，第一、二拍，双手上举，同时摇动手掌；第三、四拍，双手收回至胸前。

第［2］、［3］、［4］小节，同第［1］小节。

C 段：第［1］小节，双手十字相交，垂下，做象鼻子，第一拍，双手甩向左肩，第二、三拍收回。

第［2］小节，第一拍，双手甩向右肩，第二、三拍收回。

第［3］、［5］小节，同第［1］小节。

第［4］小节，同第［2］小节。

D 段：第［1］小节，双手伸出食指并拢，放在胸前，做蚊子的嘴，第一、二拍不动，第三拍突然向前伸出，第四拍收回。嘴里念：｜看 见了 叮一｜。

第［2］、［3］、［4］小节，同第［1］小节。

E 段：第［1］小节，第一拍至第三拍，双手由胸前摇动着上举，举到双臂伸直为止，第四拍收回至胸前。嘴里喊：｜高兴 高兴 高兴一｜。

第［2］、［3］、［4］小节，同第［1］小节。

C'段（结束段）：除最后一拍外，同 C 段。最后一拍，双手叉腰，双脚跳起。

[活动过程建议]

● 第一课时欣赏（略）。

● 第二课时打击乐演奏。

　　◇将幼儿分成三组，每组幼儿根据身体动作的表演来讨论确定用什么乐器，每种乐器如何演奏。

　　◇每组幼儿把讨论的最后结果用节奏谱表达出来。

　　◇每组幼儿展现他们的打击乐演奏，全体幼儿对每组的演奏进行评价，提出建议。

　　◇全体幼儿分别表演各组的节奏谱。

（二）合句段结构演奏关键经验的指导要旨

1. 合句段演奏的指导原则

"合乐"主要指合拍与合句段结构。无论是身体动作合乐还是演奏合乐，在音乐实践中，合拍与合句段结构二者总是耦合在一起，很难截然分开。真正的合拍是以合句段结构为背景的，合了句段结构意味着合拍。就一个相对比较大型的音乐作品的演奏而言，节奏关键经验的获得一定是合拍与合句段结构双目标同时实现，如果只指向单方面目标，结果往往是一无所获。

我们已经反复强调过，打击乐演奏活动是在欣赏活动完成后展开的，幼儿对一个音乐作品句段结构的感受与身体动作表现是通过欣赏活动来完成的，所以，就教学指导原则而言，合句段结构演奏与合句段结构做动作没有太大的差别，都是通过动作变化有时辅以图谱让幼儿感受到音乐作品的句子与段落的变化。我们在欣赏活动中阐述的合句段结构做动作的两项指导原则，基本上就是在打击乐活动中合句段结构演奏的指导原则。但是，最终走向打击乐演奏与最终走向身体动作表演的欣赏教学，在方式上还是有些差异的。受欣赏方式差异的影响，合句段结构演奏的指导原则与合句段结构进行身体动作表演的原则有些微不同。

（1）借助准确翻译了音乐的身体动作与图谱来揭示音乐的句段结构及句段结构的变化

最终走向幼儿身体动作表演的音乐作品欣赏，在展开活动之前，教师需对音乐作品进行音乐内容的情境化处理，否则欣赏活动很难有效展开。但是，最终走向打击乐演奏的音乐作品欣赏，在进入演奏之前的欣赏环节，教师需要进行音乐符号的内容化处理，但是这种内容化处理不一定非要达到有具体情境的程度。把音乐作品的内容处理成图形排列（图形谱）、抽象动作（无意义的动作）、声势动作都是可以的。当然，具有具体情境化（比如故事）的音乐内容处理肯定最受幼儿欢迎。

幼儿是不会用抽象的方式去理解音乐的句子与段落的，所以，当打击乐演奏作品不能处理成具体情境化的内容时，至少需要处理成容易被观察到的形象化图形、身体动作等内容形态，幼儿可根据图形与身体动作的变化来判断音乐句子与段落的变化。

（2）图谱内含的功能越多越好

打击乐活动中，图谱具有较重要的地位，尤其是当音乐欣赏不采用情境化身体动作表演的方式时，图谱就成为解释音乐内容的主要工具。所有的图谱，无论是用于歌唱、欣赏还是用于打击乐演奏，都必须具备呈现句子、段落结构的功能。但是，作为打击乐演奏的图谱，最好蕴含更多的功能，比如在能够呈现句子、段落结构的前提下，最好同时呈现演奏节奏型，也可以同时呈现音乐作品的内容形象等。

2. 指向合句段结构演奏的打击乐活动类型

（1）通过具体情境化的身体动作表演理解音乐句段结构

把一个音乐作品处理成可以在具体情境中用身体动作表演，是幼儿园音乐教育不同于其他阶段音乐教育的突出特征。当一个音乐作品在内容上被挖掘出具体情境时，意味着这个音乐作品的内容具有角色、情节等故事元素，幼儿很容易因为被故事吸引而饶有兴趣地投入到音乐学习中。幼儿园欣赏活动中的音乐作品处理，基本上采用这种形式。打击乐活动中的音乐欣赏环节有时会突破这种处理形式，但是，这种形式一定是最受幼儿欢迎的。

范例 4-3-3　丰收的喜悦

《喜洋洋》这首乐曲，故事性动作表演设计中的男女青年两个角色就把 AB 两个段落清晰地展现了出来。充满阳刚气息的 A 段音乐是男青年出场，柔和抒情的 B 段音乐是女青年出场。另外，男青年的动作设计是拿不同乐器、用不同的动作进行演奏，乐器演奏动作的变化代表着音乐句子的变化。所以，整首乐曲，所有角色分配、动作设计都揭示着音乐的段落与句子结构。

丰收的喜悦（喜洋洋）

$1 = B \frac{2}{4}$

刘明将　曲

A
```
5 5 5 6   5 3 2 | 5 5 5 6   5 3 2 | 5 6 5 3   5 6 5 2 |

3. 2   1 2 3 | 5 5 5 6   5 3 2 | 5 5 5 6   5 3 2 |

5 6 5 3   5 6 5 2 | 1 2 6 5   1 5 | 3 3 5   2 5 |

3 3 5   2 5 | 4 5 4 3   2 3 2 1 | 7 1 2 5   2 3 2 1 |

7 7 7 1   7 7 7 1 | 2 5   4. 3 | 2 3 5 6   3 2 1 5 |

1 0   i 0 ‖
```

B
```
5.   6 i | 5.   6 | i 2 i   6 4 |

2   — | 5. 6   i 2 | 5 2   2 i |

6 i 6 5   4 5 6 | 5   — | i   i 6 |

5 6   i 2 | 5 6 i 2 5 i 6 5 | 4.   3 2 |

5 5 5 i | 5. 4 3 | 2 3 2 1   7 1 2 | 1   — ‖
```

[音乐段落结构分析]

原曲结构为 ABABA，为了符合幼儿注意时间不宜过长的特点，我

们把此曲简化为 **ABA**。以下为《喜洋洋》的句段结构图，大写字母表示段落。

| | A | B | A' | |

［故事设计］

秋收后的一个晚上，农村男女青年喜气洋洋地敲锣打鼓、跳舞欢庆。有几个男青年敲起了鼓（A 段第一、二句），几个男青年敲起了钹（A 段第三句），几个男青年敲起了吊镲（A 段第四句）。然后，所有的女青年拿着绸带跳起了绸带舞，她们先是把绸带往头顶甩（B 段第一、二句），再把绸带往身旁甩（B 段第三、四句）。最后，男青年又出来敲锣打鼓了（A'段，重复 A 段）。

［动作设计］

A 段（男孩表演的动作）

A 段第一句：身体朝向左边，左、右手一拍一次，轮流做敲鼓状。

A 段第二句：身体朝向右边，动作与第一句同。

A 段第三句：一拍一次，做敲钹状。

A 段第四句：一拍一次，做敲吊镲状。

B 段（女孩表演的动作）

过渡句：身体左、右摇晃各一次。

B 段第一、二句：彩带抛向头顶，左、右手轮流，四拍一次。

B 段第三、四句：彩带与腰齐，向左右平抛，左、右手轮流，四拍一次。

A'段为男孩表演的动作，重复 A 段。

［活动过程建议］

● 第一课时欣赏（略）。

● 第二课时打击乐演奏。

　◇将幼儿分成男孩组与女孩组，分别把欣赏环节徒手做的身体动作用教师提供的打击乐器表现出来。

◇两组幼儿把讨论的最后结果用节奏谱表达出来。

◇男孩展现 A 段打击乐演奏，女孩展现 B 段打击乐演奏，全体
幼儿对 AB 两段的打击乐配器与演奏进行评价，并提出建议。

◇男女幼儿合起来，完整演奏作品。

（2）通过图形谱理解音乐句段结构

借助图形谱进行音乐欣赏与演奏是幼儿园打击乐教育活动用得比较多的
一种教学方式。而最后走向身体动作表演的纯粹的音乐欣赏活动，一般而言
不采用图形谱欣赏的教学方式。因为通过图形谱很难走向有内容意义的身体
动作表演，而走向由节奏型构成的打击乐演奏则比较适合。

范例 4-3-4　孤独的牧羊人

孤独的牧羊人

美国电影《音乐之声》插曲

$1 = G \dfrac{2}{4}$　　　　　　　　　　　理查德·罗杰斯　曲

[作品介绍]

这是为小班第一学期提供的打击乐演奏作品。全曲共三大句，第一句与第三句重复，第二句构成对比。句子的重复与对比结构可以通过图形的重复与对比来揭示，幼儿很容易从图形中捕捉到句子结构的信息。

[图形谱设计]

[活动过程建议]

● 引导幼儿观察图谱，并说出图谱上有一些什么符号。

● 引导语：图谱中的这些符号有没有重复的地方？是怎么重复的？

● 引导幼儿把符号与音乐建立关系。

◇引导语：原来这些符号画的是音乐，我们听听它们是怎样画的，好不好？（听音乐）

◇请幼儿用手、用图上的符号把音乐画出来。（边听音乐边徒手做动作）

◇引导语：符号重复，音乐怎么样呢？

● 教师拿出响板、小鼓、沙蛋三种乐器，与幼儿讨论哪种乐器适合哪种符号。

● 在教师的指挥下，幼儿做模仿拿乐器的徒手动作，进行徒手演奏。

● 在教师指挥下，幼儿拿乐器演奏。

（3）通过声势动作表演理解音乐句段结构

对幼儿而言，声势动作主要是拍手、拍腿、跺脚、拍身体四种。一段音乐用拍手动作，另一段音乐则用跺脚动作，通过发出声音的身体部位的变化来表示段落或句子的变化，这是用声势动作揭示音乐句段结构的一种方式。另外，通过节奏型的变化，如第一段用四分音符构成的节奏型，第二段则用二分音符构成的节奏型，也可表达出音乐段落或句子的变化。在音乐作品设计阶段，教师设计得越准确、清晰，幼儿在音乐活动过程中就会越轻松，越能无障碍地理解音乐。

范例 4-3-5 葡萄牙进行曲

葡萄牙进行曲

$1 = G \dfrac{4}{4}$

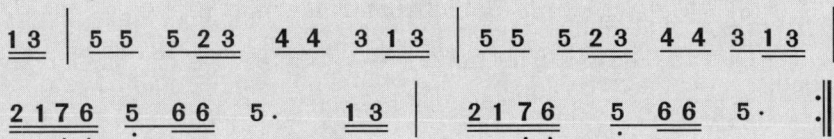

[作品介绍]

这是为小班第一学期提供的打击乐演奏作品。全曲共两句音乐，可以通过跺脚、拍手、拍腿动作的分配把乐句表达出来。

[声势设计]

第 [1] 小节：(跺脚) ××××。

第 [2] 小节：同第 [1] 小节。

第 [3] 小节：前两拍，(拍手) ×××× ×0；后两拍，(拍腿) ×××× ×0。

第 [4] 小节：同第 [3] 小节。

[活动过程建议]

● 教师随乐示范声势动作，引导幼儿观察老师做了哪些动作，并用清晰的语言表达出来。

- 在教师的示范引导下，幼儿随乐做声势动作。
- 幼儿独立地随乐做声势动作。
- 教师拿出小铃、小鼓、沙蛋三种乐器，与幼儿讨论哪种乐器适合哪个动作。
- 在教师的指挥下，幼儿做模仿拿乐器的徒手动作，进行徒手演奏。
- 在教师的指挥下，幼儿拿乐器演奏。

第四节　打击乐教育活动的设计与组织

一、打击乐教育活动的设计

打击乐教育活动的设计是依据打击乐关键经验，选择音乐作品、处理音乐作品、选择教学方式、对幼儿施加教育影响的方案；也是对影响打击乐教育活动的主要因素，如活动目标、教育内容、教育方法、教师与幼儿以及环境媒介等进行合理而系统地编制和处理的过程。

（一）活动材料的设计

打击乐教育活动的材料包括音乐作品、动作、视觉媒介、乐器与演奏方式等。活动材料设计的本质是对音乐作品进行幼儿化表征，是音乐学科知识的幼儿化转换，是音乐教学专业性的重要体现。打击乐教育活动的材料设计包括四方面内容：音乐作品的选择、音乐内容形象的挖掘、视觉媒介的设计、乐器的选择与演奏编制。

1. 音乐作品的选择

（1）音乐作品的长短与性质

用于幼儿演奏的音乐作品一般不能长于三分钟，这种限制与欣赏作品是一样的，但在音乐作品可以简短到什么程度方面不受限制。比如，用于小班幼儿演奏的音乐作品可以只有两句音乐，简短到不能再简短。由于音乐可以循环播放、小班幼儿非常乐意重复演奏等原因，所以在小班，演奏简短的音乐作品很有必要。

用于在集体活动中演奏的音乐作品，一方面，应包括声乐与器乐两类，尤其是让幼儿自己配多声部伴奏的音乐作品，一定是声乐作品，且要适合幼儿歌唱；另一方面，无论是声乐作品还是器乐作品，其性质的范围可以涉及由"欢快、活泼"到"中速、行进"再到"抒情、缓慢"的所有横跨快、中、慢三类速度的音乐。但是，音乐作品性质的基调还应集中在"欢快、活泼"上。如果只有一段音乐，那么这段音乐就需要是欢快、活泼的；如果是多段音乐，则主段音乐应是欢快、活泼的，中速、行进或抒情、缓慢的音乐用于对比。

（2）音乐作品的来源

可以用于幼儿园打击乐演奏的音乐作品的范围大大多于用于欣赏的音乐作品范围。用于欣赏的音乐作品需要有足够的音乐容量可以让幼儿沉浸于此作品的内容表现上，而打击乐演奏的关注点可以是音乐内容形象，也可以是音乐节奏型或单纯的音色或某种伴奏方式，幼儿用打击乐器去表现音乐时，可以表现的范围大大超过用身体动作表现的范围，所以，幼儿园打击乐演奏的音乐作品没有范围限制，什么作品都可以，只要音乐长度、性质适合幼儿表现就行。

（3）音乐作品的剪裁

幼儿园音乐欣赏作品的四种剪裁类型同样适合对打击乐音乐作品进行剪裁。但打击乐音乐作品可能需要增加另一种裁剪处理方式：拉慢音乐速度。用于身体动作表现的音乐欣赏作品，其速度再快都构不成表演障碍，因为身体动作设计的灵活性较大，速度快的音乐可以一个句子做一个动作或者两拍做一个动作。然而，幼儿的打击乐演奏不能有太多时间用于等待。对大多数幼儿而言，等待是容易分散注意力的，幼儿必须持续地有"事情"做。所以，用于幼儿打击乐演奏的音乐作品的动作频率设计一般不会出现用于单纯欣赏活动的那种较慢频率的动作。

2. 音乐内容形象的幼儿化挖掘

所有的音乐作品在与幼儿"见面"时，必须具有在幼儿生活经验范围内的音乐内容形象，这种音乐内容形象的挖掘是幼儿教师对音乐作品的二度创作，也是幼儿园音乐教育专业性的突出表现。任何类型的幼儿园音乐教育活动，都必须始于音乐欣赏。歌唱活动的起点是歌曲的欣赏，欣赏（身体动作表现）、打击乐、集体舞与音乐游戏的起点也是对音乐作品的欣赏或感受。幼儿园音乐教育活动的欣赏与感受环节决定着整个音乐活动的有效性，而欣赏与感受环节的有效性则由教师对音乐作品内容形象的幼儿化挖掘结果决定的，音乐内容形象挖掘得越具体、好玩，越接近幼儿的生活，就越能激发幼儿的音乐实践兴趣。所以，所有的幼儿园音乐教育活动类型都无法回避音乐作品内容形象的幼儿化挖掘这个问题。

在幼儿园音乐欣赏活动中，对音乐作品内容形象的幼儿化挖掘主要采用情境式的方法，即把音乐作品的内容形象挖掘具体到有角色、有情节的程度。这种情境式挖掘仍然是幼儿打击乐演奏活动中欣赏环节的一种主要挖掘方式。但是，在音乐内容形象的幼儿化挖掘方面，为了最终走向打击乐演奏的幼儿化挖掘要比纯粹为了音乐欣赏的幼儿化挖掘，在方式上更多样化。下面我们介绍打击乐演奏活动中音乐内容形象的挖掘方式。

（1）音乐内容形象的情境性挖掘

音乐内容形象的情境性挖掘是指用人物、动物行为构成的具体事件去解释音乐的一种音乐作品内容具体化方式。我们已在音乐欣赏活动中详细阐述了这种挖掘方式，这里不再赘述。本章第三节例举的《小象与蚊子》《赛马》等，都是这类挖掘方式的范例。

（2）音乐内容形象的图形性挖掘

音乐内容形象的图形性挖掘是指用各类平面图形去解释音乐元素的各种表现特征的一种音乐作品内容具体化方式。所用的图形可以凸显音乐中的节奏、旋律、力度、速度等特征，通过图形组合的重复与变化刻画出音乐句子与段落的重复与变化特征。

范例 4-4-1　土耳其进行曲

土耳其进行曲

1=♭B 2/4

贝多芬　曲

A段

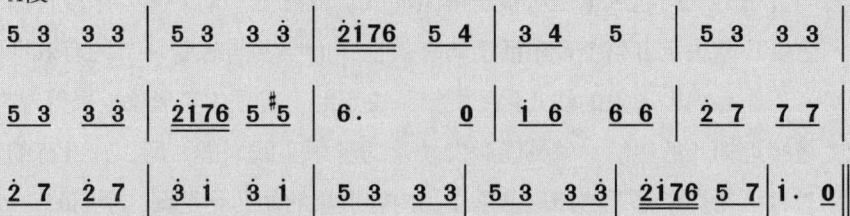

B段　转1＝F

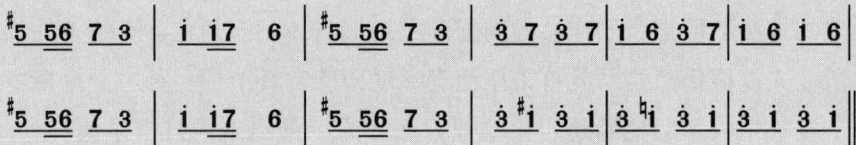

A′段

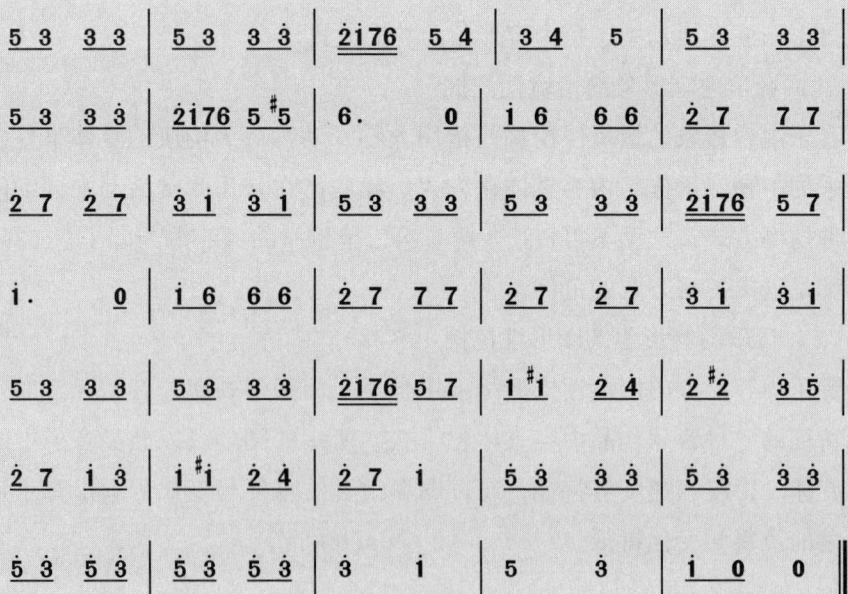

[作品分析]

这首《土耳其进行曲》原是贝多芬歌唱剧《雅典的废墟》中的一首曲子，至今，这部歌唱剧中的其他音乐已经较少被人演唱、演奏，只有其中的序曲与这首《土耳其进行曲》经常被音乐家单独拿出来演奏。我们采用的是管弦乐版本，速度做了慢一些的处理，最后一段的长句子也做了简短的处理。

[音乐段落结构分析]

此曲为 ABA 三段体，曲式结构分析图如下，其中大写字母表示段落。

| A | B | A′ |

[用图形对音乐进行解释（图形谱）]

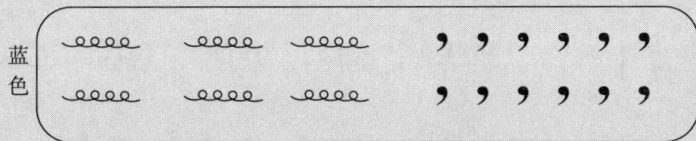

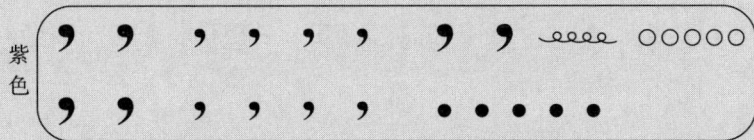

范例 4-4-2 单簧管波尔卡

单簧管波尔卡

$1=\flat B$ $\frac{2}{4}$ 普罗修斯卡 曲

A

0 54 | 3512 5135 | 3 3 3 35 | 3 35 3 35 | 5427 | 5 65 |

4572 5724 | 7 7 7 64 | 7 64 | 7 64 | 6531 | 5 54 |

3513 5135 | 3 3 3 35 | 3 35 | 3 35 | 5427 | 5 65 |

4572 5724 | 7 7 7 64 | 5 76 | 5432 | 1 1 1 (5) ‖

Fine.

B

5. 3 1 6 | 5. 5 4 | 351 5 | 351 5 | 4575 | 4 1 |

4. 2 7 6 | 5. 5 6 5 | 7 | 7 | 6531 | 5 5 |

5. 3 1 6 | 5. 5 4 | 351 5 | 351 5 | 4575 | 4 4 |

4. 2 7 6 | 5. 5 6 5 | 5 65 | 4567 | 1 1 1 (54) ‖

D.C.

[音乐段落结构分析]

此曲为 ABA 三段体，曲式结构分析图如下，其中大写字母表示段落。

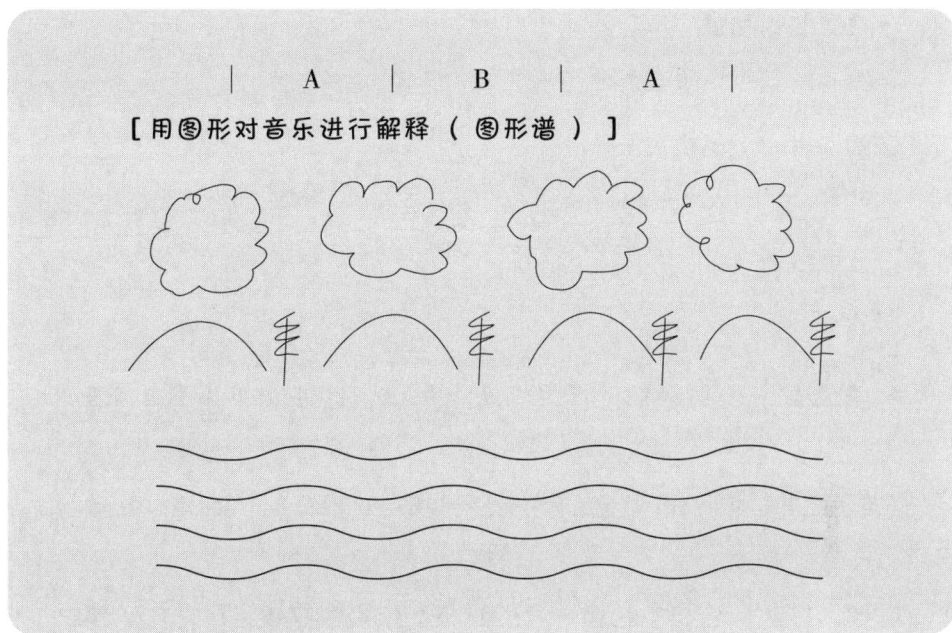

（3）音乐内容形象的声势性挖掘

声势是奥尔夫音乐教学体系中的概念。在奥尔夫音乐教学体系中，声势有两种类型：身体打击声势与嗓音声势。身体打击声势是指以人体为天然乐器，以捻指、拍掌、拍腿、拍膝、跺脚等方式发出不同声效的声响。嗓音声势是指以喉咙为天然乐器，发出声效的模拟化声响。这里的声势只指身体打击声势。声势与律动的区别在于，律动更具有动作的意义指向，更重视动作所表达的意思；而声势则着重于拍打身体不同部位后所发出的不同音效及这些音效的组合。

音乐内容形象的声势性挖掘是指用声势动作去解释音乐元素的各种表现特征的一种音乐作品内容具体化方式。相对前面两种方式，由于声势性挖掘缺少动作的具体意义指向性，所以幼儿不是太喜欢。采用这种挖掘方式最理想的境界是在使用声势时加入情境性内容，其实质是走向声势性挖掘与情境性挖掘的整合。下面，我们分别呈现纯声势性挖掘与声势、情境整合性挖掘的范例。

● 纯声势性挖掘

范例 4-4-3 胡桃夹子

胡桃夹子

[音乐段落结构分析]

《胡桃夹子》原曲为 ABA 复三段曲式，其中，A 大段是由 aba 三段曲式构成。由于原曲中的段落重复较多，对幼儿而言，全曲所占时间太长，所以我们做了剪切处理。经过处理的《胡桃夹子》的曲式结构图如下，大写字母表示大段落，小写字母表示小段落。

	A		B		A	
	a　b		c		a　b	

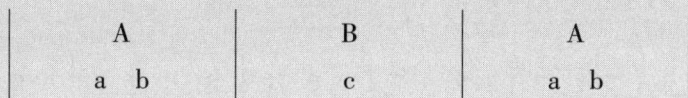

［声势动作设计］

当用动作打拍时，两拍当一拍。

A 段 a：节奏基石——二分音符 ╳ —；动作——像双手敲对镲一样夸张地拍手，两小节拍一次。

A 段 b：节奏基石——四分音符 ╳╳；动作——一小节拍一次手。

B 段：节奏基石——四分与八分音符结合 ╳ ×̲×̲；动作——两拍当一拍，拍× ×̲×̲的节奏型。

● 声势与情境整合性挖掘

范例 4-4-4　金蛇狂舞

金 蛇 狂 舞

$1=G \dfrac{2}{4} \dfrac{3}{4}$

聂 耳 曲

A

$(\underline{6\,1}\ \underline{5\,6}\ |\ 1\ \underline{5\,6}\ |\ \underline{4\,3}\ 2\ |\ \underline{2\,5}\ \underline{5\,2}\ |\ \underline{4\,3}\ \underline{2\,1\,2}\ |\ \underline{4\,4}\ \underline{6\,1}\ |$

$\underline{2\,4}\ \underline{2161}\ |\ \underline{\dot5}\ \underline{\dot66}\ |\ \underline{\dot5}\ 0\ )\ |\ \underline{5\,5}\ \underline{4\,4}\ |\ \underline{5\,5}\ 2\ |\ \underline{2\,5}\ \underline{4\,4}\ |$

$\underline{6\,1}\ 2\ |\ \underline{4\,2}\ \underline{2\,4}\ |\ \underline{5\,5}\ \underline{5\,6}\ |\ \dot1\ |\ \underline{6\,\dot1}\ |\ \underline{\dot1\,6}\ 5\ |\ \underline{5\,6}\ \underline{5\,4\,2}\ |$

$\underline{2\,5}\ \underline{5\,2}\ |\ \underline{4\,3}\ \underline{2\,1\,2}\,|\underline{4\,4}\,\underline{6\,1}\,|\,\underline{2\,4}\ \underline{2161}\ |\ \underline{\dot5}\ \underline{\dot66}\,|\underline{\dot5}\ 0\,|\,5\ 0\,|\,5\ 0\ \|$

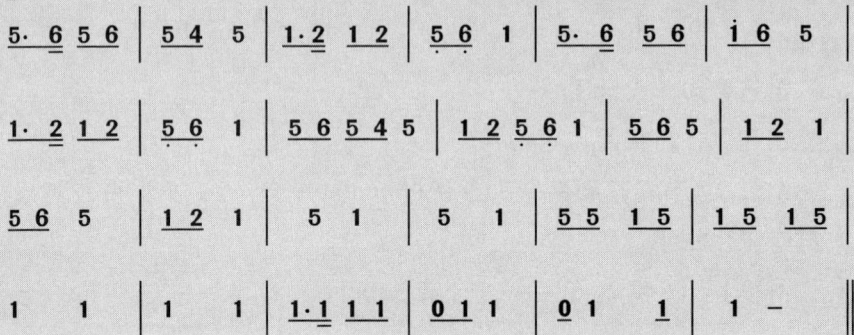

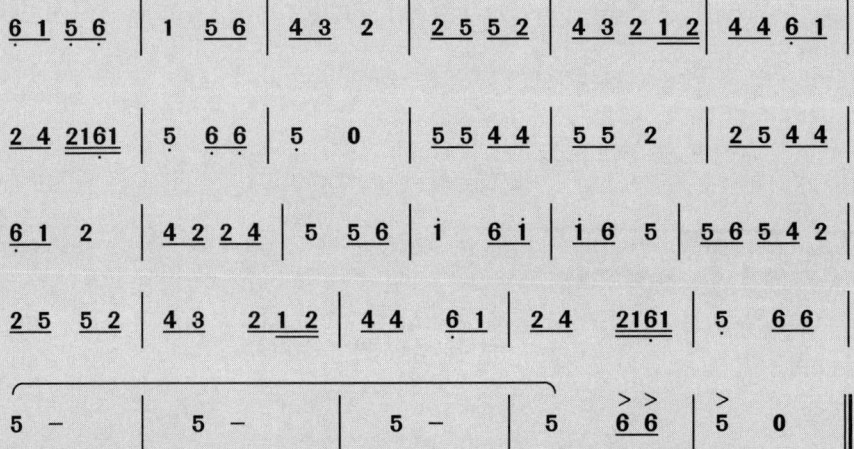

[作品分析]

《金蛇狂舞》是一首ABA′三段结构的中国乐曲，由于A与A′段的乐句结构不规整，对幼儿而言有难度，所以这两段乐曲由教师表演，不需要幼儿表演，幼儿只是表演B段。

[音乐段落结构分析]

以下为《金蛇狂舞》段落结构图，大写字母表示段落。

| A | B | A′ |

[音乐内容情境]

将幼儿分为两组，参加端午节的赛龙舟活动。两组幼儿分别为火龙与水龙两个龙舟队的啦啦队，两个啦啦队都有自己的口号，具体如下。

水龙水龙快快划	火龙火龙快快划
水龙水龙快快划	火龙火龙快快划
水龙快快划	火龙快快划
快快划	快快划
快快划	快快划
划	划
划	划

与口号相对应的图谱（B 段音乐）如下。

[**声势动作设计**①]

A 段（教师表演）

---

① 此设计为南京市第一幼儿园原创。

A 段引子

第［1］至［8］小节：两手臂交差放在胸前，左右摇摆，一拍一次，表示引子等待。

第［9］小节：双手摊开放在胯前，为下面的拍手准备。

A 段第一句

第［1］至第［6］小节：拍手，一拍一次。

第［7］、［8］小节：只在第一拍拍手，其余三拍突然收手，握拳高举。

第［9］小节：逐渐把高举的双拳放至胸前，准备下面的拍手（注意：本小节为三拍）。

A 段第二句

第［1］至［4］小节：拍手，一拍一次。

第［5］、［6］小节：同 A 段第一句第［7］、［8］小节。

第［7］小节：逐渐把高举的双拳放至胸前，准备下面的拍手（注意：本小节为两拍）。

B 段（幼儿表演）

B 段第一句

第［1］、［2］小节：拍手，一拍一次。

第［3］、［4］小节：双手握拳，一拍一次拍腿。

B 段第二句：同 B 段第一句。

B 段第三句

第［1］小节：拍手，一拍一次（注意：本小节三拍）。

第［2］小节：双手握拳，一拍一次拍腿（注意：本小节三拍）。

B 段第四句

第［1］小节：拍手。

第［2］小节：拍腿。

第［3］、［4］小节：同第［1］、［2］小节。

第［5］小节：第一拍拍手，第二拍拍腿。

第［6］小节：同第［5］小节。

B段第五句

第［1］至［4］小节：双手握拳，放至腰间。

第［5］至［8］小节：第［5］小节第一拍，右手伸出食指与中指，突然高举手臂，嘴里同时喊"Yeah"的声音，表示胜利的欢呼。其余拍，维持此动作不动。

A′段：同A段动作。

［打击乐演奏建议］

A段与A′段：幼儿不演奏，或按照拍手节奏型齐奏。

B段：分成两组，拍手组拿木质乐器，拍腿组拿散响乐器。演奏节奏按声势动作的节奏型进行。

［活动过程建议］

●欣赏环节。

　　◇出示赛龙舟的图片，与幼儿讨论端午节与赛龙舟的习俗。

　　◇教师建议幼儿成为两个龙舟队的啦啦队，并学习啦啦队的口号。

　　◇教师出示图谱，请水龙啦啦队与火龙啦啦队按照规定进行助威活动。

　　◇在教师的指导下，幼儿在赛龙舟啦啦队的情境中合第二段音乐，做声势动作。

　　◇教师表演第一段与第三段动作，幼儿表演第二段声势动作，师生合作，用声势动作表演整首曲子。

●打击乐演奏环节。

　　◇将幼儿分成两组，每组幼儿讨论本组的身体动作用什么乐器来替代是合理的，每种乐器如何演奏。

◇每组幼儿把讨论的最后结果用节奏谱表达出来。

◇两组幼儿展现他们的打击乐演奏，全体幼儿对每组的演奏
进行评价与建议。

◇全班集体演奏 B 段音乐。

◇教师与全体幼儿合作表演整首音乐。

3. 视觉媒介的设计

在幼儿园打击乐活动中，视觉媒介设计主要包括视频与图谱的设计。

（1）视频的选用与裁剪

在打击乐活动中，如果欣赏环节的展开方式是采用音乐作品内容形象情境性挖掘，就有可能使用视频。使用视频的目的是用直观生动的视频形象激活幼儿音乐活动的思维，把幼儿带入与音乐作品相关的内容形象中去。视频的选用和裁剪方法与欣赏活动相同，请参照第三章的这部分内容。

（2）图谱设计的类型与功能

幼儿园打击乐活动是最终走向演奏的一种音乐实践，相对其他类型的教育活动，其图谱的使用率是最高的。图谱（图像乐谱）必须具备清晰表达音乐句段结构的功能，否则就不能称之为"谱"了。最终走向幼儿打击乐演奏的图谱除具有表达音乐句段结构的功能之外，还具有表达音乐内容的功能。图谱表达音乐内容的方式不同，决定了打击乐图谱有不同的类型。

●用具体图像表达情境化音乐内容的打击乐图谱

这类图谱在保证"谱"的功能之前提下突出了"图"的功能，"图"的含义就是图像，这些图像表达了音乐内容的情境。这类图谱在欣赏活动中也经常使用。以下为这类图谱的范例，图谱既表达了音乐内容又表达了音乐的句段结构。

● 用抽象图形表达情境化音乐内容的打击乐图谱

这类图谱使用的图形本身是抽象的，但是，这些抽象图形却表达着具体的情境化的内容，即被赋予了图像的功能，如下图。

● 用抽象图形表达音乐元素特征的打击乐图谱

这类图谱使用的图形本身是抽象的，同时表达的不是音乐内容，而是音乐元素特征，如节奏、旋律、力度、句子等变化。这类图谱最接近"谱"的内涵，上面例举的《土耳其进行曲》《孤独的牧羊人》等图谱都是属于这一类。下面，我们再呈现一个例子。

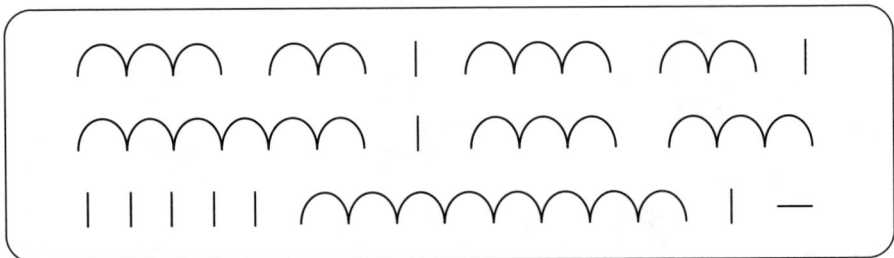

4. 乐器的选择与演奏编制

在打击乐活动过程中，乐器的选择与演奏方式是以幼儿主动探究的方式完成的，但这并不意味着教师在准备音乐活动时不需要进行乐器选择与演奏方式的预设。关于幼儿园的打击乐器类型与性质，我们在第一章已做了较详细的介绍，幼儿园教师需要熟悉这一部分内容，以便选择与音乐性质相匹配的乐器来进行演奏。

演奏节奏型的编制要根据欣赏环节的身体动作表演、声势动作、舞蹈动作、图形出现的频率来进行，不能脱离欣赏环节所获得的身体动作表现方式而进行没有根据的编制。从欣赏环节的身体动作表演，到演奏环节的乐器演奏，使用的是同一性质的音乐思维，是一个思维递进的过程，而不是割裂状态。

(二) 打击乐活动的活动目标设计

1. 打击乐活动目标具有欣赏与演奏的两重目标

打击乐活动往往由两课时构成。第一课时是欣赏活动，其活动目标与欣赏教育活动相同。第二课时是演奏活动，要表现出演奏活动的目标特性，主要应指向幼儿如何主动地探究音乐与乐器的匹配，及如何合乐地演奏音乐等方面。因而，在阐述打击乐的活动目标时，应分成打击乐活动的欣赏目标与演奏目标两个部分，欣赏目标主要指第一课时的目标，演奏目标主要指第二课时的目标。

2. 打击乐活动中演奏目标的表述

与歌唱、欣赏活动目标的表述一样，对打击乐活动中的演奏目标，我们也是着重介绍音乐性目标的表述方式。

（1）打击乐活动中演奏目标的表述应具有探究方式的维度

本书倡导的幼儿园打击乐活动是一种探究式的教育活动，当欣赏环节结束、进入后面三个属于演奏活动的环节时，教师不再直接为幼儿提供乐器的选择、演奏方式等答案，所有的答案需要幼儿用主动探究的方式去获得。幼儿需要探究的任务主要有两个：第一，为已经感受过的音乐选择合适的乐器；第二，为每种乐器确定演奏手法与演奏型。幼儿探究的组织方式也有两种：第一，全班集体讨论式；第二，小组合作式。在不同的年龄班，教师提供给幼儿的探究支架会有所不同。在小班阶段，教师一般已经为音乐选择好几种乐器，幼儿探究的任务是在已有的乐器中为每段音乐或音乐中的每一种动作选择合适的乐器并演奏；在中、大班阶段，教师一般不为幼儿选择乐器，幼儿需要在所有的打击乐器类别中选择适合音乐的一种乐器。

在演奏目标中，也需要表达出幼儿探究的内容是什么，探究的组织方式与教师提供的探究支架是什么。

（2）打击乐活动演奏目标的表述需具有关键经验的维度

打击乐活动中涉及的演奏关键经验有合拍与合句段结构演奏两项，在表述时，需要针对具体的音乐作品揭示出合拍与合句段结构演奏的具体指标或特征。

（3）打击乐活动目标表述范例

打击乐活动目标有一课时目标与两课时目标之分，一课时目标表示欣赏与演奏活动在一个课时内完成，两课时目标表示欣赏活动一课时，演奏活动一课时。

范例 4-4-5 小班打击乐活动《葡萄乐进行曲》活动目标
（一课时目标）

[活动目标]

- 通过观察与模仿教师的声势示范，用声势动作表现出曲子的句子结构。
- 在教师给出的小鼓、小铃、沙球三种乐器中，为每种声势动作挑选合适的乐器。
- 以稳定的拍感，有句感地循环演奏乐曲。

范例 4-4-6 大班打击乐教育活动《土耳其进行曲》活动目标
（演奏目标）

[活动目标]

- 以集体讨论的方式，为逗号、圆点、圆圈、波浪线选择合适的乐器。
- 能用乐器比较明确、自如地表现乐曲的句子与段落衔接，比较自如地表现尾声的轻重处理。
- 体验并享受打击乐演奏过程中，看指挥、听音响、听同伴与自己演奏等注意力多重分配所带来的专注状态。

（三）打击乐教育活动的过程设计

1. 打击乐教育活动的一般环节
幼儿园打击乐活动一般包括以下四个环节。

- 欣赏（完成乐曲的感受与身体动作表现）
- 音乐与乐器的匹配
- 徒手合乐
- 乐器演奏

（1）欣赏环节
打击乐活动中的欣赏环节，其主要任务是引导幼儿完成对音乐作品的感受与身体动作表现，欣赏方式有以下四种。

- 情境性身体动作表演的欣赏方式
- 声势动作的欣赏方式
- 图形谱欣赏方式
- 舞蹈表演欣赏方式

一般而言，以上所有四种欣赏方式都需要单独使用一个课时的时间，但是，声势动作与图形谱这两种欣赏方式使用半课时时间来完成，也比较常见。欣赏环节的设计要点是对欣赏方式的选择，欣赏方式不同，欣赏环节教学过程的推进方式也就不同。

（2）音乐与乐器匹配环节
这一环节的关键是音乐与乐器的匹配工作需要由幼儿自主完成，可以全班讨论完成，也可以以小组合作的方式完成。音乐与乐器的匹配是指音乐内容或形式特征与乐器性质匹配。由于在欣赏环节，音乐内容或形式特征已经被转化为情境化身体动作、声势、图形、舞蹈等形式，对幼儿而言，"音乐"

的特征就是身体动作、声势、图形、舞蹈等特征。所以，音乐与乐器匹配其实质是身体动作、声势、图形、舞蹈等特征与乐器性质特征的匹配。

这一环节需由幼儿在教学过程中自主完成，但这并不意味着教师课前不需做任何准备或预设。只有教师认真研究过将要演奏的音乐作品，所以只有教师最清楚用什么乐器表现此作品相对更合适。教师也只有对乐器与音乐之间的性质关系了如指掌，才能在启发、引导幼儿的匹配时有的放矢，达到提升幼儿音乐思维与行动的效果。

（3）徒手合乐环节

幼儿园打击乐教育活动有时会出现"崩课"现象，原因是幼儿拿着打击乐器过于兴奋，不理教师的教学要求，进入自我玩耍状态。所以，徒手合乐环节是打击乐活动的"秘密武器"，合理使用这一环节不仅不会"崩课"，而且会提升打击乐演奏的有效性。

徒手合乐是指幼儿模仿乐器的拿法，但实际不拿乐器进行随乐演奏。演奏活动中涉及的所有音乐难点、重点问题在这一环节解决。

（4）乐器演奏环节

这一环节是让幼儿享受演奏乐趣的环节，演奏中涉及的音乐难点、重点问题都已经解决，重点关注演奏中的合作、协调与倾听自己声音等问题。

2. 每一环节中涉及的打击乐关键经验

（1）音乐欣赏环节涉及的关键经验

- 音乐内容的语言描述
- 音乐内容的动作探究
- 对身体动作的语言描述
- 合拍做动作
- 合句段结构做动作

音乐欣赏环节相当于一个完整的音乐欣赏活动，凡欣赏活动需要涉及的关键经验在打击乐活动的这一环节中也同样涉及，具体要求与欣赏教育活动相同，在这里不再赘述。

（2）音乐与乐器匹配环节涉及的关键经验

● 音乐内容与形式的语言描述

这个环节是幼儿用语言表达对音乐内容与形式的理解的典型环节，尤其在回答选择这种乐器而不是另外一种乐器的理由时，幼儿的语言直接代表着他们对音乐的理解程度。

（3）徒手合乐环节涉及的关键经验

● 合拍做动作
● 合音乐句段结构做动作

这里"合拍与合句段结构做动作"中的动作是指演奏动作，但动作的频率一般也是指向拍子，因为真正脱离拍子的节奏型在幼儿园打击乐活动中还是较少使用的，幼儿园的节奏概念主要针对节拍，表达不同时值音符构成的节奏概念留于小学以后再进行。

这里的合拍与合句段结构的演奏动作是在教师指挥下完成的。由于是全班协调、合作性地完成徒手演奏活动，这时教师的指挥是不可或缺的。

（4）演奏环节涉及的关键经验

● 合拍演奏
● 合音乐句段结构演奏

在满足两个条件的情况下，幼儿获得合拍与合音乐句段结构演奏的关键经验是水到渠成、顺理成章的事。这两个条件为：第一，演奏所涉及的乐器是幼儿熟悉的，包括熟悉乐器声音的性质、演奏方式、名称等；第二，幼儿已达到合拍与合音乐句段徒手演奏的水平。

（四）打击乐教育活动方案的结构与范例

1. 打击乐教育活动方案的结构

打击乐活动方案可由四个部分构成：音乐材料、活动目标、活动准备与活动过程。第一，音乐材料部分。音乐材料部分需要呈现乐谱、对音乐作品内容形象幼儿化挖掘所需要的视觉直观教具（图片、视频、图谱等）、对音乐作品的动作设计、对演奏方式的设计。第二，活动目标部分。打击乐活动往往由两课时构成。第一课时是欣赏活动，其活动目标与欣赏教育活动相同。第二课时的演奏活动，其活动目标主要指向幼儿主动探究音乐与乐器的匹配，及如何合乐地演奏音乐上。第三，活动准备部分。活动准备应包括经验准备与物质准备两部分。音乐内容中有幼儿不是太熟悉的情境、事件、知识等时，活动之前需要对幼儿进行经验铺垫或准备，以便顺利展开教学。物质准备主要指设备、教具、学具与乐器的准备。第四部分，活动过程部分。过程部分一般是按照音乐欣赏、音乐与乐器匹配、徒手合乐演奏与乐器演奏四个环节推进。

2. 打击乐教育活动方案的范例

范例4-4-7　中班打击乐活动《调皮的小闹钟》①

调皮的小闹钟（切分的时钟）

$1=C$ $\frac{4}{4}$ 中庸的快板　　　　　　　　　　　　　　　　　安德森　曲

A段

---

① 此活动为浙江省宁波市江东实验幼儿园赵汝杰老师设计。

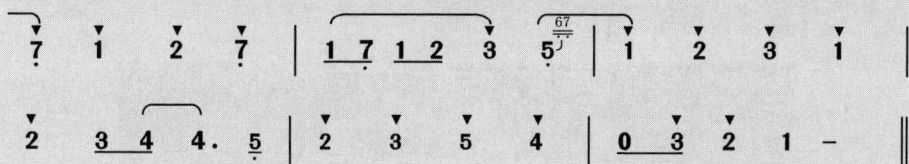

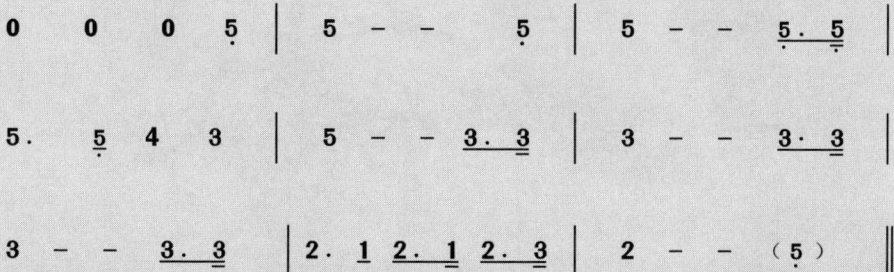

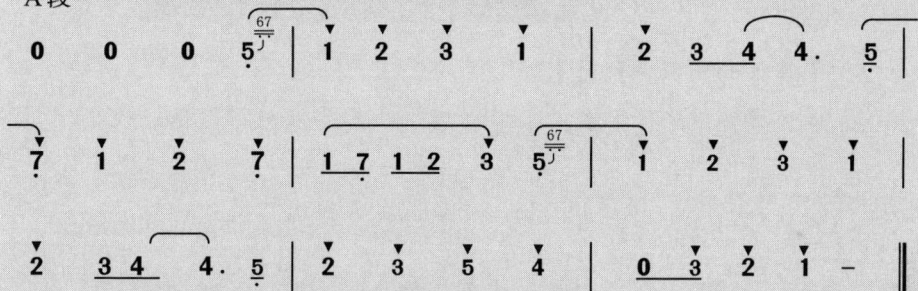

[作品分析]

音乐作品《调皮的小闹钟》原名《切分的时钟》，是由美国著名作曲家安德森创作的。曲子采用回旋曲式写成，我们这里采用的曲子是经过删减处理的 ABA 三段式。为了让幼儿获得更为清晰、明确的音乐形象，我们选取了原曲中较为明显的三个段落：钟摆走动—闹铃响—钟摆走动。

[动漫效果图片]

[身体动作探究预设]

● 钟摆摆动动作的探究：左右摆动，引导幼儿用身体动作进行左右摆动。

● 创编各类钟表的造型动作：引导幼儿用身体动作表现各类钟表的造型动作。

[演奏方式预设]

● 钟摆摆动动作：双响木演奏，一拍一次。

● 闹铃声：铃鼓演奏，四拍摇一圈。

● B段无闹铃声的两小节：每小节做一种闹钟的造型动作。

第一课时（欣赏活动）

活动准备

1. 多媒体放映设备与钟摆摆动的动漫图片。

2. 各种各样的闹钟图片。

活动目标

1. 通过对各类图片的观察与讨论，理解钟表的特征与功能。

2. 感受到乐曲中钟摆摆动、闹铃响起、各类闹钟出现的音乐内容形象。

3. 探究用身体动作表现钟摆摆动、闹铃响起、各类闹钟造型的多种方式，尤其是闹钟造型，每个幼儿至少完成四种。

活动过程

1. 带幼儿进入钟表魔法城场景，感受音乐内容形象。

- 教师：今天，老师要带大家去一个有趣的地方，叫钟表魔法城。你们猜猜，钟表魔法城里会有什么？（许多钟表）会有一些什么样的钟表呢？引导幼儿回忆前期经验中的各种类型的钟表。

- 引导幼儿用身体动作造型表现各类钟表。

- 出示动漫图片，请幼儿观察钟表魔法城中的这只大钟在干什么。

- 启发幼儿想一想：可以用身体哪些部位表现钟摆摆动的样子？

- 与幼儿讨论家里的小闹钟有什么本领。

2. 播放音乐，探究用身体动作合乐地表现音乐内容形象。

- 教师完整放一遍乐曲，请幼儿听听这是一首什么样的乐曲。

- 教师：乐曲里面的小闹钟都做了些什么事？

- 探究用身体动作合乐地表现各种钟摆摆动，教师最后选择一个幼儿的动作，作为全班幼儿表演的动作。

  ◇探究用身体动作合乐地表现闹铃动作，教师最后选择一个幼儿的动作作为全班幼儿表演的动作。

  ◇探究用身体动作合乐地表现各类小闹钟的造型。

3. 幼儿完整地用身体动作表现乐曲。

- 在教师示范动作的引导下，钟摆摆动动作与闹铃动作全班统一，闹钟造型动作每个幼儿保留自己的动作，全班合乐表演。
- 撤离教师示范，在教师的语言指令下，全班合乐表演。

第二课时（演奏活动）

活动准备

1. 多媒体放映设备。

2. 与幼儿人数相等的各类乐器：双响木、铃鼓、响板、小铃。

活动目标

1. 以集体讨论的方式，为钟摆摆动、闹铃声、闹钟造型等身体动作选择合适的乐器。

2. 全班分组合作，有序、协调地用乐器表现出乐曲中的钟摆摆动、闹铃声、闹钟造型等内容形象。

3. 享受合作演奏，表现出小闹钟的生动形象。

活动过程

1. 复习，用身体动作表现小闹钟。

2. 集体讨论，为钟摆摆动、闹铃声、闹钟造型等身体动作选择合适的乐器。

- 当每一个幼儿选择一种乐器时，教师追问选择的理由。最后确认理由最充分、最令人信服的一种选择。

3. 全班集体不分组，徒手演奏乐曲。

4. 全班分组，徒手演奏乐曲。

5. 全班分组，拿乐器演奏乐曲。

6. 轮换乐器，演奏乐曲。

二、打击乐教育活动的组织

打击乐活动的组织是指根据课堂实际情况，灵活地将打击乐活动设计方案转化为课堂实践的过程，也是教学内容有序展开的过程。

（一）打击乐教育活动的课时安排

打击乐活动一般需两个课时完成，第一课时是音乐作品的欣赏活动，完成用身体动作对音乐的感受与表现；第二课时是音乐作品的演奏活动，完成乐器的选择、徒手演奏与拿乐器演奏等任务。

1．第一课时的教学环节

第一课时欣赏活动的环节安排与欣赏教育活动的环节安排是一样的，一般以如下方式展开。

（1）音乐内容感受环节；

（2）音乐形式感受环节；

（3）身体动作表现环节。

在音乐作品是多段落的情况下，以上一课时欣赏活动的三环节也会演变为以下三个环节。

（1）第一段音乐的内容感受与形式感受环节；

（2）第二段音乐的内容感受与形式感受环节；

（3）完整音乐的身体动作表现环节。

2．第二课时的教学环节

第二课时演奏活动的环节安排一般如下。

（1）复习身体动作对音乐的合拍、合句段结构表现；

（2）通过探究方式，为每种音乐形象选择合适的乐器与演奏方式；

（3）在教师的指挥下，幼儿徒手演奏乐曲；

（4）在教师的指挥下，幼儿拿乐器演奏乐曲。

（二）指向关键经验的打击乐教育活动组织

打击乐活动的组织即打击乐教学内容的有序推进，同时每一项教学内容都具有指向关键经验获得的功能。由于打击乐活动由欣赏与演奏两个活动构成，打击乐活动中的欣赏与欣赏教育活动是同一的，所以，在这里我们着重阐述打击乐活动中演奏活动的组织。

下面为常规四环节打击乐活动中演奏活动的教学内容组织与指向的关键经验。

1. 复习身体动作对音乐的合拍、合句段结构表现（指向合拍、合句段结构做动作关键经验）

2. 通过探究方式，为每种音乐形象选择合适的乐器与演奏方式（指向语言描述关键经验）

（1）让幼儿用语言描述已经用身体动作表演过的音乐作品的各种内容形象。

（2）为每种音乐内容形象选择合适的乐器，并说出理由。

（3）为每种乐器选择演奏方式，并说明为什么如此演奏。

3. 在教师指挥下，幼儿徒手演奏乐曲（指向合拍、合音乐句段结构做动作的关键经验）

（1）在教师指挥下，每一幼儿徒手演奏所有乐器。

（2）在教师指挥下，分组徒手演奏，即每组幼儿演奏一种乐器。

4. 在教师指挥下，幼儿拿乐器演奏乐曲（指向合拍、合音乐句段结构演奏的关键经验）

（1）固定一种乐器的合拍、合句段结构演奏。

（2）轮换乐器的合拍、合句段结构演奏。

第五章

集体舞： 关键经验与活动指导

舞蹈可以分为自娱自乐的自娱舞蹈、适应空间变化与社会性交流的集体舞蹈、发展表现欲望与表现能力的表演舞蹈等类型。在幼儿园音乐教育领域，舞蹈主要指集体舞蹈，旨在提升幼儿空间适应能力与社会性交流能力。构成集体舞的动作类型可以是由人类自然动作与模仿动作构成的律动，也可以是需要专门练习的由下肢基本动作与审美化上肢动作构成的舞蹈。在幼儿园音乐教育领域，集体舞的动作主要由律动构成。

幼儿园集体舞教育活动是指以一个音乐作品为单位，基于对此音乐作品的感受与身体动作表现，最后走向具有舞伴与队形、集体协作完成的律动表演，从而促进幼儿音乐能力与社会性发展的一种音乐实践活动。

第一节　集体舞对幼儿的发展价值

幼儿园集体舞的本质是集体律动，在动作学习要求上基本没有挑战，活动过程中主要的关注点或挑战是幼儿的社会性交流状况、做移动动作时的空间协调和与他人合作的能力、随乐的能力。集体舞对幼儿的发展价值也体现在这三方面。

一、社会性发展价值

集体舞是一个群体一起舞蹈。在欢快或悠扬的音乐声中，人们迈着轻快优美的步子，用肢体、眼神，甚至语言进行着有张有弛的情感、信息交流，人的社会性交往需求得到极大的满足。幼儿园集体舞活动最大的价值也正是为幼儿提供了在轻松愉悦的气氛中进行同伴间情感交流的机会，学习同伴间情感交流的多种方式，从而提高幼儿社会性交往能力，并获得人与人之间友好交流所带来的愉悦与情感满足。在集体舞中，与舞伴进行情感交流的方式大概有以下四种：第一，非接触性动作交流方式，如招手、点头、邀请礼仪动作等。第二，语言交流方式，如说"你好""Hello""Hi"等。第三，眼神交流方式，如与舞伴对跳时用眼睛看着舞伴、微笑。第四，身体接触交流方式，如与舞伴碰四肢、拥抱、握手等。

二、空间适应与协调能力发展价值

集体舞要求在队形中完成动作表现，这种动作表现涉及脚步移动时的方向、距离、力度把握等众多空间适应水平。更重要的是，需要参与的每一个人在方向、距离、动作等方面保持一致。如果不一致，需要及时做出调整，以便集体舞能顺利进行，这种调整基于幼儿的动作与空间协调能力。如果幼儿园经常开展集体舞教育活动，能有效促进幼儿空间适应能力与协调能力的发展。

三、音乐性发展价值

1. 获得动作的随乐能力

在能用身体动作表达音乐的节拍、句子、段落，表达队形的变换、更替等条件下，集体舞的社会性满足才能充分实现，而社会性满足又会成为幼儿学习集体舞的强大动机与兴趣所在。一方面，集体舞教育活动要从幼儿已有的动作水平出发，遵循循序渐进、由浅入深的教学原则；另一方面，集体舞教育活动需要把持住社会性交流目标与音乐性目标两者之间的张力。如果集体舞教育活动能很好地遵循循序渐进、由浅入深的教学原则，同时在活动过程中保持社会性交往与音乐性的双目标意识，那么，集体舞活动对幼儿动作随乐能力的培养就是润物细无声、自然而然的。

2. 获得音乐中的动作即兴能力

集体舞的动作与音乐是循环往复的，具有较高的重复性，所以，队形变换与动作即兴成为集体舞追求变化与新颖的两个要素。通过队形变换获得新舞伴，带来社会性交流的新内容、新刺激；通过即兴动作表演，获得集体活动中的个体凸显，主体性发挥到极致。同时，在流动的音乐中进行个体的即兴动作表演，这是对音乐能力的极大挑战。在教学策略使用恰当的前提下，集体舞这一活动形式能很好地促进幼儿即兴动作能力的发展。

第二节 集体舞教育活动的关键经验

本节内容围绕幼儿五项集体舞关键经验展开，具体的关键经验如下。

关键经验 1：合拍做动作（用身体动作表达出音乐节拍的稳定特质）；

关键经验2：合句段结构做动作（用身体动作表达出音乐形象的细节）；

关键经验3：随乐合作做动作（在与同伴正常交流、保持正常队形的前提下，合拍合句段结构做动作）；

关键经验4：用动作描述音乐内容与形式（包括对音乐内容的动作探究与对音乐元素、音乐情绪特征的动作表现）；

关键经验5：用语言描述音乐内容与形式（包括用语言描述身体动作、音乐内容、音乐元素与情绪特征）。

一、集体舞关键经验的分类

五项集体舞关键经验可以分成三类：节奏关键经验1、节奏关键经验2与描述关键经验。下图对三类集体舞关键经验的类属做出说明。

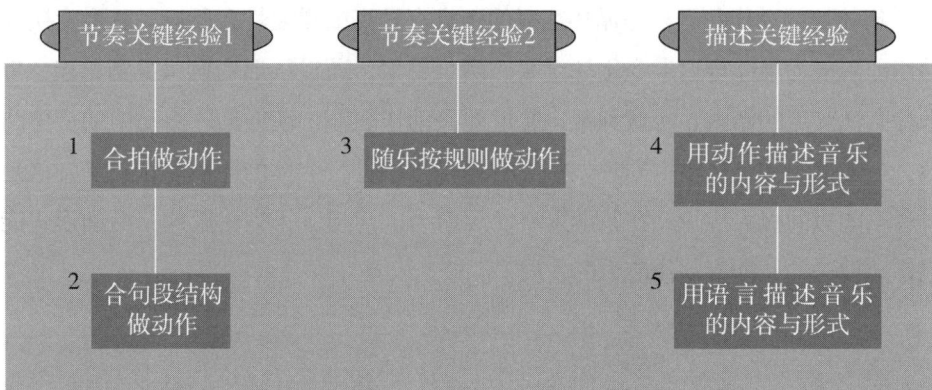

节奏关键经验1	节奏关键经验2	描述关键经验
1 合拍做动作	3 随乐按规则做动作	4 用动作描述音乐的内容与形式
2 合句段结构做动作		5 用语言描述音乐的内容与形式

在集体舞活动中，节奏关键经验被分为动作合乐与随乐合作做动作两个类别，动作合乐是随乐合作做动作的基础。在这里，"动作合乐"的动作是指在个体空间范围内不与他人发生关系的动作，其实质是原地动作。在一个具体的集体舞活动中，原地动作合乐是音乐感受环节完成的一个标志。当幼儿能够自如地对音乐作品进行原地动作表现后，才进入具有"集体舞"意味的、在队形中集体随乐做动作的环节。能够在队形中有序开展做动作、交换舞伴、队形变动等活动，是幼儿获得随乐合作做动作关键经验的标志。描述关键经验还是指

对音乐的内容与形式进行动作与语言的描述，在任何音乐教育活动类型、所有音乐教育过程中，这两项描述经验都如影相随，集体舞教育活动中也不例外。

二、集体舞关键经验的指导要旨

集体舞教育活动也是针对一个音乐作品展开的音乐实践活动，所以，对这一音乐作品的欣赏与感受是活动展开的第一步。鉴于此，节奏经验中的合拍做动作、合句段结构做动作与描述关键经验，其指导要求与欣赏活动中的指导要求是一样的，在此不再赘述。集体舞活动不同于其他类型活动的关键经验是随乐合作做动作的关键经验，下面着重阐述这一关键经验的指导原则。

（一）随乐合作做动作的指导原则

在集体舞教育活动中，幼儿随乐合作做动作一定是以合拍、合句段结构做动作为前提的。当幼儿能独立地合乐做动作时，集体性合作化的动作表现才能进行。但是，即便幼儿具备了个体合乐做动作的条件，如果在引导过程中教师缺少一些最基本的常规与指导策略，让一群幼儿在队形中有序随乐做动作也是很困难的事。这也是幼儿园不太容易开展集体舞教育活动的原因所在。下面是指导幼儿随乐合作做动作的几项教学要旨或原则。

1. 建立队形中合作做动作所必需的常规

针对幼儿的常规包括：（1）知道如何快速拉成 V 字形与一字形单圈队形；（2）熟悉并能很快执行面朝圆心、圈外、圈上的三种指令；（3）熟悉并能很快执行手腕花或白手套的佩戴。针对教师的常规包括：（1）知道示范时如何站位；（2）知道预令如何准备与发出；（3）能熟练执行幼儿集体合作做动作时的几种常规队形变换方式。关于集体舞常规，本书第一章"幼儿园音乐教育的内容"中集体舞部分有介绍，可查阅。

2. 随乐合作做动作目标要在有序的动作层级推进中完成

集体舞活动并非一开始就让幼儿站在队形中。就像打击乐活动一样，活动中幼儿真正拿乐器的时间只占整个活动时间的四分之一左右，在集体舞活动中，幼儿进入队形、进行舞蹈的时间也只占整个教育活动时间的四分之一左右，更多的时间是在位置上感受音乐，原地用身体动作表现音乐。

在幼儿进入随乐集体合作做动作（队形变换）之前，幼儿动作学习的其他层级一般有：（1）上肢动作；（2）原地动作；（3）无队形变换动作。对合作要求很高的队形变换做动作是幼儿动作学习的最后一个层级。

（二）随乐合作做动作（队形与舞伴变换）的活动类型

随乐合作做动作的类型就是指集体舞中队形变换的类型。下面我们以一个音乐作品为例，来说明幼儿集体舞中最常见的几种队形变换与舞伴变换方式。

范例 5-2-1　乓乓舞[①]

----

① 这部分内容来自南京师范大学附属幼儿园王玥老师的工作坊活动。

$\underline{5\ 5\ 5\ 5}\quad \underline{6}\ 5\ |\ \underline{5\ 5\ 5\ 5}\ \underline{4\ 3}\ |\ \underline{5\ 5\ 5\ 5}\ \underline{6\ 5}\ \underline{5\ \dot{3}}\ |\ \underline{\dot{2}\ \dot{1}.}\quad \dot{1}\ |$

C

$\underline{\dot{2}\ \dot{1}\ \dot{2}\ \dot{1}}\quad \dot{3}.\ \dot{2}\ |\ \underline{\dot{1}\ \dot{1}.}\quad \dot{1}\ |\quad \underline{\dot{2}\ \dot{1}\ \dot{2}\ \dot{1}}\quad \dot{3}.\ \dot{2}\ |\ \underline{\dot{1}\ \dot{1}.}\quad \dot{1}\ |$

$\underline{\dot{2}\ \dot{1}\ \dot{2}\ \dot{1}}\quad \dot{3}.\ \dot{2}\ |\ \underline{\dot{1}\ \dot{1}.}\quad \dot{1}\ |\ \underline{\dot{1}\ \dot{1}.}\quad \dot{1}\ |\ \underline{\dot{1}\ \dot{1}.}\quad \dot{1}\ \|$

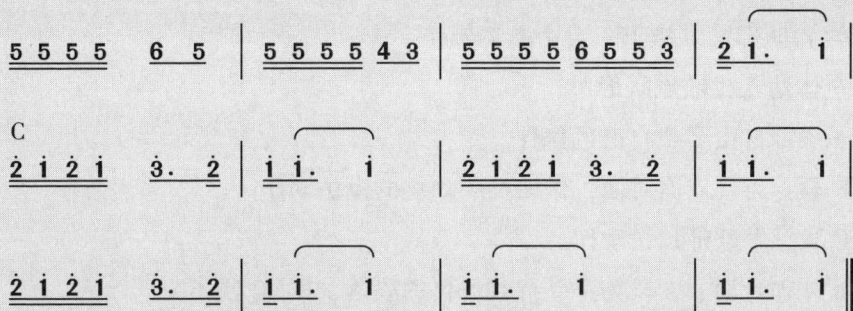

[音乐段落结构分析]

大写字母表示段落。

　　　引子 ｜ A ｜ B ｜ C ｜

[动作模型①设计]

A 段（动作固定，移动位置段落）

第一句：双手握拳，由上而下、由内向外交替转动；身体由站立到蹲下，再到站立。

第二、三、四句：同第一句。

B 段（动作创意段落）

第一句：做小兔子跳的动作，共做四次。

第二句：做小猫叫的动作，共做四次。

第三句：做小鸟飞的动作，共做四次。

第四句：做大象走的动作，共做四次。

C 段（整理调整段）

第一句：做"扭 扭 ｜ 拍拍 0 ｜"动作。

第二、三句：同第一句。

第四句：做"拍拍 0 ｜"动作两次。

---

① 动作模型是指被重复两次及以上的一个动作或一组动作。当一个或一类动作反复出现时，很容易被辨别与接受，并在人的头脑中形成固定形式，即模型。"动作模型"概念在集体舞教育活动中有比较重要的地位，教师为集体舞的动作设计、教育活动过程引导幼儿理解动作从而理解音乐的思维基础是"动作模型"概念。

1. 队形变换方式

（1）队形一：散点，自由邀请舞伴

全体幼儿成散点队形。

A 段：自由寻找自己的舞伴。

B 段：与舞伴面对面，做四种小动物的模仿动作。

C 段：做教师预设动作。

音乐循环时，A 段为重新寻找舞伴的段落，B、C 段不变。

（2）队形二：链形，出现领头人

全体幼儿前后排队，后面幼儿的双臂搭在前面幼儿的肩上，队形成为弯曲的链形。队形之首第一个幼儿为领头人，一遍音乐结束后，领头人跑到队形的最后，第二个幼儿成为新的领头人。

A 段：全体做双手交替转动开火车的动作，领头人带领全体幼儿弯曲地向前跑动。

B 段：领头人做出四个自己想出来的动作，其他幼儿迅速模仿。

C 段：做教师预设动作。

音乐循环时，原领头人跑向队形最后，第二个幼儿成为新的领头人，带领队伍重新开始舞蹈。

（3）队形三：单圈，甩手换舞伴

A 段：全体面朝圈上，"1、2"报数。报"1"者，双手手心朝上放在肩头；报"2"者，双手搭报"1"者手上。

第一句：前四拍等待不动，后四拍，报"2"者把报"1"者用双手从身前甩到身后。整个过程中，报"2"者始终不动，报"1"者由前位移到后位，并成为后一个舞伴的前位。

第二句：前半句与新舞伴重新组成手搭手的组合，后半句动作同第一句。

第三句：同第二句。

第四句：同第三句。

B 段：领头人由教师随意指定，其他形式不变。

C 段：动作不变。

（4）队形四：单圈，S形换舞伴

A段：全体面朝圈上，"1、2"报数，然后，报"1、2"数者面对面。

第一句：前四拍，两人右手握右手；后四拍，两人都朝前走。

第二句：同第一句。

第三句：同第一句。

第四句：同第一句。

B段：所有报"1"者为领头人，做即兴动作，报"2"者模仿报"1"者做动作。

C段：动作不变。

（5）队形五：双圈，外圈行走换舞伴

A段：双圈队形，里、外圈面对面。

第一句：前四拍，里圈不动，外圈把右手指向下一个舞伴；后四拍，外圈走向手指的新舞伴，并与里圈的新舞伴握手。

第二至四句：同第一句。

B段：里圈的幼儿做领头人，做即兴动作，外圈幼儿模仿里圈幼儿的动作。

C段：动作不变。

（6）队形六：双圈，外圈S形行走换舞伴

A段：双圈队形，里、外圈面对面。

第一句：前四拍，里圈不动，外圈走向下一个舞伴的背后；后四拍，里圈不动，外圈拍拍里圈舞伴的肩。

第二句：前四拍，里圈不动，外圈再走向下一个舞伴的前面；后四拍，与新舞伴打招呼。

第三、四句：同第一、二句。

B、C段：同A段。

（7）队形七：双圈，里、外圈同时换舞伴

A段：双圈队形，里、外圈面对面。

第一句：前四拍，里、外圈同时伸右手，向右与下一个舞伴握手；后四拍，握手的里圈俩人换位置。

第二至四句：同第一句。

B、C 段：同 A 段。

2. 舞伴交换方式

在集体舞教学中，队形变换经常是在交换舞伴的过程中完成的，交换舞伴的过程就是一次队形的大变动。所以，交换舞伴一定会出现队形的变化。这里，我们再强调一下舞伴交换的几种基本方式：单圈甩手交换，单圈 S 形行走交换，双圈外圈行走交换，双圈外圈 S 形交换，双圈里、外圈同时 S 形交换。具体换法，在上面讲解队形变化时已经涉及，现在把其中几种再用语言口令讲解一下。

（1）单圈 S 形行走交换

单圈"1、2"报数者，面向圈上，然后面对面。

交换语言口令：（握手预备）向前走，背靠背。

（2）双圈外圈行走交换

双圈，里、外圈面对面。

交换语言口令：向前走，握握手。

（3）双圈外圈 S 形交换

双圈，里、外圈面对面。

交换语言口令：走到背后拍拍肩，走到前面握握手（走之前，右手指向下一个朋友）。

第三节　集体舞教育活动的设计与组织

一、集体舞教育活动的设计

集体舞教育活动设计是依据集体舞关键经验，选择音乐作品，处理音乐作品，选择教学方式，对幼儿施加教育影响的方案；也是对影响集体舞教育活动的主要因素，如教育目标、教育内容、教育方法、教师与幼儿以及环境媒介等进行合理而系统的编制和处理的过程。

（一）活动材料的设计

集体舞活动的材料包括音乐作品、动作与队形、视觉媒介等。材料设计一般包括以下四方面内容：音乐作品选择、音乐内容形象挖掘、视觉媒介设计、动作与队形编排。

1. 集体舞音乐作品选择要点

（1）音乐句段结构比较工整，拍点比较明确

音乐的句子结构工整是指一段音乐中所有的句子拍数相同，如所有句子都是一句8拍或16拍。音乐的段落结构工整是指段落中所有的句子都很工整，同时，段落与段落之间没有过渡句、过渡段，段落转换很容易被辨认。音乐的拍点明确是指音乐配器风格给出了重拍并很有规律。一般而言，集体舞的音乐句段结构都很工整，拍点都很明确，这是由学前儿童音乐与动作发展水平决定的。但是，不是绝对不能出现结构不太工整、拍点不太明确的音乐。如果教师已经找到让儿童理解与表达这些不工整音乐的途径与方式，那么，尝试挑战也未尝不可。

（2）音乐的旋律清晰，形象鲜明

就旋律清晰而言，学前儿童喜欢主调音乐，所有音乐必须要有明确的主旋律让他（她）们哼唱，否则他（她）们将难以跟随音乐进行舞蹈。如果音乐的形象特别适合动作模仿、情节表现、情绪表达等，那么，这种音乐就是形象鲜明的。音乐的形象鲜明是激发儿童从事音乐表现活动的重要条件。

（3）音乐的速度适宜

音乐速度是评价幼儿音乐能力的重要指标。3 岁时，要由音乐速度去配合幼儿的动作；到 4 岁时，幼儿能主动用动作配合中速的音乐；再到 5 岁时，幼儿能主动用动作配合稍快与稍慢的音乐。教师要有意识地关注儿童舞蹈时对音乐速度的内在要求。如果音乐材料的其他方面都很适合幼儿，只是速度方面有一些问题，那么我们就可以用科技手段调整音乐的速度。

2. 音乐内容形象挖掘

本书涉及五种类型的幼儿园音乐教育活动，每种活动都始于音乐欣赏与感受，集体舞也不例外。幼儿对某一音乐作品的感受程度是受这一作品内容形象被挖掘程度制约的，音乐内容形象被挖掘得越生动，越接近幼儿的生活与趣味，幼儿越容易感受到这一音乐作品。事实上，这里所说音乐内容形象挖掘方式也就是音乐作品的欣赏方式。下面，我们介绍幼儿园集体舞活动中的音乐内容形象挖掘方式。

（1）音乐内容形象的情境性挖掘

音乐内容形象的情境性挖掘是指用人物、动物行为构成的具体事件去解释音乐的一种音乐作品内容具体化方式。幼儿园音乐欣赏活动基本上采用这种方式，其他活动类型也经常采用这种方式。在集体舞活动中，音乐内容形象的情境性可以以故事的方式展开，也可以指向幼儿的生活情境。

● 指向幼儿生活情境的情境性挖掘

范例 5-3-1 摘橘子（中班）

摘 橘 子

1 = G 4/4

欧美民间舞曲

```
6̲3̲ 1̲6̲ 3 3 3 | 7̲2̲ 1̲7̲  6̇ - | 6̲3̲ 1̲6̲ 3 3 3 | 7̲2̲ 1̲7̲  6̇ - |

6̲3̲ 1̲6̲ 3 3 3 | 7̲2̲ 1̲7̲  6̇ - | 6̲3̲ 1̲6̲ 3 3 3 | 7̲2̲ 1̲7̲  6̇ - ‖

3·  4  3·  4 | 3̲·2̲ 1̲·2̲ 3 - | 3·  4  5·  4 | 3̲·4̲ 5̲·4̲ 3 - |

3·  4  3·  4 | 3̲·2̲ 1̲·2̲ 3 - | 3·  4  5·  4 | 3̲·4̲ 5̲·4̲ 3 - ‖

6̲3̲ 1̲6̲ 3 3 3 | 7̲2̲ 1̲7̲  6̇ - | 6̲3̲ 1̲6̲ 3 3 3 | 7̲2̲ 1̲7̲  6̇ - |

6̲3̲ 1̲6̲ 3 3 3 | 7̲2̲ 1̲7̲  6̇ - | 6̲3̲ 1̲6̲ 3 3 3 | 7̲2̲ 1̲7̲  6̇ - ‖
```

[音乐内容情境]

一群孩子背着篓筐到了橘园，看到橘子后招呼伙伴，然后，大家一起摘橘子。摘橘子动作为用剪刀剪下橘子，再把橘子放进篓筐。

[动作设计]

队形：双圈。

A 段

A 段 a：

第 [1] 小节：第一、二拍，双手放在双肩，做背篓筐的动作，脚上做跑跳步两次，一拍一次，共两拍；第三、四拍，双脚并拢，停止，同时头转向舞伴，对看。

第 [2] 至 [4] 小节：同第 [1] 小节。

A 段 b：

第 [1] 小节：右手臂在右侧高举，左手臂放左侧身旁，两手一拍一次，做招呼动作。

第 [2] 小节：动作同第 [1] 小节，方向相反。

第 [3]、[4] 小节：同第 [1]、[2] 小节。

B 段

B 段 a：

第 [1] 小节：第一拍，右手伸出食指与中指，做剪刀状，剪橘子，左手手掌手心朝上平放，做接橘子的动作；第二拍，双手做把橘子放进篓筐的动作。第三、四拍，同第一、二拍。

第 [2] 至 [4] 小节：同第 [1] 节。

第 [5] 至 [8] 小节：重复第 [1] 至 [4] 小节。

[活动过程建议]

● 欣赏环节。

◇ 出示幼儿在橘园采橘的照片，与幼儿讨论采橘的方法与心情。

◇ 教师随 B 段音乐示范剪橘子的动作，请幼儿评价这样采橘子对不对。

◇ 幼儿随 B 段音乐采橘子。

◇ 教师随 A 段 b 的音乐示范打招呼、喊同伴采橘子的动作，请幼儿观察打招呼的动作是怎样做的，做了几次。

◇ 幼儿随 A 段 b 的音乐做打招呼的动作。

◇教师请幼儿背上篓筐，在原地做背篓筐跑步（这个动作事
先幼儿已经学会）动作，然后与同伴打招呼，最后做摘橘
子的所有动作。

● 队形中表演环节。

◇请男孩子围成单圈。

◇请每个女孩子找到一个男孩子作为自己的舞伴，与男孩子
一起构成里、外圈。男孩子为里圈，女孩子为外圈。

◇全体幼儿面朝圈上，跟着音乐做背篓筐跑步、打招呼、摘
橘子的动作。

◇全班讨论并解决表演中有困难的地方。

◇全班表演，音乐循环播放。

● 指向故事的情境性挖掘

范例 5-3-2　皮诺曹（大班）

皮 诺 曹

[音乐段落结构分析]

下面为《皮诺曹》音乐的段落结构，大写字母表示段落。

引子　|　　A　　|　　B　　|

[故事]

木偶皮诺曹想成为真孩子，仙女告诉他，当他具备了诚实、勇敢的品质后就能成为真孩子。开始时，皮诺曹在狐狸的引诱下到了孤岛上，过着吃喝玩乐的生活，还与爸爸说他在上学，因为不诚实，他长出了长鼻子与驴耳朵。后来，皮诺曹帮助老爷爷锯木头，为在森林中迷路的人高举火把。最后，因为诚实与勇敢，皮诺曹终于成为真孩子。

[动作设计]

基本队形：双圈。

A 段

第［1］小节：拍手，一拍一次，共四次。

第［2］小节：双手做长鼻子状，放在鼻子前面，一拍一次晃动，共晃四次。

第［3］、［4］小节：同第［1］、［2］小节。

第［5］小节：拍手，一拍一次，共四次。

第［6］小节：双手掌竖立，放在两耳旁，表示驴耳朵，一拍一次晃动，共晃四次。

第〔7〕、〔8〕小节：同第〔5〕、〔6〕小节。

B段

第〔1〕小节：双手握拳，双手臂前后交替伸屈，表示锯木头。半拍伸，半拍屈，一拍完成一个动作，共四次。

第〔2〕至〔4〕小节：同第〔1〕小节。

第〔5〕小节：双臂高举，手掌伸开转动，表示火把高举，一拍转动两次，共八次。

第〔6〕至〔8〕小节：同第〔5〕小节。

第〔9〕小节：双手握拳，双臂弯曲，在胸前做辘轳转的动作。

第〔10〕、〔11〕小节：同第〔9〕小节。

第〔12〕小节：前三拍同上，做辘轳转动作，最后一拍嘴喊"耶"，手做胜利动作。

【队形变换】

●用B段第〔5〕至〔8〕小节音乐进行队形变换。

●使用双圈S形队形变换方式。

【活动过程建议】

●欣赏环节。

◇与幼儿讨论《木偶奇遇记》中的故事内容。

◇教师讲述今天将要发生在木偶皮诺曹身上的故事。

◇教师随乐用身体动作把今天发生在皮诺曹身上的故事表演出来。

◇教师分段随乐，用身体动作动作"讲"故事，幼儿分段学习身体动作表演。

◇幼儿独立地完整表演。

●教师请幼儿寻找好朋友并两两相对，把刚才的一个人表演变成两个人合作表演。

◇幼儿俩人合作完整表演。

● 队形中表演环节。

◇请男孩子围成 V 字形单圈。

◇请女孩子找到一个舞伴，围成第二圈。

◇幼儿站在双圈队形中，与舞伴面对面，完整表演。

◇全班讨论，并解决表演中有困难的地方。

◇全班学习队形变换，并用队形变换动作替代原来的举火把动作。

◇全班幼儿带有队形变换地完整表演音乐。

◇有队形变换地完整表演，音乐重复几次。

（2）传统游戏成为音乐内容形象的挖掘方式

传统游戏成为音乐内容形象的挖掘方式是指把传统游戏玩法直接植入到集体舞中，集体舞的身体动作由传统游戏的玩法构成。这是集体舞与传统游戏的一种嫁接，一旦成功，能极大地激发幼儿的学习兴趣，是幼儿园集体舞教育活动中对音乐内容形象挖掘的特有方式。

范例 5-3-3　套圈舞（大班）

套圈舞（墨西哥草帽舞）

$1 = F \dfrac{2}{4}$

墨西哥民间舞蹈

A

$\underline{5} \mid \underline{\dot{1}.\underline{5}} \underline{\dot{1}.\underline{5}} \mid \dot{1} \ 0 \ \underline{5} \mid \underline{\dot{1} \dot{2}} \underline{\dot{7}.\dot{1}} \mid \dot{2} \ 0 \ \underline{5} \mid \underline{7.\underline{5}} \ \underline{7.\underline{5}} \mid$

7　0.5│7̲ 7̲ 7│6.7│i│0.5│1̲.̲5̲│1̲.̲5̲│i│0.5│2̲ 2̲ 7│7.1│

2̇　0.5│7.5│7.5│7│0.5│7̲ 7̲ 7│6.7│i│3.5│1̲ 1̲ 1̲ 1̲ 7̲ 1│

2̇　2.4│7̲ 7̲ 7̲ 7̲ 6̲ 7̲│i│3.5│1̲ 1̲ 1̲ 1̲ 7̲ 1̲│2̇│2.4│

7̲ 7̲ 7̲ 7̲ 6̲ 7̲│i│3.5│1̲ 1̲ 1̲ 1̲ 7̲ 1̲│2̇│2.4│7̲ 7̲ 7̲ 7̲ 6̲ 7̲│

i│3.5│1̲ 1̲ 1̲ 1̲ 7̲ 1̲│2̇│2.4│7̲ 7̲ 7̲ 7̲ 6̲ 7̲│i│0 ‖

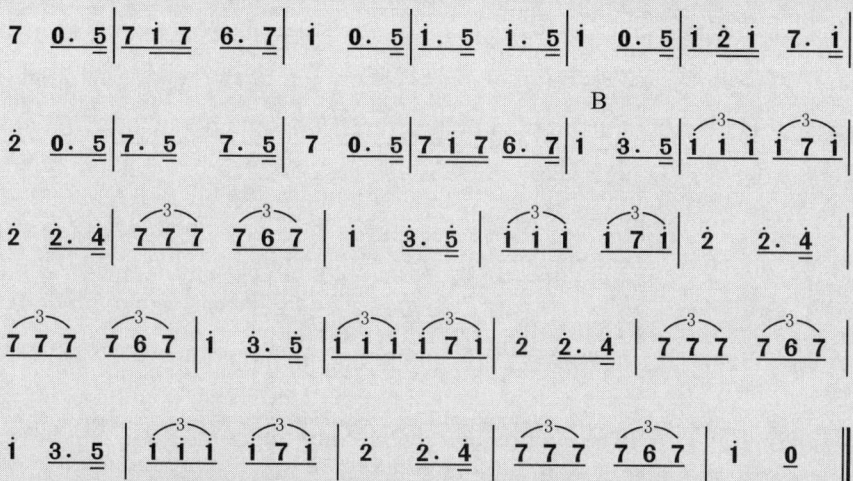

[音乐段落结构分析]

此曲共分两段，以下为段落结构，大写字母表示段落。

引子　│　A　│　B　│

[套圈游戏玩法]

三个小朋友一组，围成小圈。其中，两个小朋友的右手戴红色手腕花，一个小朋友的右手戴黄色手腕花。

准备动作：戴红色手腕花的两个小朋友把戴花的手臂放在上面，双手臂交叉放在身前，戴黄色手腕花的小朋友把戴手腕花的手臂放在下面，双手臂交叉放在身前。每个小朋友的双手抓住邻近自己的手。这样形成了三组由低到高排列的手臂。

套圈动作：举起最上层的两条手臂，从身前套住一位幼儿并套向那位幼儿的身后，让那位幼儿的双脚跨出手臂；举起第二层的两条手臂，从身前套住一位幼儿并套向那位幼儿的身后，让那位幼儿的双脚跨出手臂；举起最后一层的两条手臂，从身前套住一位幼儿并套向那位幼儿的身后，让那位幼儿的双脚跨出手臂。三个幼儿都回到了双手交叉的最原初动作，套圈游戏重新开始。

［动作设计］

基本队形：三圈，中圈幼儿始终是左手在上进行手臂交叉的那位幼儿。

A 段

第［1］小节：双手叉腰，第一拍，眼平视，双脚交替踏步一次；第二拍，脚不动，抬头挺胸。

第［2］至［16］小节：同第［1］小节。

B 段

第一句：三个幼儿围成小圈，双臂交叉放好，并握住邻近的手。

第二句：套第一个幼儿。

第三句：套第二个幼儿。

第四句：套第三个幼儿。

［队形变换］

（较少进行集体舞的班级，此活动可以不采用队形变换）

● 用 A 段音乐进行队形变换。

● 三圈中的中圈幼儿由原来的原地踏步动作变成向前走步动作。

［活动过程建议］

● 欣赏环节。

◇请幼儿做三人套圈游戏，讨论做这个游戏时的注意事项。

◇随意组合，做三人套圈游戏。

◇教师放 B 段音乐，请幼儿在音乐中玩三人套圈游戏，明确音乐与套圈动作之间的关系。

◇幼儿坐在座位上，学习踏步抬头动作。

◇幼儿坐在座位上，合 A 段音乐表演踏步抬头动作。

◇幼儿仨仨组合，自由找教室的空位，教师播放完整音乐，幼儿随乐做踏步抬头动作，玩三人套圈游戏。

◇讨论在合乐过程中出现的问题，并解决这些问题。

◇幼儿继续自由组合找空位，教师循环播放音乐，幼儿随乐完整表演。

• 队形中表演环节。

◇请幼儿发现教室地面上教师已贴的三圈队形标记（见下图），讨论这些标记的作用。

◇戴红色手腕花的幼儿找红点标记，戴黄色手腕花的找黄点标记。所有幼儿找到标记并站好三圈队形。

◇教师把幼儿分成六组，每名幼儿明确自己属于第几组。带领幼儿练习音乐的引子部分，请幼儿按照分组情况，有序地、一组一组随乐站起。

◇全班幼儿合乐在队形中完整表演一次。

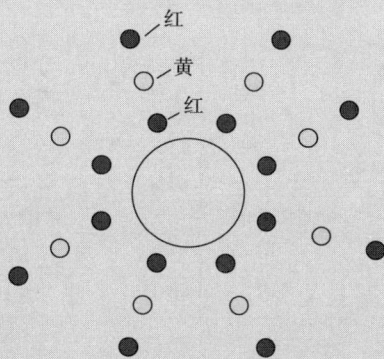

（戴红色手腕花的幼儿站红点，戴黄色手腕花的幼儿站黄点）

◇全班讨论并解决表演中有困难的地方。

◇音乐循环播放，全班幼儿完整表演。

◇学习队形变换。

◇全班幼儿有队形变换地完整表演。

◇音乐循环播放，全班幼儿有队形变换地完整表演。

（3）动作层级推进的欣赏方式

构成集体舞的动作虽然具有生活、故事、游戏等情境的意义，但是这些情境下的动作都是移动动作，直接学习移动动作超出幼儿动作学习的最近发展区。在这种情况下，要把集体舞的动作进行分层设计，在幼儿分层动作的学习过程中，不以情境作为主线展开，而是以分层动作本身作为学习的主线。动作层级是指身体动作按学习的易难秩序排列而形成的等级。动作层级的一般秩序为：上肢动作—原地动作—队形中动作—队形变换动作。

范例 5-3-4　欢乐的鼓

欢乐的鼓（欢沁）

林海　曲

$1=C \dfrac{4}{4}$

（ $\dot{3}$ — $\dot{2}$ — ｜ $\dot{2}$ — $\dot{1}$ — ｜ $\dot{1}$ — $\dot{2}$ — ｜ $\dot{3}$ — — — ｜

$\dot{3}$ — $\dot{2}$ — ｜ $\dot{2}$ — $\dot{1}$ — ｜ $\dot{1}$ — $\dot{2}$ — ｜ $\dot{1}$ — — — ）

A

6 — 3 — ｜ 7 2 $\dot{1}$ 7 6 — ｜ 6 6 7 $\dot{1}$ 7 5 ｜ 6 — — — ｜

6 — 3 — ｜ $\dot{1}$ 2 3 5 3 — ｜ 6 6 7 $\dot{1}$ 7 5 ｜ 6 — — — ：｜

Fine.

B

$\dot{1}$ $\dot{1}$ $\dot{1}$ $\dot{1}$ $\dot{1}$ 5 5 5 6 ｜ 3 33 3 3 3 — ｜ $\dot{1}$ $\dot{1}$ $\dot{1}$ $\dot{1}$ $\dot{1}$ 5 5 6 7 ｜ 3 33 33 3 3 3 — ｜

4 4 4 $\dot{1}$ 7 — ｜ 3 33 3 7 6 — ｜ 2 4 6 2 $\dot{1}$ 7 6 ｜ 7 3 3 — ‖

D.C.

[乐曲风格与段落结构分析]

原曲是 ABA′复三段曲式，其中 B 段是 A 段的转调，所以从首调效果上听，整首曲子只是几句旋律的不断重复，但确实好听，有味道。原曲的 A 段第一主题由三个乐句组成，第一、二句重复了一下；而 A′段与 A 段的不同之处在于，它把第一主题第一、二句的重复去掉，规整地变成两句，并完整重复。这样一来，A′段的句式变得非常规整，第一主题的两句重复变成四句，第二主题本来就是四句，最后重复一下第一主题，变成非常规整的 ABA 单三段式。

我们这里需要的是集体舞音乐，集体舞音乐的主要特点是：(1) 句式规整；(2) 循环往复。所以，这里的音乐是剪辑 A′段第一主题与第二主题，然后不断循环，四遍后加第一主题，让音乐结束。

下面为我们剪辑后的音乐曲式结构，大写字母表示大段落。

| | A | | B | | A | |

[情境设置]

舞伴之间形成鼓与鼓手的互动情境，一个人用双手手掌做鼓，另一个人做鼓手。由于手掌可以自由移动、随处摆放，导致鼓手必须关注"鼓"的位置变化，从而在流动的音乐声中形成追随式的双人互动情境。

[动作设计]

形成双圈队形，里圈背朝圆心，外圈面朝圆心。

角色分配：里圈与外圈可以轮流做鼓与鼓手，原则是交换舞伴时，永远是鼓手的圈移动位置。

A 段

第 [1]、[2] 小节：做鼓的这圈人，双手摊开、手心朝上、置于腰前，以示是"鼓"；做鼓手的这圈人，双手按节奏击舞伴的"鼓"。

第 [3]、[4] 小节：做鼓手的这圈人，逆时针方向行走，走到下一个舞伴对面；做鼓的这圈人，原地不动。

第 [5] 至 [8] 小节：同第 [1]、[2] 小节。

第 [9] 至 [12] 小节：同第 [1]、[2] 小节。

第 [13] 至 [16] 小节：同第 [1]、[2] 小节。

B 段

第 [1]、[2] 小节：做鼓的这圈人，摆出让"鼓手"比较难敲的位置。

第 [3]、[4] 小节："鼓手"找到"鼓"，并合拍敲鼓。

第 [5] 至 [8] 小节：同第 [1]、[2] 小节。

第 [9] 至 [12] 小节：同第 [1]、[2] 小节。

第 [13] 至 [16] 小节："鼓"与"鼓手"面对面做双手握拳在胸前里外转动的动作，做六拍；最后两拍，"鼓"与"鼓手"双手对拍一次。

[活动过程建议]

● 欣赏环节。

  ◇教师坐在座位上示范随乐的身体动作表演，请幼儿观察，老师做了哪几个动作。

  ◇幼儿回答观察结果，教师插入必要的分段、分句示范。

  ◇幼儿坐在座位上随乐表演。

  ◇两位教师示范具有鼓与鼓手角色分配的身体动作表演。

  ◇幼儿观察后回答两人表演与一人表演之间的差异。

  ◇幼儿两两合作，完整表演音乐。

● 队形中表演环节。

  ◇请男孩围成 V 字形单圈。

  ◇请女孩围成第二圈并面向舞伴。

  ◇请幼儿在双圈队形中原地、两两合作做动作。

◇学习双圈 S 形队形变换，A 段第［3］、［4］小节，第
［7］、［8］小节走路动作部分替换成队形变换。

◇加队形变换，加音乐循环进行表演。

◇做鼓的幼儿拿散响类乐器替代手掌，做鼓手的幼儿敲击散
响类乐器。音乐循环播放，全班幼儿表演。

3．视觉媒介设计

在幼儿园集体舞教育活动中，视觉媒介设计主要有视频设计、图片设计，而且主要是用在故事性、情境性欣赏中。视频、图片等的设计思路和要点与歌唱、欣赏、打击乐活动中的相关设计是一样的，不在这里赘述。

4．集体舞的动作设计

集体舞动作设计要遵循"由易至难"的原则，以使在每个教学环节出示的新动作都能达到"发展适宜"指标：一方面，保证新动作是在幼儿动作能力范围内；另一方面，保证新动作具有"新"的意义。集体舞动作由易至难的设计，一般由以下五个部分构成。

（1）确定固定模型动作

模型动作是指以一句音乐为单位，用一到两个动作构成这句音乐的动作句型，这种有句型的动作即模型动作。模型动作因其具有句子单位、合拍及拍率统一等特征而彰显结构化，很容易被识别、记忆。

通俗地说，确定固定模型动作就是编排好集体舞的动作，但需要用模型动作的标准检验我们编排的集体舞动作是否达到结构化指标。集体舞动作最怕杂乱无序，表现为：第一，一句音乐中动作变化繁多。第二，动作拍率不统一，有时一拍一个动作，有时半拍一个动作；想快就快，想慢就慢；动作有时有拍点，有时又没有拍点。第三，句子与句子之间的动作没有逻辑性或相关性。第四，段落与段落之间不具逻辑性或相关性。

固定模型动作一般表现为：第一，每段音乐有固定的几个动作，这几个

动作在逻辑上具有情节、类型等相关度，很容易从一个动作推断出其他动作。第二，动作具有重复性。第三，段与段之间的动作形成一定的对比。

（2）确定上肢动作

一般而言，集体舞动作创编完毕后的第一件事是把下肢动作抽离，保留只有上肢动作的一套动作，它往往是集体舞教学的第一个环节，用于让幼儿观察模仿。由于只有上肢动作，所以，这个环节可以让幼儿坐在座位上完成，非常有利于集体教学的秩序维持。

（3）确定下肢原地动作

把上肢动作加上原地的下肢动作，就成了一套下肢原地动作。这套动作的学习可以在座位边进行，也可以在队形中完成，但一定没有空间位置的移动。由座位上的上肢动作变成队形中的原地动作，看上去增加的内容不多，但因为有了队形，就有了对集体舞教学常规的考验。

（4）确定队形变换动作或舞伴交换动作

一般而言，集体舞教学中的移动动作与交换舞伴动作是同一的，集体舞队形中的移动就是为了交换舞伴。集体舞教学的主要价值是社会性交流，交换舞伴是实现这一价值的主要手段。可以这样说，交换舞伴是集体舞的一种标示。

（5）将音乐中的一段由固定模型动作转换成即兴动作

集体舞教学的另一个重要价值是让幼儿进行动作即兴，发挥幼儿的创造激情。但是，音乐中的动作创造是受意象或想象思维制约的，缺少音乐与动作之间类比特性的"创造"往往是臆想，这种不具艺术思维特征的臆想不能发展幼儿的想象力、创造力，却可能伤害幼儿的学习品质。一般而言，对一段需要幼儿即兴的动作，应先由教师按照音乐与动作的类比标准创编出来，让幼儿学会这段动作。教师创编的这段动作是具有结构特征的模型动作，容易被幼儿模仿并理解。当幼儿熟悉这段模型动作后，就可以要求幼儿以老师给的模型动作为榜样，即兴创编同结构但不同样式的动作。这种情境中的动作即兴创编，能够激发幼儿启动音乐思维，并且依赖于想象力与表演能力。

集体舞教学是离不开上面五部分有关动作的精心预设的。这种设计是以课堂教学过程情境为支撑的，它既是集体舞的动作设计，又是集体舞教学所内含的步骤。在集体舞课堂教学过程中，一般会按照以上五个内容中的后面四个内容顺序实施教学，即上肢动作—下肢原地动作—下肢移动动作—即兴动作。但是，并非每个教学必须按这四个步骤僵化地走，不同的集体舞音乐与动作会有不同的教学要求，这导致集体舞教学的千姿百态。不从上肢动作开始的集体舞教学也很常见，关键不在于是否按四个步骤的顺序走，而在于每个步骤你是否都在课前考量过，最后对教学顺序或步骤的确立，你是否有足够的依据。

（二）集体舞教育活动目标设计

1. 活动目标具有欣赏与集体舞的两重目标

集体舞教育活动一般一课时完成，当既有队形变换又有即兴创编时，就由两课时构成。无论是一课时还是两课时，活动的开始部分都是幼儿欣赏或感受音乐作品，这一环节结束的标志是幼儿能够做原地的身体动作。

如果第一课时是欣赏活动，其活动目标与欣赏活动相同。一课时的集体舞活动与两课时中第二课时集体舞活动中的队形变换环节，它们的活动目标都指向集体舞活动的目标特性，主要指幼儿合作性身体动作表演目标，具体包括队形中（合作性）的合乐表演与即兴表演。

2. 指向随乐合作做动作关键经验的目标表述

（1）随乐合作做动作目标的范围

在集体舞活动中，"合作做动作"中的"合作"是指为保持有序队形，需要关注并协调所有的行为，包括上肢动作方向、下肢移动方向、与舞伴的空间距离、轮流做动作的序列、与同伴的情感交流等。这种既需要自身协调又需要与他人协调的"合作"行为是一种较高水平的音乐表现，这种音乐表现力的培养只有在集体舞教育活动才能完成。简单地说，合作做动作包括两方面：队形变换与即兴动作。在集体舞中，完成队形变换与即兴动作的过程是集体中的每一个幼儿协调自身行为并很好地与他人合作的结果。

（2）随乐合作做动作目标的表述

针对队形变换目标，一般需要明确在音乐的哪一句完成哪种类型的队形变换；针对即兴动作，一般需要说明是以哪种方式、完成什么样的即兴动作。

（3）目标表述范例

这里分别呈现一课时集体舞活动与两课时中第二课时的活动目标范例。

范例 5-3-5　大班集体舞教育活动《欢乐的鼓》活动目标
（一课时目标）

　［活动目标］

（1）通过观察与模仿教师的身体动作示范表演，用原地动作表达出乐曲的句子与段落变化。

（2）合作完成 A 段双圈 S 形队形变换，B 段鼓的位置的即兴变换。

（3）享受在集体舞活动中进行乐器演奏的快乐，体验克制与合作行为所带来的秩序。

范例 5-3-6　大班集体舞教育活动《皮诺曹》活动目标
（第二课时目标）

　［活动目标］

（1）合作完成 B 段 b 句双圈 S 形队形变换，并尝试在 C 段处进行 S 形队形变换。

（2）尝试 A 段即兴合拍的木偶动作，体验动作即兴所带来的愉悦情绪。

(三) 集体舞教育活动的过程设计

1. 一般环节

幼儿园集体舞活动一般包括以下四个环节，但并非必须具备全部四个环节，只要具备第一、二环节，就构成集体舞教育活动。

- 欣赏（完成乐曲的感受与原地身体动作表现）；
- 队形中的身体动作表现；
- 变换队形的身体动作表现；
- 即兴的身体动作表现。

(1) 欣赏环节

集体舞活动中，欣赏环节的主要任务是引导幼儿完成对音乐作品的感受与原地的身体动作表现。集体舞活动中的欣赏方式主要有以下四种。

- 情境性身体动作表演的欣赏方式；
- 传统游戏表演的欣赏方式；
- 动作层级推进的欣赏方式；
- 动作模型的欣赏方式。

第一种，情境性的欣赏方式肯定最受幼儿欢迎，但是，对于段落结构比较简单的集体舞音乐而言，寻找角色情境去解释音乐作品有一定的难度。传统游戏的集体舞化表演也是深受幼儿欢迎的一种欣赏方式，但受传统游戏数量的限制，这种欣赏方式也不会太多。从严格意义上来说，集体舞教学必须执行动作层级推进的策略，由上肢动作到下肢原地动作、到下肢移动动作等，这种由简到难的教学秩序是所有教育活动都需要遵守的教学原则。幼儿园集体舞活动在应用动作层级策略方面是非常突出的，突出到这种策略可以单独成为一种幼儿欣赏与感受音乐的方式。动作模型欣赏方式是指为一个集体舞作品设计的动作具有明显的重复性，这些重复性特征构成模型，幼儿通过学习一些重复性动作来感受音乐的句子与段落结构。

欣赏环节大约占一个集体舞教育活动的四分之一时间，欣赏环节结束的标志是幼儿能够自如地表演原地动作，即能够用上肢动作表达音乐的句子与段落结构。因为头脑中清晰地意识到一个音乐作品的段落与句子是感受到或理解这个音乐作品的标志，而幼儿头脑中的意识我们无从得知，所以，只能通过他们的上肢动作表现来确认。当幼儿能用上肢动作清晰地表达出音乐的句子、段落时，我们可以确认，幼儿理解了这个音乐。只有基于这种理解，难度更大的下肢动作表现、队形动作表现、即兴动作表现才有可能进行。

（2）队形中的身体动作表现环节

原地动作是指脚上没有动作，而队形中的动作是脚上有动作，只是没有队形变换而已。所以，就动作类型而言，第一环节的欣赏是上肢动作，第二环节队形中的动作是指下肢动作，其区别就在于上肢动作与下肢动作的区别。所有上肢动作的合拍都在幼儿音乐学习的最近发展区内，所有下肢动作的合拍都在最近发展区外，这就是两者的巨大差异。对幼儿而言，走路、跑步以及所有的基本步（踵趾步、跑跳步、垫步等）的合拍都是非常难的，很难在短时间内完成。

如果集体舞的动作具有脚上的基本步，那么所有的脚上动作必须在课前完成，在集体舞活动的一课时时间内是完成不了基本步学习的。这就是集体舞教育活动的特别之处，或需要特别遵守的一条原则。比如，范例5-3-1《摘橘子》，它的第一个动作是跑跳步（跑两步，然后脚步停止看同伴），这个动作就必须在课前完成。对中班幼儿来说，在日常生活环节，分散、自由地学习这样一个基本步，可能需要用几周的时间。集体舞中用到的基本步，让幼儿在轻松、自由的气氛中学习，效果更好。

在基本步已经有经验储备的前提下，由原地动作进入队形中的动作就比较容易了，只要过一到两遍音乐就可以了。

（3）变换队形的身体动作表现环节

小、中班的集体舞不一定需要队形变换，所以，从第三个环节开始，主要是针对大班集体舞活动。

幼儿园集体舞的队形变换实际是指变换舞伴，而非真正的由一种队形变成另一种队形，但是，幼儿还是需要打乱原先的队形位置，做出一些特别的移动，从而达到变更舞伴的效果。对幼儿而言，变换舞伴所带来的队形变动还是比较复杂的，因为它要求全体幼儿在行动时方向、速度一致，所以，这一环节对幼儿做动作时的合作性、协调一致性要求较高。

（4）即兴动作表现环节

经常开展集体舞活动的班级一定会很乐意把集体舞推向即兴动作表现环节，因为让幼儿即兴表现所带来的课堂愉悦、主动状态是没有即兴的集体舞活动所无法企及的。但是，即兴表现并非无序、无的放矢地做动作，集体舞活动中的幼儿即兴动作表现对教师的指导有较高的要求。

集体舞活动中的即兴动作表现往往是针对集体舞音乐作品中的其中一段展开的，把其中一段的模型动作用幼儿自己的即兴动作替代。在展开幼儿即兴动作表现环节时，教师需要提供给幼儿以下四个条件。

第一，模型动作的给予。幼儿需要通过模型动作感受这段音乐的拍子、句子，并理解这段音乐与其他段落之间的关系结构，所以，即兴前需要有模型动作。

第二，即兴动作创编思路的给予。如果模型动作由四个动作构成，那么即兴创编也应是四个动作，这四个动作可以是在一定情境下的，如运动情境、洗漱情境，也可以完全是自由搭配的。

第三，即兴动作创编与练习时间量的给予。每个幼儿进行即兴动作创编并合上音乐，都需要有一定时间的练习，幼儿练习时教师巡回指导，确认每个幼儿创编了自己的动作。

第四，幼儿在即兴表演时，教师需要给予预警与指点。

展开幼儿即兴动作表现环节，一般在以下两种游戏化情境中进行。

（1）领头人游戏情境。到即兴动作创编时，教师可临时指定或队形指定了领头人，这个领头人就进行即兴动作的创编，其他人跟着领头人做动作。

（2）照镜子游戏情境。双圈队形或邀请舞时，所有舞者面对面，这时一半的舞者可以进行即兴动作创编，其舞伴则进行模仿。这种动作模仿形式是镜面式，最容易让幼儿理解这种模仿形式的语言就是"照镜子"，像照镜子一样做动作。

2. 每一环节中涉及的集体舞关键经验

（1）音乐欣赏环节涉及的关键经验

- 音乐内容的语言描述
- 音乐内容的动作探究
- 对身体动作的语言描述
- 合拍做动作
- 合句段结构做动作

音乐欣赏环节相当于一个完整的音乐欣赏活动，凡欣赏活动需要涉及的关键经验在打击乐活动的这一环节中也同样涉及，具体要求与欣赏教育活动相同，在这里不再赘述。

（2）队形中的身体动作表现环节涉及的关键经验

- 合拍、合句段结构做动作

这个环节的合拍、合句段结构做动作中的"动作"指的是下肢动作，需要在日常生活活动中获得这一条关键经验。

（3）变换队形的身体动作表现环节涉及的关键经验

- 随乐合作做动作

"合拍与合句段结构做动作"中的动作也具有协调性，但是自身动作间、动作与音乐间的协调。集体舞变换队形中身体动作的协调性主要指向与他人间的协调，所以是合作做动作。

（4）即兴动作表现环节涉及的关键经验

● 随乐合作做动作

集体舞即兴动作表现中的协调性除了指向与他人间的协调外，更指向动作与音乐的协调，由于是即兴表演，所以对动作与音乐的协调要求非常高。音乐稍纵即逝，协调反应慢的话，会出现音乐已逝而动作还没出来的情况。所以，即兴动作表现对培养幼儿的随乐表现能力是极其有效的。

（四）集体舞教育活动方案的结构与范例

1. 集体舞教育活动方案的结构

集体舞活动方案由四个部分构成：音乐材料、活动目标、活动准备与活动过程。第一，音乐材料部分。音乐材料部分需要呈现乐谱、对音乐作品内容形象幼儿化挖掘所需要的视觉直观教具（图片、视频、图谱等）、对音乐作品的动作设计、队形变换与即兴动作设计。第二，活动目标部分。集体舞活动的目标可能包括感受目标、队形变换目标、即兴动作目标几方面。第三，活动准备部分。准备部分包括经验准备与物质准备两部分。经验准备主要是脚上基本步的准备，这一条必须得事先完成。物质准备主要指设备、教具、学具的准备。第四部分，活动过程部分。过程部分一般按照音乐欣赏、队形动作（下肢动作）、队形变换动作与即兴动作四个环节推进。

2. 集体舞教育活动方案范例

范例5-3-7 大班集体舞教育活动《摇摆舞》①

摇摆舞（田纳西摇摆）

$1 = F \dfrac{4}{4}$

美国集体舞音乐

（ 1 1 5 5　　1 1 5 5　　5 6　5 ｜ 1 1 5 5　　1 1 5 5　　5 2　1 ）｜

A
3 2 3　3 2 1　6 1 5 ｜ 3 2 3　3 2 1　6 2 2 ｜ 3 2 3　3 2 1　6 1　5 ｜

3 3 3　3 2 1　5 2 1 ‖ B
5 5　6 6　5 5　3 ｜ 2 2 1　2 2 1　6 6 6 5 ｜

5 5　6 6　5 5　3 ｜ 3 2 3 2　3 2 3 2 6　1　1 ‖

[音乐结构分析]

这首曲子的结构由"歌唱""间奏"与"歌唱"三部分组成。

｜　歌唱　｜　间奏　｜　歌唱　｜

[集体舞动作设计]

歌唱部分：

队形：全体幼儿双圈面向圈上，里圈与外圈小朋友手拉手。

A段第一次

---

① 此活动为南京师范大学附属幼儿园王玥老师设计。

第［1］小节：前两拍，手拉手跑步，共跑四步；后两拍，停步，并眼看舞伴。

第［2］至［4］小节：同第［1］小节。

A 段第二次：同 A 段。

B 段第一次

第［1］小节：前两拍，双手分别拍肩，一拍一次；后两拍，扭动全身。

第［2］至［4］小节：同第［1］小节。

B 段第二次

第［1］小节：前两拍，双手洗脸，一拍一次；后两拍，扭动全身。

第［2］至［4］小节：同第［1］小节。

间奏部分：

A 段：换队形。

第［1］小节：前两拍，里圈小朋友不动，外圈小朋友朝手腕花方向跑四步；后两拍，外圈与里圈的新伙伴握手四次。

第［2］至［4］小节：同第［1］小节

B 段：

第［1］至［4］小节：里圈与外圈小朋友互相挠痒痒，玩耍。

[即兴动作建议]

预设即兴表演的音乐为歌唱部分的 B 段音乐。这两段音乐由原来的模型动作变成了领头人即兴做动作，其他幼儿跟着模仿。动作的节奏型不变，为"×× 扭— 扭"。第一次，一个领头人，第二次，换另一个领头人，每个领头人想一个动作，并做四次。

注意事项：这首音乐从头到尾重复三次，所以歌唱部分的 B 段音乐也会相应地出现三次，每次两个领头人，一次表演共要六个领头人。

第一课时（队形变换）

活动目标

1. 自如表演不移动动作"×× 扭—扭"的动作模型与两拍移动、两拍原地的动作模型。

2. 意识到在集体舞表演中需要与舞伴进行眼神、肢体的交流，并享受这种交流带来的愉悦。

3. 理解教师布置的观察任务，并带着任务意识去观察教师的示范。

活动准备

1. 在活动前一至两周，利用日常生活活动时间，带领幼儿玩"木头人""领头人""照镜子"游戏。其中"木头人"游戏玩转化成音乐游戏的版本，并接触《摇摆舞》歌唱部分的音乐。

三个生活游戏的具体玩法如下。

（1）游戏 1：木头人

● "木头人"游戏玩法：玩者边拍手边说童谣"山山山、山山山，山上有个木头人，不会说话不会动，动动就是小—蜜—蜂"。说完后做一个动作，不能动，谁动谁输，停止游戏，坚持到最后者为胜者。

● "木头人"游戏在《摇摆舞》音乐中的玩法：放歌唱部分的音乐，一句音乐完成一次"木头人"游戏，即每跑两步停下来做一个向后看的动作，并不动。音乐到第二句，接着第一句的动作做下去，循环往复。

注意事项：做停止动作不再受语言规定，而是受音乐规定。

（2）**游戏2：　领头人**

● 游戏玩法：大家围成一个圆或半圆，教师指定某幼儿做领头人，做怪异脸部表情或动作，其他幼儿迅速跟着模仿；教师不断变换领头人，领头人要迅速想出表情或动作，其他幼儿的模仿也要迅速跟上。

（3）**游戏3：　照镜子**

● 游戏玩法：幼儿两两成对，面对面站立或坐着，其中一位幼儿做各种表情或动作，另一位幼儿进行同方向的模仿。

2. 幼儿已经熟悉集体舞表演中单圈、双圈队形的常规。

3. 两种颜色手腕花，人手一个。

4. 活动室内的椅子摆放成圆形，椅子之间留有足够的距离，便于幼儿进出。

5. 《摇摆舞》音乐的音响资料与播放设备。

活动过程

1. 幼儿随着《摇摆舞》歌唱部分的音乐，玩"木头人"游戏进教室。

2. 幼儿学习不移动的"×× 扭—扭"动作模型，并进行联想。

（1）教师落座于幼儿的圈中，呈全封闭性教学站位。

（2）教师示范不移动的"拍 拍 扭—扭"动作模型，并提出观察任务。

● 教师：现在老师要做一个动作，请小朋友们看看，老师做了什么动作？

● 教师示范拍手两下，一拍一下，再按节奏扭动身子。

● 请幼儿回答刚才的问题，要求幼儿回答时要有细节。如，幼儿回答"拍手"，教师追问：老师拍了几次？幼儿回答"扭"，教师追问：老师是怎么扭的？你能不能做一下？

● 请幼儿跟着老师做动作。

(3) 进行"×× 扭一扭"动作模型的联想。

● 教师：老师拍的是手，你们能不能想出拍其他地方的动作，但是还是要符合"拍 拍 扭一 扭"的节奏型。

(教师选择几个小朋友的动作进行全班练习)

● 教师：好，现在，我们不做拍的动作了，做洗漱的动作。老师做一个刷牙的动作，变成"刷 刷 扭一 扭"，你们还能变出什么？

(教师选择几个小朋友的动作进行全班练习)

● 教师：好，现在我们再想各种小动物的动作，看看谁能想出来。

(教师选择几个小朋友的动作进行全班练习)

(4) 确定"×× 扭一扭"动作模型的两个具体动作，并合音乐学习。

● 教师：现在我们选择拍肩与洗脸两个动作，我们合着音乐做一做。

● 放音乐的歌唱部分，全体幼儿做由这两个动作组成的动作模型。

3. 学习换舞伴的"两拍跑步、两拍握手"动作模型。

(1) 形成双圈队形。

● 教师：现在请小朋友拿起小椅子，把小椅子放在身后。

● 教师：戴黄花的小朋友围圈站好，背朝圆心。

● 教师：戴红花的小朋友找到一个朋友站到外圈，脸朝舞伴。

(2) 学习换舞伴的动作。

● 教师：所有小朋友用戴手腕花的手指着现在的舞伴；再顺着手腕花方向，指着下一个舞伴。动作停住，让老师检查是不是每个小朋友都指对了。好，再练习一次，指着现在的舞伴，指向下一个舞伴。

- 教师：里圈小朋友不动，外圈小朋友脸朝圈上，听老师口令跑向下一个舞伴，然后与新舞伴握手。听口令"跑 跑 握握 手"。
- 教师：好，现在我们听着音乐连续地做换舞伴的动作。

（放间奏音乐）

4. 学习"两拍跑步、两拍停步对视"动作模型。

（这时幼儿的站位最好是原地坐下，如果活动室不能坐，就形成半圆队形站立）

（1）教师带一个幼儿示范。

- 教师：我们已经会玩"木头人"的音乐游戏，但是，我们以前做的是停住向后看的"木头人"，现在我们要做看同伴眼睛的"木头人"。
- 教师选一个幼儿合音乐示范一次。

（2）形成双圈队形。

- 教师：戴黄花的小朋友围圈站好，脸朝圈上。
- 教师：戴红花的小朋友找到一个朋友站到外圈，脸朝圈上。

（3）全体幼儿合音乐表演几次。

5. 学习"×× 扭一 扭"动作模型的照镜子动作。

（1）回忆照镜子游戏的规则。

- 教师：我们已经玩过照镜子游戏，这个游戏最重要的一点是什么？

（两个人的动作要一模一样，重点是同方向）

- 教师：好，现在我们要做刚才做过的拍肩与洗脸的照镜子游戏，注意动作要一模一样。

（2）随音乐做照镜子的动作。

- 两名幼儿合音乐做照镜子的拍肩与洗脸动作。
- 教师选择符合要求的几对幼儿单独表演，为其他幼儿示范。
- 再次合音乐表演拍肩与洗脸动作。

6. 完整表演《摇摆舞》。

（1）教师：我们把与舞伴对视木头人、照镜子、换舞伴三个游戏串起来就是一个集体舞。

（2）教师分段带幼儿跳集体舞。

- 玩舞伴对视"木头人"游戏。

  注意：前奏时等待，预备不要着急。

- 如果第一个游戏顺利，直接进入照镜子舞蹈部分；如果不顺利，停下来解决问题。

  注意：教师的预令要准确。

- 如果第二个游戏顺利，直接进入换舞伴环节；如果不顺利，停下来解决问题。

  注意：预令与"跑 跑 握握 手"的指令要准确。

- 播放间奏部分音乐，请幼儿随意做拍打四肢的放松动作。

（3）放完整的音乐，幼儿完整表演。

- 教师的预令与语言指令要准确、到位。

- 在表演过程中随时解决问题，如换舞伴环节容易出现的换错情况。

第二课时（即兴动作表现）

活动目标

1. 能用身体动作清晰地表达音乐的句子与段落。

2. 享受集体舞中与舞伴交流带来的愉悦。

3. 在流动的音乐中，做好领头人。

活动准备

1. 两种颜色手腕花，人手一个。

2.《摇摆舞》音乐的音响资料与播放设备。

活动过程

1. 全体幼儿表演无即兴版本的《摇摆舞》。

（1）形成双圈，面朝圈上队形。

（2）集体表演一次。

● 教师退出，不参与。

● 前奏与段落转换，教师给出预令。

（3）解决在表演过程中出现的问题。

（4）教师撤除语言指令，集体表演一次。

● 前奏与段落转换，教师给出预令。

2. 学习即兴表演段落。

（全体幼儿拿椅子坐成一个圈，教师的座位在圈上）

（1）教师：我们以前已经做过"领头人"的游戏，其实这个游戏也可以在我们的这个集体舞中做。

（2）练习"××扭一扭"动作模型的各类动作。

● 教师：我们再来做一做"拍 拍 扭一 扭"中各种关于拍的动作。

● 请幼儿自由做这类动作，教师挑选做得比较规范的一些动作，挑选时要避免下肢动作，如跳、踢等。

● 教师：现在，来做洗漱加"扭一扭"的动作。

● 请幼儿自由做这类动作，教师挑选做得比较规范的一些动作。

● 教师：做小动物样子，加"扭一扭"的动作。

● 教师：有没有我们没有说到过的动作？

● 请幼儿自由做这类动作，教师挑选做得比较规范的一些动作。

（3）练习"领头人"音乐游戏。

● 教师：现在，请你们每人想好一个动作，我们来做"领头人"游戏。老师先来做"领头人"，那么第二个"领头人"是谁呢？

- 循环播放《摇摆舞》歌唱部分的音乐，从教师开始做"领头人"，四句一个"领头人"。教师做完自己的动作后，立即到下一个"领头人"处去提醒指导，以便游戏流畅进行。

- 有6—8个幼儿做过"领头人"，是这一环节游戏比较适中的时间。

（4）教师：这个"领头人"游戏可以加到我们集体舞的什么地方呢？（加到原来做"照镜子"游戏的地方）

3. 全体表演带有即兴的《摇摆舞》。

（1）形成双圈，面朝圈上队形。

- 把椅子搬到旁边。

- 戴黄色手腕花的幼儿入圈。

- 戴红色手腕花的幼儿入圈。

（2）教师：有两个改动的地方。第一，知道在哪个地方做"领头人"游戏吗？（原来做"照镜子"游戏的地方）第二，原来我们拍打手臂、腿放松的地方，现在做与舞伴挠痒痒的动作。

- 教师：谁能把刚才老师讲的两个改动的地方再说一遍？

- 教师确认所有幼儿都意识到了改动的内容后，开始舞蹈。

（3）全体幼儿即兴表演舞蹈。

- 教师预令跟上。

- 在"领头人"游戏中，教师站在领头幼儿旁边提醒与指导。

- 解决表演中的问题。

- 最后完整表演一次。

二、集体舞教育活动的组织

集体舞教育活动的组织是指根据课堂实际情况，灵活地将集体舞教育活动设计方案转化为课堂实践的过程，也是教学内容有序展开的过程。

（一）集体舞教育活动的课时安排

小、中班集体舞活动一般一个课时完成，大班一般需要两个课时。功能完整的集体舞教育活动由原地身体动作表现、队形中的身体动作表现、变换队形身体动作表现及即兴身体动作表现四个环节构成。受身体动作的集体性合作能力还未达到成熟水平的限制，小、中班的集体舞活动在完成队形变换与即兴身体动作表现两方面有较大的困难。

1. 小、中班一课时的教学环节

一课时集体舞活动主要由原地身体动作表现、队形中的身体动作表现两个大环节构成，但是，原地身体动作表现实际上是欣赏活动环节，这一环节本身又由三环节构成。

（1）音乐内容感受环节。

（2）音乐形式感受环节。

（3）原地身体动作表现环节。

而队形中的身体动作表现实际上是指下肢身体动作，所有下肢身体动作必须在课前做好经验铺垫准备，所以，在教育活动的实施过程中，这一大环节其实是占用极少时间的。综上所述，小、中班一课时教学环节具体如下。

（1）音乐内容感受环节。

（2）音乐形式感受环节。

（3）原地身体动作表现环节。

（4）队形中的身体动作表现环节。

2. 大班两课时的教学环节

一般情况下，第一课时需完成原地身体动作表现、队形中的身体动作表现两环节，第二课时完成变换队形身体动作表现与即兴身体动作表现两环节。下面为第二课时的环节安排情况。

（1）给出即兴动作的思路并花时间练习。

（2）复习队形中的身体动作表现。

（3）学习队形变换，完成队形变换中的身体动作表现。

（4）加入即兴动作表现，完成队形变换与即兴动作表现。

大班集体舞活动中，第二课时的第一环节往往从即兴动作表现的教学内容开始，这个环节一般在座位上进行，需要充足的时间，需要幼儿思维的积极参与，所以把这一教学内容前置比较符合集体舞活动展开的顺序。到了第四环节，直接把第一环节已经学过的内容运用出来就行了，这就避免在教育活动的最后时间段来学习新的教学内容。

（二）指向关键经验的集体舞教育活动组织

集体舞教育活动的组织即集体舞教学内容的有序推进，同时，每一项教学内容都具有指向关键经验获得的功能。下面为两课时四环节集体舞活动的教学内容组织与指向的关键经验。

1. 原地身体动作表现（欣赏活动）

（1）音乐内容感受环节（指向语言、动作描述关键经验）

● 让幼儿用语言与动作描述音乐内容形象。

（2）音乐形式感受环节（指向语言、动作描述关键经验）

● 让幼儿用语言描述动作的类型与做法。
● 让幼儿用语言描述音乐的速度、力度特征。

（3）原地身体动作表现环节（指向合拍、合句段结构做上肢动作关键经验）

2. 队形中的身体动作表现环节（指向合拍、合句段结构做下肢动作关键经验）

3. 队形变换身体动作表现环节（指向语言描述与随乐合作做动作关键经验）

（1）教师示范，幼儿用语言描述教师是如何变换队形的。

（2）根据教师的指令，幼儿执行方向与动作协调一致的队形变换动作。

（3）在音乐中，幼儿执行方向与动作协调一致的队形变换动作。

4. 即兴动作表现环节（指向语言描述与随乐合作做动作关键经验）

（1）让幼儿用语言描述即兴段模型动作的特征。

（2）要求幼儿自由创编与模型动作不一样的一组动作。

（3）与幼儿讨论如何又快又好地创编与模型动作不一样的动作。

（4）根据幼儿提出的创编策略进行创编。

（5）教师给出几种创编策略供幼儿选择。

（6）留一定时间让幼儿分散地进行创编，至少创编出一组动作。

（7）教师放音乐，请每个幼儿展示自己创编的一组动作，教师认真观察，确认所有幼儿都有自己的创编动作。

（8）把准备好的即兴动作运用到集体舞中。

第六章 ·

音乐游戏：　关键经验与活动指导

从玩法上分，游戏可以分为情境扮演（角色扮演）、领袖模仿、输赢竞争、控制、传递、身体接触、队形变换、猜谜、躲藏等类型，不胜枚举。这些游戏只要被植入到音乐表演中，就成为人们一般所指的幼儿园音乐游戏，这样的音乐游戏贯穿我们整本书。换言之，幼儿园音乐教学必须带有游戏元素，这是幼儿的学习特征与要求。本章讨论的音乐游戏是狭义的，特指音乐规则游戏，是将具有竞争性的规则游戏植入到音乐表演中的一种活动。

幼儿园音乐游戏教育活动是指以一个音乐作品为单位，先对音乐作品进行感受与身体动作表达，最后走向具有队形与规则性身体动作表演的一种音乐实践活动。这种活动对促进幼儿社会性规则意识与规则性中的身体动作表达能力的发展具有价值。

第一节　游戏化幼儿园音乐教育活动
与幼儿园音乐游戏教育活动

把游戏植入音乐表演中就是一般所说的音乐游戏，这样的音乐游戏在幼儿园音乐教育活动中无处不在。可以这样说，有效的幼儿园音乐教育活动都是音乐游戏活动。于是，作为有效的幼儿园音乐教育活动的音乐游戏与作为一种幼儿园音乐教育活动类型的音乐游戏之间的区别是我们需要探讨的。

自 2001 年《幼儿园教育指导纲要（试行）》颁布以来，幼儿园教育活动游戏化的理念越来越深入人心，已经成为设计与实施幼儿园教育活动的首要策略。情境扮演（角色扮演）、领袖模仿、输赢竞争、控制、传递、身体接触、队形变换、猜谜、躲藏等游戏只要被植入到音乐表演中，就成为人们一般所指的广义的幼儿园音乐游戏，这样的音乐游戏贯穿于我们整本书。本书通过情境扮演这种概括方式，即在生活情境、游戏情境、故事情境中进行角色扮演，已经把其他类型的游戏玩法全部涵盖。

幼儿是以无意注意学习为主的一个群体，好玩是他们进入学习状态的唯一动机。在活动情境中以角色的身份做事，这样的方式令幼儿觉得好玩，学习的过程就是做事的过程。所以，本书所描述的歌唱、欣赏、打击乐、集体舞音乐活动都是让幼儿在情境中以角色的身份做事的活动，都是假扮的活动，都是充满游戏元素的活动，都是游戏化活动。也可以说，都是人们一般所指的广义的幼儿园音乐游戏活动。

本章专门讨论的幼儿园音乐游戏教育活动是狭义的，特指竞争性音乐规则游戏，是将具有竞争性的规则游戏植入到音乐表演中的一种活动。这类音乐游戏也是假扮游戏，但是最终有一个竞争性规则，通过这一规则确定游戏到底如何重新开始、怎么玩。遵守这种规则超出幼儿的本能，需要教师引导。而遵守这种规则就是遵守社会规范，对幼儿的社会性发展具有特殊的意义。

通过说教让幼儿了解一些社会规范是无效的，通过音乐中的竞争性规则可以让幼儿获得对社会规范的一点理解，或者说这类有难度的、特殊的音乐游戏是培养幼儿社会规则意识的一种不错的途径。

综上所述，本书所有的幼儿园音乐教育活动都是游戏化的幼儿园音乐教育活动。本章所指的幼儿园音乐游戏教育活动特指把具有竞争性的、传统的规则游戏植入到音乐表演中的一种音乐教育活动，它最终指向具有竞争规则的音乐表达。

第二节　音乐游戏教育活动的关键经验

本节内容围绕音乐游戏的关键经验展开，具体如下。

关键经验1：合拍做动作（用身体动作表达出音乐节拍的稳定特质）；

关键经验2：合句段结构做动作（用身体动作表达出音乐形象的细节）；

关键经验3：合乐按规则做动作（在保持正常队形并遵守规则的前提下，合拍、合句段结构做动作）；

关键经验4：用动作描述音乐内容与形式（包括对音乐内容的动作探究与对音乐元素、音乐情绪特征的动作表现）；

关键经验5：用语言描述音乐内容与形式（包括用语言描述身体动作、音乐内容、音乐元素与情绪特征）。

一、音乐游戏关键经验的分类

以上五项音乐游戏关键经验可以分成三类：节奏关键经验1、节奏关键经验2与描述关键经验。下图对三类关键经验的类属做出说明。

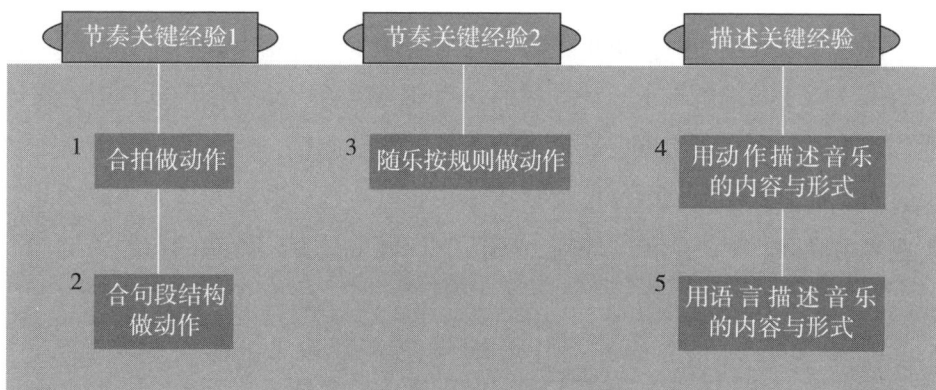

在音乐游戏活动中，节奏关键经验被分为动作合乐与随乐按规则做动作两个类别，动作合乐是随乐按规则做动作的基础。在这里，"动作合乐"的动作是指在个体空间范围内不与他人发生关系的动作，其实质是原地动作。在一个具体的音乐游戏活动中，原地动作合乐是音乐感受环节完成的一个标志，当幼儿能够自如地对音乐作品进行原地动作表现后，音乐游戏活动才进入到在队形中有规则的竞争活动环节。能在队形中按音乐句段结构、按规则做竞争性身体动作，是幼儿获得随乐按规则做动作关键经验的标志。描述关键经验还是指对音乐的内容与形式进行动作与语言的描述。在所有音乐活动类型、所有音乐教育过程中，这两项描述经验都是如影相随，音乐游戏也不例外。

二、音乐游戏关键经验的指导要旨

音乐游戏也是针对一个音乐作品展开的音乐实践活动，所以，对这一音乐作品的欣赏与感受是音乐活动展开的第一步。鉴于此，节奏经验中的合拍做动作、合句段结构做动作与描述关键经验，它们的指导要求与欣赏活动是一样的，在此不必赘述。音乐游戏不同于其他类型活动的关键经验是随乐按规则做动作的关键经验，下面着重阐述这一关键经验的指导原则。

（一）随乐按规则做动作的指导原则

在音乐游戏活动中，幼儿随乐按规则做动作一定是以合拍、合句段结构做动作（感受与理解音乐）为前提的。当幼儿能独立地合乐做动作时，集体性、规则性的动作才能被表现出来。就集体教学而言，需要用教学策略去解决的问题是，音乐游戏中的规则性动作往往只涉及少数幼儿，大多数幼儿需要按规则等待。解决这种按规则"等待"问题，是音乐游戏的指导关键。下面为几项教学要旨或原则。

1. 需要通过一套模型动作表演来完成对音乐的感受

在集体舞教育活动一章中，我们谈过模型动作的概念，模型动作是指由重复性动作构成的一套动作。音乐游戏也需要这样一套模型动作，这套模型动作具有两个功能：第一，使全体幼儿在游戏过程中都有事情做，不需要等待；第二，通过这套模型动作的学习与表演，感受到音乐作品。

幼儿园展开规则性音乐游戏教学的失败率很高，一般出现的状况为幼儿只关注竞争过程与竞争结果，无视音乐的存在，通常我们称这种现象为"把音乐游戏做成了体育游戏"。究其原因，是教师没有为音乐游戏中的音乐设计一套让全体幼儿都能做的身体动作（模型动作）。幼儿一定需要通过身体动作去感受与表现音乐，感受到音乐的标志是能够用身体动作把音乐表达出来。能用身体动作表达出来的音乐才是确认已经感受到的音乐，只有已经感受到的音乐才能被关注，否则，音乐只是一些与幼儿无关的音响而已。没有设计整套动作的音乐游戏教学，往往只是听一到两遍音乐就进入规则学习环节，当音乐没有进入幼儿的感受阈时，游戏规则只是动作规则，而不是音乐中做动作的规则。无论是音乐游戏，还是集体舞，音乐教育活动如果不从根本上解决对音乐的感受问题，都很难说是音乐教育活动；而就幼儿而言，对音乐的感受如果不以身体动作为"杠杆"，都很难说幼儿能感受到音乐。

2. 在按规则做动作的那一句或一段音乐上，需要"停留"强化

音乐游戏的规则一般都在音乐的某一句或某一段中体现，涉及规则的这一句或一段音乐的动作，需要让幼儿进行特别的练习，确认幼儿的身体动作能表达这句或这段音乐。

这种特别的练习可以称为教学"停留"。遵守音乐游戏规则往往需要幼儿在同一时刻关注三方面内容：第一，音乐的句段结构；第二，做一串难度较大的动作；第三，判断输赢结果并就此做出反应（输赢双方接下去做的动作是不一样的）。同时关注三件事对注意力的分配要求很高，所以这三件事必须都是幼儿熟悉的。但是，游戏规则动作往往不在音乐欣赏环节所学的那一套像集体舞一样的动作中，它一定是对原来这一套动作中某一句动作进行替代的结果，而且规则动作都是难度较大的，如：在队形中按一定方向奔跑，在特定方位或空间争抢等，这样有难度的动作还要根据音乐的句子或段落开始、进行与完成。所以，如果不花点时间进行单独的练习，幼儿是很难完成这样一个注意力分配项目的。

（二）随乐按规则做动作的活动类型

随乐按规则做动作的活动类型主要是由竞争规则的类型决定的。在幼儿园音乐游戏活动中，游戏的规则功能在于竞选出游戏的单独表演者，以便游戏能循环进行。而这种竞选出单独表演者的规则一般表现为两种方式：一种是通过赛跑，用赛跑的结果来决定游戏的单独表演者；另一种是通过争抢，用争抢的结果来决定游戏的单独表演者。

1. 赛跑竞选规则

民间流行的《切西瓜》《丢手绢》等游戏使用这种类型的规则。下面使用周杰伦的《牛仔很忙》为音乐，说明这类游戏的规则设计。

范例6-2-1 逗牛乐

[音乐段落结构分析]

我们剪辑了《牛仔很忙》的第一段音乐，然后不断重复第一段音乐。下面是第一段音乐的句段结构，大写字母表示段落。

| A | B | C | D |

[动作设计]

队形：单圈站立，幼儿面朝圈上，舞伴面对面。

A段（重复一次）

第一句：自拍手四下，与舞伴对拍手四下。然后，双手握拳，只伸出拇指与小指，放在头顶做牛角，左、右各晃一次，双手保持牛角动作，挥动，做打招呼动作。

第二句：同第一句。

B段

第一句：做捂脸动作，表示不偷看。

第二句：双臂在身前弯曲，做轱辘转动作，表示加油。

C段

第一句：双手叉腰、抬头，表示生气。

第二句：双手握拳在眼睛处转动，表示揉眼睛哭。

D段

第一、二句：自由做鬼脸动作，尽量逗他人开心。

第三句：双手平摊放在胸前。

第四句：双手由在胸前平摊，移向圈外方向。

[游戏玩法]

A 段

集体：做 A 段集体舞动作。

单独表演者：在圈外，手拿方巾，挥动方巾，合拍地做跑跳步动作。

结束"咿呀"处：所有幼儿原地、单圈坐下。

B 段第一句

集体：做捂脸动作，表示不偷看。

单独表演者：把方巾放在一位幼儿的身后，等待那位幼儿发现。

B 段第二句

集体：双臂在身前弯曲，做轱辘转动作，表示加油。

单独表演者：发现方巾的幼儿从圈外去追放方巾的幼儿，谁赢谁在位置上坐下，输者到圈内。

C 段第一句

集体与圈内单独表演者：双手叉腰、抬头，表示生气。

C 段第二句

集体与圈内单独表演者：双手握拳在眼睛处转动，表示揉眼睛哭。

D 段第一、二句

集体：做鬼脸动作，尽量逗圈内单独表演者开心。

单独表演者：继续做生气、哭的动作。

D 段第三句

集体：由坐地上的动作到站立动作。

单独表演者：做鬼脸，表示被逗笑。

D 段第四句

集体：面对面站好队形，准备集体舞。

单独表演者：拿好方巾，由圈内走到圈外，准备下一轮游戏。

[活动过程建议]

- 集体舞环节（第一课时，略）。
- 音乐游戏环节（第二课时）。

  ◇全体幼儿完整表演集体舞。

  ◇全体幼儿单圈原地坐下，教师示范游戏中单独表演者的动作，请幼儿观察并回答单独表演者做了哪些动作，在什么时候做这些动作。

  ◇请一位幼儿表演单独表演者的所有动作。

  ◇请全体幼儿起立，表演单独表演者的所有动作。

  ◇全体幼儿重新单圈原地坐下，教师示范与讲解游戏规则（请另一位教师合作示范）。

  ◇请一位幼儿与教师合作完成两位单独表演者的所有动作。

  ◇全体讨论幼儿与教师合作表演的情况，提出表演过程中感到困难的地方。

  ◇请两位幼儿合作完成两位单独表演者的所有动作。

  ◇讨论、评价两位表演者的表演状况。

  ◇全体幼儿站立，进行由集体舞到音乐游戏的完整表演。

2. 争抢竞选规则

民间流行的各种各样的抢位置游戏，如《抢沙坑》《抢座位》《抢站位》等使用这种类型的规则。

范例 6-2-2 帽子恰恰恰

帽子恰恰恰

$$1 = F \frac{4}{4}$$

拉丁美洲舞曲

A

XXXX XX XXXX X | XXXX XXXX XXXX XXXX | XXXX X XXXX X |

XXXX XXXX X − : B XXXX XX XXXX X | XXXX XXXX XXXX XXXX |

XXXX X XXXX X | XXXX XXXX X 0 3 3 |

C
4 3 2 2.1 3 0 3 3 | 4 32 2.1 2 0 22 | 3 21 1.7 2 0 24 |

3 27 7.1 6. 3 3 | 4 32 2.1 3 0 33 | 4 32 2.1 2 0 22 |

3 2 1 1.7 2 0 2 4 | 3 27 7.1 6 6 6 6 |

[音乐段落结构分析]

下面是《帽子恰恰恰》的段落结构,大写字母表示段落。

| A | B | C | 尾声 |

[动作设计]

队形:单圈。

A 段(重复一次)

第一句:拍手,一拍一次,拍两次。右手伸出食指与中指做剪刀状,手心朝外横放在眼前,从左向右移动,共两拍。

第二至四句:同第一句。

B 段

第一句：右手掌手心朝里，放在嘴前，做欢呼动作并发出"噢"的欢呼声。

第二至四句：同第一句。

C 段

第一句：双手放在身侧翻手腕，同时左右扭动臀部。

第二句：方向相反，动作同第一句。

[游戏玩法]

队形与道具：坐在椅子上，形成单圈，其中两位幼儿手上拿一顶帽子，用于传递。在圈中放一个足够三个人站立的平台，上面也放一顶帽子。

A 段

集体：把 A 段拍手动作替换成由右侧传递帽子到自己腿上的动作，剪刀手动作照旧。音乐结束时，有两位幼儿拿到帽子，他们为单独表演者。

B 段第一句

集体：照旧做集体舞动作。

两位单独表演者：走到圈中的平台去抢平台上的帽子，先抢到帽子者拿帽子，没抢到帽子者做一个造型动作，暂时冻结。

B 段第二句

集体：照旧做集体舞动作。

两位单独表演者：抢到帽子者从圈中选一个朋友，邀请他一起站上平台，没抢到帽子者解除冻结，也站到平台上，仨人都把帽子戴在头上。

C段第一、二句：集体与平台上的表演者做集体舞动作。

尾声

三个平台上的表演者：合作做一个造型动作。

游戏循环方式：在音乐的间奏时间，被邀请者把帽子放回平台，回座位，其余两位拿好帽子，回座位，准备游戏重新开始。

[活动过程建议]

- 集体舞环节（第一课时，略）。
- 音乐游戏环节（第二课时）。
  - ◇全体幼儿完整表演集体舞。
  - ◇全体幼儿单圈坐到椅子上，教师出示游戏中要用到的帽子，请幼儿想想如何传递这顶帽子。
  - ◇按照幼儿的建议，教师示范并讲解合拍的传递动作，幼儿徒手做圈中的传递动作。
  - ◇合上 A 段音乐，做传递动作与剪刀手相结合的动作。
  - ◇教师出示一顶帽子，交给幼儿进行传递，幼儿学习无论是否有帽子在手上，都一样做动作。请幼儿确认 A 段音乐何时开始、何时结束、谁是最后一个拿到帽子的幼儿等问题。
  - ◇教师出示两顶帽子，交给幼儿进行传递，幼儿学习无论是否有帽子在手上，都一样做动作。请幼儿确认 A 段音乐何时开始、何时结束、谁是最后两个拿到帽子的幼儿等问题。
  - ◇教师讲解游戏规则，请两名幼儿合作表演 B 段与 C 段音乐，全体幼儿讨论、评价他们的表演状态与遵守规则的状态。
  - ◇全体幼儿完整表演游戏一次。
  - ◇讨论、评价集体表演音乐游戏，及三位幼儿单独表演音乐游戏的状况。
  - ◇音乐循环播放，全体幼儿循环表演音乐游戏。

第三节　音乐游戏活动的设计与组织

一、音乐游戏活动的设计

音乐游戏活动设计是依据音乐游戏的关键经验，选择音乐作品，处理音乐作品，选择教学方式，对幼儿施加教育影响的方案；也是对影响音乐游戏的主要因素，如活动目标、教育内容、教育方法、教师与幼儿以及环境媒介等进行合理而系统地编制和处理的过程。

（一）活动材料的设计

音乐游戏的材料包括音乐作品、游戏内容情境（即玩法）、游戏动作等。音乐游戏的材料设计一般包括以下三方面内容：音乐作品的选择、游戏内容情境的设计、游戏动作的设计。

1. 音乐游戏作品选择的要点

音乐游戏作品首先应是一个集体舞作品，所以，音乐游戏作品的选择要求首先要符合我们在集体舞活动这一章已经阐述的三条要求：音乐句段结构工整、拍点明确；音乐的旋律清晰、形象鲜明；音乐的速度适宜。除此之外，音乐游戏作品还要有便于开展游戏的特殊性，具体如下。

（1）歌曲往往比器乐曲更容易进行音乐游戏的设计

应该说，在所有五种音乐活动类型中，音乐游戏的设计是最难的。它包含集体舞元素、规则游戏元素、情境表演元素，这些元素必须同时发挥功能才能把音乐游戏的特征给展现出来。歌唱、欣赏这两类活动的设计底线是情境表演元素，即必须把音乐作品的内容形象挖掘到能够展开情境性表演的细节层面；打击乐活动的设计底线是情境性或视觉直观性表演元素，意思是，如果音乐作品的内容形象挖掘没能达到情境性表演层面，那么音乐作品的内容形象必须达到视觉直观的层面，如用图形、声势动作等解释音乐；集体舞活动的设计底线是有一套便于由上肢到下肢移动、到队形变换的身体动作，这些动作解释了音乐的句子与段落结构。而音乐游戏的设计则是囊括上述活动设计所必须具备的元素。就音乐游戏设计而言，歌曲比器乐曲有优势的地方在于：就情境性表演而言，歌曲中的歌词内容已经给出表演情境的线索，所以，表演情境的挖掘肯定比器乐曲要简单；就集体舞动作而言，对如何做动作歌曲中的歌词已经给出答案。除了规则游戏需要特别设计以外，情境性表演内容与集体舞动作设计都是歌曲的歌词本身能给予的，这样音乐游戏的设计压力就会减轻一些。所以，歌曲更容易进行游戏的设计。

（2）大班音乐游戏的歌曲往往比较大型

在大班使用的音乐规则游戏作品首先应是一个大班的集体舞作品，而大班集体舞作品至少由两段音乐构成，一般具有三段或三段以上，这样的歌曲很少是幼儿歌曲。鉴于此，用于音乐游戏的歌曲往往是少年歌曲、流行歌曲、动画片主题曲等。在开展音乐游戏的第一课时欣赏活动时，需要幼儿熟悉歌曲与所有动作表演，但对这类大型歌曲，幼儿很难达到独立歌唱的水平，能达到跟着教师唱就行了。

（3）器乐曲也可以成为音乐游戏的作品

在进行音乐游戏设计时，选择器乐曲确实比歌曲需要付出更多的劳动。器乐曲不能给予教师直接、明确的表演情境与表演动作线索，表演情境与动作的设计依赖于教师对音乐作品形式元素特征的深度揣摩。鉴于此，用于幼儿园音乐游戏活动的音乐作品，歌曲往往多于器乐曲，但是，无论是经典器乐曲还是普通的器乐舞曲，都有可能成为音乐游戏的选材对象。

2. 音乐游戏内容的情境设计

规则游戏是通过竞争筛选出单独表演者从而使游戏循环，正是这种竞争性质使得规则游戏都具有比较刺激与激烈的时刻。有的传统规则游戏只有这种竞争特性，游戏就是围绕这种竞争性展开。如《抢沙坑》游戏，幼儿数比沙坑数多一人，在游戏进行中占着沙坑的幼儿必须换掉自己原有的沙坑，抢到新沙坑。在这种换与抢的过程中，一定会多出一个幼儿来，没有沙坑。游戏的内容就是游戏规则，时刻充满竞争与刺激，游戏循环很快。有的传统规则游戏除必须具备的竞争性外，还富有情境性。如《丢手帕》游戏，幼儿可以一边唱着歌一边玩，除丢手帕的幼儿有事情做外，其余幼儿要唱歌、要拍手，也有事情做，在这个阶段，游戏气氛是轻松、悠闲的。只有当丢手帕的幼儿把手帕丢出，拿到手帕的幼儿快速去追丢手帕的幼儿时，竞争性才显现出来，才到刺激与激烈的时刻。

幼儿园音乐游戏中的游戏既要有竞争性，又要有情境性，只有竞争性的游戏更适合成为体育游戏。音乐是一门时间艺术，一首音乐作品一定需要一个时间段的绵延，在这个时间绵延过程中，需要有具体的东西对时间进行"叙事"，这种承载时间的东西就是游戏的内容情境。所以，幼儿园音乐游戏很像《丢手帕》这种传统游戏，是幼儿边唱歌边做动作，同时还要竞争的一种游戏。

针对一个具体的音乐作品，最终让幼儿做的是歌唱、欣赏、打击乐、集体舞还是音乐游戏，取决于教师对音乐作品的处理或设计。而所有设计的核心是音乐内容情境的挖掘，挖掘什么样的内容情境，如何去表现这种内容情境，决定了最终走向何种类型的音乐活动。对音乐游戏而言，内容情境包括全体幼儿在音乐中所表演的动作与最后筛选单独表演者时的竞争规则两部分内容。音乐游戏内容情境的设计思路一般有以下三种。

（1）按歌词内容设计游戏内容情境

在音乐游戏过程中，全体幼儿所做动作表现的是歌词内容，这是幼儿园音乐游戏设计中最常见的一种类型。

在具体的一个音乐游戏活动教案中，游戏内容情境通过两方面内容来呈现：第一，动作设计；第二，游戏玩法。这两部分内容合起来使得音乐游戏的内容情境非常丰富，游戏的内容情境越丰富，越吸引幼儿。

范例6-3-1 司马光砸缸

司马光砸缸

1 = E 4/4

宋小明 词
李 昕 曲

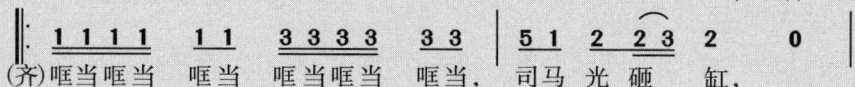

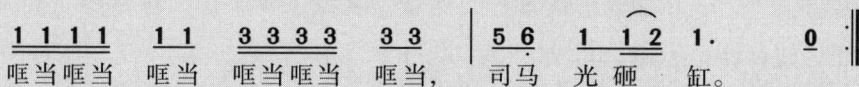

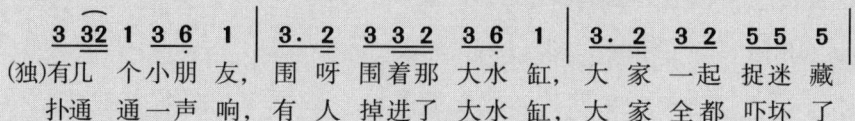

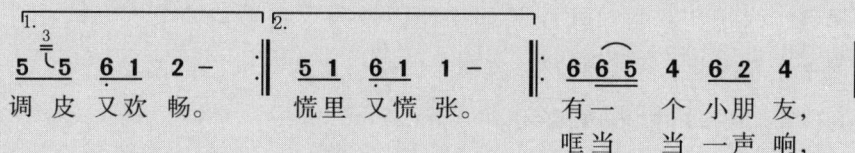

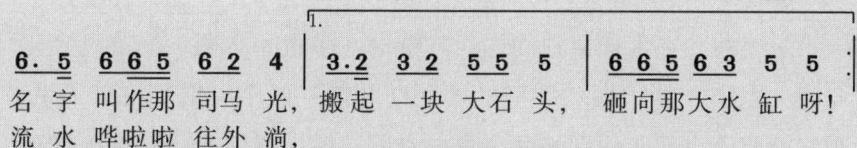

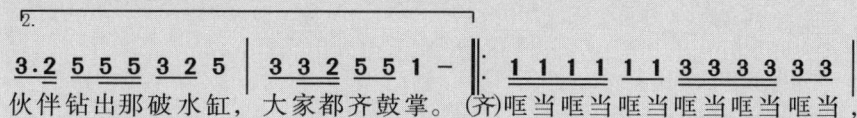

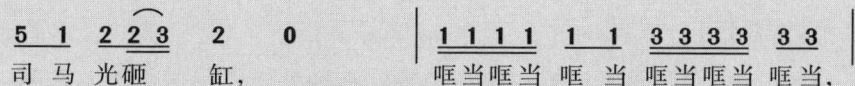

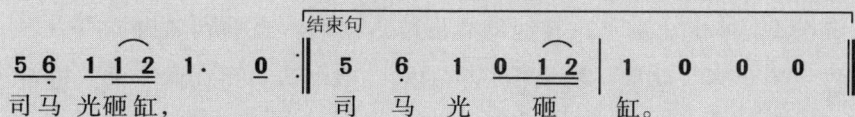

(齐)喴当喴当 喴当 喴当喴当 喴当，司马光砸缸，

喴当喴当 喴当 喴当喴当 喴当，司马光砸缸。

(独)有几个小朋友，围呀围着那大水缸，大家一起捉迷藏
　　扑通通一声响，有人掉进了大水缸，大家全都吓坏了

调皮又欢畅。｜慌里又慌张。　有一个小朋友，
　　　　　　　　　　　　　　　　　　　喴当当一声响，

名字叫作那司马光，搬起一块大石头，砸向那大水缸呀！
流水哗啦啦往外淌，

伙伴钻出那破水缸，大家都齐鼓掌。(齐)喴当喴当喴当喴当喴当喴当，

司马光砸缸，　　　喴当喴当喴当 喴当喴当喴当，

（结束句）

司马光砸缸，　司马光砸缸。

[音乐段落结构分析]

下面为《司马光砸缸》的段落结构分析，大写字母表示段落。

| A | B | C | A′ |

[动作设计]

不变换队形的动作设计。

A 段

第一句：第一至四拍，一拍一次拍手；第五、六拍，双手握拳放到肩上，表示砸缸前的动作；第七、八拍，双手用力往下砸，表示砸缸，合第七拍的重拍。

第二至四句：同第一句。

B 段

第一句：第一至四拍，双手握拳，一拍一次在腹前左右挥动；第五、六拍，双手做蒙眼睛的动作，合第五拍重拍；第七、八拍，双手手掌竖起，手心朝外，放在身体两旁，合第七拍重拍。

第二至四句：同第一句。

C 段

一个幼儿在圈外合拍地走，其余幼儿手拉手歌唱。当唱到"砸向那大水缸"的"砸"字时，圈外幼儿切开两个小朋友拉着的手。被切的两个小朋友分别从两个方向在圈外跑，看哪个小朋友先跑回原来的位置。

[游戏玩法]

道具准备： 一块花泥，当作砖。

游戏过程：

请一个幼儿做司马光，拿着"砖"在圈外走，另一个幼儿在圈中扮演落水的小朋友，其他幼儿手拉手歌唱。当唱到"砸向那大水缸"的"砸"字时，扮演司马光的幼儿把"砖"砸向两个幼儿拉着的手，被砸的两个幼儿朝两个方向跑，先跑回原位的拿到"砖"，成为下一个"司马光"，后跑回的幼儿进入圈内，扮演落水的小朋友，原来扮演落水小朋友的幼儿回到圈上参加游戏。第三段音乐重复播放，游戏循环进行。

游戏规则：

只有唱到"砸向那大水缸"的"砸"字时，"司马光"才能砸。砸的动作一定要碰到两个幼儿的手。先跑回的幼儿以拿到"砖"为标准，拿到"砖"以后，迅速准备下一轮游戏。

（2）以器乐曲欣赏的方式设计音乐游戏内容情境

如果音乐游戏的作品是器乐曲，那么感受及欣赏这类作品就需要丰富的内容情境。在设计这类作品的内容情境表演方式时最好采用集体舞，当然最后必须要植入一个竞争游戏。

范例 6-3-2　谁是灰太狼

匈牙利舞曲（第五号）

1 = C 2/4
A

勃拉姆斯 曲

[音乐作品与段落结构分析]

这首音乐作品选自德国作曲家勃拉姆斯的《匈牙利舞曲（第五号）》，为了使音乐更适合幼儿进行游戏，我们把音乐进行了剪辑，分成了较为工整的三段。

下面为《匈牙利舞曲（第五号）》的段落结构分析，大写字母表示段落。

|　　A　　|　　B　　|　　C　　|

[故事设计]

羊村要举行化装舞会了，听到这个消息，灰太狼悄悄地潜入到舞会中。舞会进行到高潮的时候，小羊们似乎感觉到有灰太狼，也开始悄悄地寻找，并大声地问："谁是灰太狼?"他们想出了一个好办法，找到了灰太狼，并大声地对它说："你是灰太狼!"灰太狼诡计失败，准备离开的时候还不忘回头来吓唬小羊。

[动作设计]①

队形：单圈面朝圈上，舞伴面对面。

A 段（重复一次）

第一句 [1] 至 [4] 小节：自拍两下，和同伴拍两下，右手做招手动作两下，和同伴交换位置。

第一句 [5] 至 [8] 小节：同 [1] 至 [4] 小节。

第二句：同第一句。

B 段

第一句：全体原地喊"谁是灰太 狼"。

第二、三句：全体双手握拳在胸前，做轱辘转的动作。

第四句：全体原地喊"你是灰太 狼"。

C 段

第一句：按拍子原地走四步，在第五拍突然回头，最后一拍头转回来。

第二至第四句：同第一句。

---

① 本设计为宁波市宝韵音乐幼儿园沙莉莉老师原创。

[游戏玩法]

道具准备： 在地面贴上与幼儿人数相同的单圈圆点，其中两个圆点为黑色，其余圆点为白色。

游戏过程：

A 段：完全同集体舞动作。

B 段

第一至第三句：当全体原地喊完"谁是灰太狼"后，发现自己脚下为黑色圆点的两名幼儿开始在圈外跑，跑一圈后，先回到自己位置上的幼儿成为灰太狼。

第四句：全体幼儿手指先跑回自己位置的幼儿喊"你是灰太狼"。

C 段

第一句：做灰太狼的幼儿走在全体幼儿的前面，全体幼儿跟在"灰太狼"后面。"灰太狼"按拍子往前走四步，在第五拍时，突然回头看后面的幼儿。全体幼儿前四拍跟在"灰太狼"后面按拍走路，当"灰太狼"回头时做"木头人"造型，一动不动。

第二至第三句：同第一句。

第四句：做灰太狼的幼儿喊"发怒了"，并做愤怒表情，其余幼儿快速跑回到单圈中，回到最初的单圈队形。

游戏规则：

当 B 段音乐的第一句结束，即全体幼儿喊完"谁是灰太 狼"以后，两位站在黑点上的幼儿才能开始跑。

（3）一般游戏加规则游戏的双游戏内容情境设计

音乐游戏可以直接由集体舞演绎过来，但集体舞必须有内容情境。如果碰到没有内容情境的集体舞，又想演绎为音乐游戏，那么必须加一个内容情境进去。这种情况下，加的内容情境往往是做一个一般游戏。

上面已经呈现过的范例 6-2-2《帽子恰恰恰》游戏，就是按这种思路设计出来的。此游戏来自于一个简单的集体舞，但是把这样一个集体舞变成一个音乐游戏，由于内容不丰富，游戏过程就不好玩，想让游戏好玩起来就必须赋予游戏更丰富的内容。因此，在游戏内容设计中先植入一个帽子传递游戏，幼儿一旦把帽子传递起来，活动也变得好玩起来。为了出现竞争规则，传递的帽子是两顶，这样就把一个一般的传递帽子游戏与一个有竞争性的抢帽子规则游戏结合了起来，玩的内容就既具有丰富的过程性，又有用于筛选的结果性，一个典型的音乐游戏产生了。

3. 音乐游戏的动作设计

严格意义上说，音乐游戏中涉及的身体动作有两套：集体舞模型动作与游戏玩法动作。集体舞模型动作是本书所界定的幼儿园音乐游戏教育活动的突出标志。设计集体舞模型动作的价值在于：第一，需要通过这套动作的学习让幼儿感受到音乐作品的音乐特征，尤其是句段结构特征；第二，为游戏玩法动作的学习打下基础，因为游戏玩法动作只是对模型动作的稍稍改变。

（1）集体舞模型动作的设计

音乐游戏的动作首先是集体舞动作，准确地说，属于集体舞教学中的模型动作范畴。无论是集体舞教育活动还是音乐游戏教育活动，都有模型动作的设计与学习。模型动作即原地动作，是在第一课时音乐欣赏环节教学必须完成的。从严格意义上说，音乐游戏的第一课时与集体舞活动的第一课时非常相似，都是模型动作的学习，音乐游戏与集体舞的区别在于第二课时。集体舞的第二课时是由模型动作走向队形变换与即兴动作，而音乐游戏的第二课时则是由模型动作走向游戏玩法动作。

一般而言，音乐游戏的模型动作设计主要有以下两种方式。

● 按歌词内容设计模型动作

按歌词内容设计模型动作的要求与歌唱活动这一章中我们已经介绍的歌曲动作设计要求是一样的，主要包括：每句一至两个动作，动作构成重复；动作要有拍点等。

● 按集体舞设计思路设计模型动作

在集体舞教育活动这一章中，我们介绍了集体舞动作设计的要求，其中第一条就是讲模型动作的设计。音乐游戏中的模型动作设计与集体舞中的模型动作设计要求是一样的，主要包括三条：第一，每段音乐有固定的几个动作，这几个动作在逻辑上具有情节、类型等相关度，很容易从一个动作推断出其他动作。第二，动作具有重复性。第三，段与段之间的动作形成一定的对比。

（2）游戏玩法动作的设计

本章所谈的音乐游戏主要是具有竞争性规则的音乐游戏，一般竞争性规则在游戏活动的最后部分出现，竞争性规则出现前的游戏玩法其实就是歌曲或器乐曲的内容情境。所以，内容情境设计的三种思路就是游戏玩法的设计思路，也是游戏玩法动作的设计思路，这三者只是用不同的语言讨论着同一个话题，这里不再赘述。

（二）音乐游戏教育活动的目标设计

1. 音乐游戏活动目标具有集体舞表演与音乐游戏玩法表演的两重目标

音乐游戏活动一般由两课时完成。如果是歌曲，第一课时完成合拍、合乐段结构的身体动作表演，这种表演可能是有队形的，也可能不要队形；如果是器乐曲，第一课时完成集体舞的模型动作表演，这套模型动作可能是在队形中，也可能不在队形中。总之，第一课时的教学功能是完成对音乐作品的欣赏或感受，并以身体动作表演的方式来确认幼儿已经感受到音乐作品的核心特征（拍子、句段结构）。所以，第一课时的活动目标集中于对音乐作品的合乐表演。音乐游戏的第二课时往往通过稍加改变第一课时模型动作的方式让幼儿学习音乐游戏的玩法与规则，所以，第二课时的活动目标指向遵守游戏规则前提下的合乐做动作。下面我们着重讨论第二课时的目标表述。

2. 音乐游戏教育活动中指向随乐按规则做动作关键经验的目标表述

（1）随乐按规则做动作目标的范围

"随乐按规则做动作"目标是"合乐做动作"与"合规则做动作"的交糅。音乐游戏第二课时的活动内容是完成游戏的规则与玩法。规则一般只占两句音乐左右，大多数时间是非规则部分的玩。在非规则部分的游戏中，幼儿需要完成"合乐做动作"的目标；在规则部分的游戏中，幼儿需要完成"合规则做动作"的目标。在幼儿园音乐教育活动中，实现"合乐做动作"的目标已属不易，实现"合规则做动作"的目标，需要教师具备较高的音乐教学专业能力。游戏规则是竞争性的、对抗性的，基本上又是在奔跑中完成。这种在奔跑中完成对抗或竞争的活动最容易把幼儿的神经系统惹得兴奋过度，对自制能力还非常弱的幼儿来说，遵守这种规则确实是一种挑战。实现"合规则做动作"目标包含两个方面：第一，按照规则规定的方向进行奔跑或抢占；第二，按照规则规定的音乐中的句子，开始与结束奔跑或抢占动作。

（2）随乐按规则做动作目标的表述

在具体的音乐游戏活动中，"随乐按规则做动作"目标一般分为以下两项目标来表述：第一，按照音乐的句段结构完整地玩游戏；第二，在游戏规则处，按照规则规定的方向与音乐句子进行奔跑或抢占。

在具体活动的目标表述时，需要把如何奔跑、如何抢位等规则的具体内容表述出来。

（3）活动目标表述的范例

这里呈现的是第二课时目标的表述范例。

范例6-3-3　中班音乐游戏《饼干与酸奶枪》活动目标（第二课时）

活动目标

（1）合乐、完整表演音乐，对饼干软掉情节进行即兴动作创编。

（2）遵守饼干缓缓倒地与饼干倒地后只有两侧幼儿才能跑的规则。

（3）学习自我克制行为，有序参与集体活动。

范例6-3-4　大班音乐游戏《酸酸葡萄》活动目标（第二课时）

活动目标

（1）在单圈队形中边跟唱、边合拍表演身体动作。

（2）遵守在歌词"酸"字处，单独表演者拍一位幼儿肩膀，然后俩人追逐竞跑抢位的规则。

（3）即兴创编逗狐狸动作，并用语言描述所创编动作的趣味点。

（三）音乐游戏活动的过程设计

1. 音乐游戏活动的一般环节

幼儿园音乐游戏活动一般包括以下四个环节。

- 欣赏（完成音乐作品的感受与原地身体动作表现）；

- 队形中的身体动作表现；

- 游戏玩法与规则表现；

- 游戏循环表现。

一般情况下，以上四环节分两课时完成。第一课时完成一、二环节，第二课时完成三、四环节。

（1）欣赏环节

音乐游戏中，欣赏环节的主要任务是引导幼儿完成对音乐作品的感受与原地的身体动作表现。欣赏方式主要有以下三种。

- 为歌词创编动作；

- 器乐曲内容情境表演；

- 集体舞动作表演。

用于音乐游戏活动的音乐作品多数为歌曲，虽然很少是幼儿歌曲，往往是少年或成人歌曲，但是游戏玩法来自歌词内容，以至于幼儿可以边跟唱边玩，这种游戏方式始终是幼儿最喜欢的。对应游戏玩法来自歌词内容，音乐游戏活动中最常见的欣赏方式也就是根据歌词内容创编动作，幼儿与教师一起在创编歌词动作的过程中感受音乐特征，同时完成一套表现歌曲的身体动作。

第二种欣赏方式往往是针对器乐曲，教师需要对器乐曲进行内容形象的挖掘，把用于听的器乐曲变成很好看的、有内容情境的身体动作表演，幼儿在学习这种有内容情境的身体动作表演的过程中，感受器乐曲的音乐特征。第二课时的游戏玩法是基于这套身体表演动作而设计的。

第三种欣赏方式可以是歌曲，往往是难度较大的歌曲，也可以是器乐曲，往往是偏舞曲的器乐曲，教师为这样的歌曲或器乐曲设计了一套模型动作，这些动作没有太浓的内容与情境性，但动作简单，适合幼儿舞蹈。幼儿通过这套动作的学习来感受音乐作品的音乐特征，尤其是音乐的拍子与句段结构特征。

（2）队形中的身体动作表现环节

原地动作是指脚上没有动作，而队形中的动作是有脚上的动作，只是没有队形变换而已。由于在第一个欣赏环节已经完成了原地动作或上肢动作，所以，第二个环节队形中的动作是指下肢动作。我们已经反复强调，所有的下肢动作的合拍都不在幼儿的最近发展区，所以，下肢动作需要在日常生活活动中少量多次地先完成。换言之，如果音乐活动的动作中有跑步、跑跳步、踵趾步等下肢动作，就先要在日常生活环节每次花五分钟、十分钟不等的时间让幼儿学习、练习这种步子。当幼儿做这些下肢动作有了一定的协调性以后，请幼儿关注音乐，努力做到合上音乐做这些下肢动作。少数音乐游戏在这一环节还有简单的队形变换动作，无论有没有队形变换，只要涉及下肢动作，都要通过日常生活活动预先完成合乐做动作的任务，下肢动作合乐是需要时间的。每天做几遍，在比较长的时间段里经常会做做这个动作，这种时间累积的方式比较适合用来让幼儿的下肢动作合拍。对跑步、跑跳步、踵趾步等下肢动作，如果没有进行过日常生活活动的累积式学习，那么到音乐活动中，让幼儿做这类下肢动作时，他们就会崩溃。因为幼儿的动作还不协调，更不要说合乐，这类动作的合乐要求大大超出幼儿用动作表达音乐的能力，所以幼儿就会以大吵玩闹的方式做出反应。

与集体舞活动的这一环节一样，在下肢动作已经有经验储备的前提下，由原地动作进入队形中的动作就相当容易了，只要过一到两遍音乐就可以了。

（3）游戏玩法与规则表现环节

这一环节是显现音乐游戏特性的环节了。在音乐游戏活动中，游戏玩法往往用两套动作系统同时展开，一套用于全体表演，一套用于单独表演。在第一、二环节中，学习的模型动作往往是全体表演动作与单独表演动作的交糅，但以全体表演动作为主。在这两个环节，需要让幼儿既会表演全体动作，又学会表演单独动作，以至于任何时候，全体表演与单独表演的双线都能同时展开，这种全体与单独双线并进的表演方式就是音乐游戏的玩法。这一环节中，教师的第一项任务就是通过示范、讲解、讨论与模仿表演等策略，使幼儿掌握这种双线并进的表演方式，并乐在其中。

这一环节教师的第二个任务是让每一个幼儿熟练掌握游戏规则，能不受规则影响，流畅地完成双线并进的表演。游戏规则往往只占两句左右的音乐时值，遵守规则表现为以下两方面：第一，按照规则规定的方向进行奔跑或抢占；第二，按照规则规定的音乐中的句子，开始与结束奔跑或抢占动作。教师要通过教学策略使幼儿在玩完整游戏的过程中，对其中几句音乐有特别反应，并做出回应性的行为。当幼儿做出的回应行为合规则时，那么游戏就会产生刺激、紧张但不会被中断、破坏的效果，这种效果标志着音乐游戏得到了有序展开。

（4）游戏循环表现环节

这是检验幼儿是否掌握音乐游戏玩法与规则的一个环节，也是让幼儿尽情享受游戏过程的环节。只有幼儿掌握规则、遵守规则，并严格合上音乐句段结构，游戏才能循环表演。否则，幼儿一定会纠结在规则处，表现为动作表演停止，从而使流动的音乐失效。所以，检验第三环节是否完成，就看第四环节能否展开。

2. 每一环节中涉及的音乐游戏关键经验

（1）音乐欣赏环节涉及的关键经验

- 音乐内容的语言描述
- 音乐内容的动作探究
- 对身体动作的语言描述
- 合拍做动作
- 合句段结构做动作

音乐游戏活动中的音乐欣赏环节虽然不能等同于一个完整的音乐欣赏活动，但是音乐欣赏活动中涉及的关键经验在音乐游戏的这一环节也基本涉及，具体要求与欣赏活动基本相同，这里不再赘述。

（2）队形中的身体动作表现环节

● 合拍、合句段结构做动作

这个环节的合拍、合句段结构做动作中的动作指的是下肢动作，需要在日常生活中获得这一条关键经验。

（3）游戏玩法与规则表现环节涉及的关键经验

● 随乐按规则做动作

"随乐按规则做动作"由"合乐做动作"与"合规则做动作"两方面构成。就音乐游戏全体表演与单独表演双线并进的完整玩法而言，需要做到"合乐做动作"；就音乐游戏的竞争筛选单独表演者而言，需要做到"合规则做动作"。两者都完成即"随乐按规则做动作"。

（4）游戏循环表现环节涉及的关键经验

● 随乐按规则做动作

在第三环节中，当音乐游戏还不能循环进行时，幼儿只是在接触"随乐按规则做动作"这一关键经验。只有到了第四环节并完成第四环节，才能真正说幼儿获得了"随乐按规则做动作"的关键经验。归根结底，音乐游戏活动是否能够完成第四环节是幼儿是否获得这一关键经验的关键。

（四）音乐游戏活动方案的结构与范例

1. 音乐游戏活动方案的结构

音乐游戏活动方案由四个部分构成：音乐材料、活动目标、活动准备与活动过程。第一，音乐材料部分。音乐材料部分需要呈现乐谱、对音乐作品的动作设计、游戏玩法与规则。第二，活动目标部分。音乐游戏的活动目标一般为两课时目标，第一课时指向对身体动作的合乐表演，即音乐感受目标；第二课时指向音乐游戏玩法与规则目标。第三，活动准备部分。准备部分包括经验准备与物质准备。第四部分，活动过程部分。过程部分一般是按照音乐欣赏、队形动作（下肢动作）、游戏玩法与规则、游戏循环四个环节推进。

2. 音乐游戏活动方案的范例

范例 6-3-5　大班音乐游戏活动《库企企》[①]

库　企　企

$1 = A$ $\frac{4}{4}$

A $\underline{5\ 5}$　$\underline{6\ 6}$　$\underline{5\ 5}$　$\overset{3}{\underline{1\ 7\ 6}}$ | $\underline{5\ 5}$　$\underline{4\ 3\ 2}$　$3\ -$ |

$\underline{5\ 5}$　$\underline{6\ 6}$　$\underline{5\ 5}$　$\overset{3}{\underline{1\ 7\ 6}}$ | $\underline{5 \cdot 3}$　$\underline{2 \cdot 2}$　$\dot{1}\ -$:||

B 5　6　$7\ -$:||

C $\times$　$\times$　$\underline{\times\ \times}$　$\times$ | $\times$　$\times$　$\underline{\times\ \times}$　$\times$ ||

[音乐段落结构分析]

根据需要，我们把此曲分为 ABC 三段。此曲的音乐结构分析图如下，大写字母表示段落。

| | A | | B | | C | |

---

① 此活动由南京游府西街幼儿园提供。

〔用于欣赏的故事设计〕

听说，在一座山的山洞里藏着宝藏，只要对着这个山洞的洞口喊一句魔语"库 库 库企 企"，山洞就会自动打开，喊魔语的人就可以拿走宝藏。哇，许多人骑着马来了，他们下了马，爬山，找到一个洞口，开始喊魔语"库 库 库企 企"。结果洞口没开。原来他们找错地方了，于是继续去找。他们又骑马，又爬山，又喊魔语。到现在，这些人还在不停地做着这些事。

〔欣赏中的动作预设〕

A 段：做骑马动作。

B 段：双手轮流交替，做爬山动作。

C 段：按"× × ×× ×"节奏型，做挥单手举手臂的动作，手握拳。

〔用于经验准备的两个传统游戏〕

游戏 1：抢椅子

玩法：放一圈椅子，数量比游戏人数少一个。敲鼓，同时游戏者在椅子外面围着椅子走。当听到鼓声停止时，大家开始抢椅子坐，没抢到椅子的人表演节目。

游戏 2：领头人

玩法："领头人"做一个动作或表情，其他人跟着做。

〔游戏玩法〕

游戏布置：比幼儿人数少一把的椅子，单圈排放，椅子与椅子之间留出供幼儿进出的空间。

〔动作设计〕

A 段：在"领头人"的带领下，全体幼儿逆时针在椅子外面做骑马动作，脚步为跑马步。

B 段：幼儿抢椅子。

C 段：没抢到椅子的幼儿做"领头人"，按"× × ×× ×"节奏型做动作，其他幼儿模仿"领头人"的动作。

[游戏循环方式]

音乐重复开始时，"领头人"站在第一个位置上，其他幼儿跟着他，面朝圈上。"领头人"带领幼儿做双手握拳在胸前绕的跑步动作，重新开始新的一轮游戏。

[游戏规则]

- 第一段音乐结束后才能开始抢椅子。
- 没抢到椅子的幼儿迅速站好，做"领头人"，第二段音乐开始，"领头人"的表演也开始。

第一课时（欣赏与队形中的动作表演）

活动目标

1. 用身体动作完整表演作品，能清晰表达句子、段落。

2. 能用"库 库 库企 企"动作模型玩"领头人"的游戏。

活动准备

1. 课前幼儿已经会做传统游戏"抢椅子"与"领头人"。

2. 《库企企》音乐的音响资料与播放设备。

活动过程

1. 故事与动作的匹配活动。

（1）教师讲故事。

- 讲完故事提问：故事中的人一共干了几件事？（三件事）
- 追问：哪三件事？（骑马、爬山、喊魔语）

（2）教师合着音乐做身体动作，所有的动作坐在椅子上完成。

- 做完动作提问：骑马的音乐有重复吗？（有，重复一次）

爬山的音乐有重复吗？（有，重复一次）

喊魔语的音乐有没有重复？（有，重复一次）

2. 请幼儿合着音乐做身体动作，所有动作坐在椅子上完成。

● 幼儿做完后，教师与幼儿讨论：如果我们把这个音乐分段，可以分为几段？（三段）为什么这样分？（根据动作分）

● 连续做几遍动作。

3. 做"库 库 库企 企"动作模型的"领头人"游戏。

（1）进行魔语"库 库 库企 企"动作模型的联想。

● 教师：在"找宝藏"的故事中，喊魔语"库 库 库企 企"时我们做举手臂的动作，现在，我们把这个魔语的动作变一变。你们想一想，可以做些什么动作？

　（教师从幼儿的动作中找出合规范的动作，并启发幼儿联想这一动作的同类。如，一个幼儿的动作是兔子跳，启发幼儿联想其他小动物的动作）

● 教师总结幼儿已经联想到的所有动作的种类：动物类、拍打身体类、运动类、舞蹈动作类等。

（2）玩"领头人"游戏（魔语不断循环）。

● 形成一个单圈队形。

● 教师：好，现在每个小朋友想好一个自己要做的动作，我们来玩"领头人"游戏。从老师开始，然后到××小朋友，再一个一个接下去。

● 教师做完自己的动作后，立即到下一个幼儿后面去提醒与指导。

第二课时（完整游戏并循环）

活动目标

1. 学习遵守音乐游戏规则，表达对音乐段落结构的理解。

2. 扮演"领头人"角色，展现身体动作的即兴表演能力。

3. 体验到玩有规则的集体游戏的挑战与愉悦。

活动准备

《库企企》音乐的音响资料与播放设备。

活动过程

1. 完整地用身体动作表演音乐。

2. 复习"库 库 库企 企"动作模型的"领头人"游戏。

3. 玩"库企企"的音乐游戏。

（1）教师：现在我们把"找宝藏"的故事、"领头人"游戏与抢椅子游戏合起来，做成一个音乐游戏。

（2）教师示范、讲解，并让幼儿分段学习游戏玩法。

- 学习第一段：全体幼儿在教师带领下，围着椅子，做骑马动作。

- 请一位幼儿做带领者，全体表演一次。

- 学习第二段：把原来的身体动作表演替换成抢椅子游戏。

- 学习第三段：玩"领头人"游戏。

（3）完整表演游戏。

- 由教师带头做骑马动作，第三段产生"领头人"时，教师在"领头人"旁边进行提醒与指导。

- 教师退出游戏，所有环节由幼儿自己完成，教师在旁提醒。

4. 游戏循环。

（1）教师强调游戏循环方式：以"领头人"为首，从头开始，围着椅子做骑马动作。

（2）幼儿循环表演游戏。

（3）集体讨论循环表演中出现的问题，并想出解决问题的办法。

（4）再次循环表演游戏。

二、音乐游戏活动的组织

音乐游戏活动的组织是指根据课堂实际情况，灵活地将音乐游戏设计方案转化为课堂实践的过程，也是教学内容有序展开的过程。

（一）音乐游戏活动的课时安排

音乐游戏活动一般由两个课时构成，它主要在大班进行，中班第二学期也会涉及。

1. 第一课时的教学环节

第一课时音乐游戏活动主要由原地身体动作表现、队形中的身体动作表现两个大环节构成，但是，原地身体动作表现实际上是欣赏活动，这一环节本身又由三环节构成。

（1）音乐内容感受环节。

（2）音乐形式感受环节。

（3）原地身体动作表现环节。

而队形中的身体动作表现实际上是指下肢身体动作，所有下肢身体动作必须在课前做好经验铺垫准备，所以，在活动实施过程中这一大环节其实占用的时间极少。综上所述，音乐游戏第一课时教学环节具体如下。

（1）音乐内容感受环节。

（2）音乐形式感受环节。

（3）原地身体动作表现环节。

（4）队形中的身体动作表现环节。

2. 第二课时的教学环节

音乐游戏第二课时完成游戏玩法与规则表现及游戏循环表现两环节。下面为第二课时的环节安排情况。

（1）通过部分动作的替换，由身体动作表演转向完整音乐游戏玩法表演。

（2）在游戏规则处进行特别练习。

（3）游戏循环表演。

音乐游戏第二课时顺利展开的关键是第一课时的进行与目标完成。目前，幼儿园音乐游戏活动中最大的问题是不分课时，一个非常复杂的音乐游戏活动在一课时完成，结果导致音乐欣赏或感受环节只占几分钟时间，在没有很好地进行音乐感受的前提下直接进入游戏玩法与规则的学习，使得游戏活动过程像"压缩饼干"制造，密度与硬度都不够。

如果从容地开展了第一课时活动，那么第二课时三环节的推进也会从容起来。

（二）指向关键经验的音乐游戏活动组织

音乐游戏活动的组织即音乐游戏教学内容的有序推进，同时每一项教学内容都指向关键经验的获得。下面为两课时四环节音乐游戏活动的教学内容组织与指向的关键经验。

1. 原地身体动作表现（欣赏活动）

（1）音乐内容感受环节（指向语言、动作描述关键经验）

- 让幼儿用语言与动作描述音乐内容形象。

（2）音乐形式感受环节（指向语言、动作描述关键经验）

- 让幼儿用语言描述动作的类型、做法。
- 让幼儿用语言描述音乐的速度、力度特征。

（3）原地身体动作表现环节（指向合拍、合句段结构做上肢动作关键经验）

2. 队形中的身体动作表现环节（指向合拍、合句段结构做下肢动作关键经验）

（1）在没有音乐的前提下，理解并用身体动作完成舞伴交换。

（2）合乐地表达舞伴交换的过程。

3．游戏玩法与规则表现环节（指向随乐按规则做动作关键经验）

（1）通过部分动作的替换方式，由身体动作表演转向完整音乐游戏玩法表演。

（2）在游戏规则处进行特别练习。

（3）在遵守规则的前提下，完整、流畅地玩游戏。

4．游戏循环表现环节（指向随乐按规则做动作关键经验）

（1）教师强调游戏循环方式。

（2）循环游戏第一次。

（3）评价第一次循环游戏完成的情况，并解决存在的问题。

（4）循环游戏第二次。

第七章

一日生活中音乐教育活动的组织与指导

一日生活中的音乐教育包括生活活动中音乐教育的渗透、晨间户外活动中音乐教育的渗透、区域活动中的音乐教育、幼儿自发的音乐活动、幼儿园各类庆典活动中的音乐教育、幼儿园—家庭—社区—互动中的音乐教育等内容。

第一节　生活活动中音乐教育的渗透

幼儿园生活活动由入园/离园、进餐、午睡、饮水、散步、如厕等活动构成，其中入园/离园、进餐、午睡等环节，音乐教育的渗透会相对比较突出。

一、入园/离园环节的音乐教育渗透

在入园/离园环节播放音乐，能够营造轻松、祥和的环境气氛，起到稳定

幼儿情绪、激发幼儿愉悦心情、为展开下一个时间段活动做准备等作用。鉴于此，入园环节比较适合播放舒缓、欢快、悦耳的轻音乐，如班德瑞的自然音乐《清晨》《春野》《寂静山林》《安妮的仙境》等，这类音乐所营造的唯美、宁静以及宁静中缓缓飘来的流水声、雀鸟声、虫鸣声，能把幼儿带入大自然的意境。离园环节比较适合播放主题为"放学回家"或"天黑"的音乐作品，如《天黑了回家吧》《天黑黑》《红蜻蜓》等，用音乐提醒幼儿天快黑了，要回家了。

入园/离园环节的音乐适合每学期更换一次，更换频率太高会让幼儿听觉混乱，更换频率太低会导致幼儿听觉疲劳。每学期开学前，教师可以根据本班幼儿的年龄特点，分别选择入园和离园的音乐3—5首，每天循环播放，让幼儿形成一种听觉习惯。

二、进餐环节的音乐教育渗透

（一）餐前环节

进餐前除了让幼儿听听故事、说说新闻外，还可以听听来自世界上不同国家与民族的音乐作品，比如欧洲古典音乐、南美洲拉丁音乐、美国黑人爵士音乐、我国民族音乐等。进餐前是多元音乐教育渗透的好时机。在倾听音乐的同时，教师还可以介绍与所听音乐相对应的人、环境等信息，通过音乐让幼儿接触不同文化以及不同文化中的人。如果说集体音乐教育活动是"精读"音乐的话，那么进餐前这种生活活动中的音乐教育就是"泛读"音乐，好的"阅读"一定是精读与泛读的结合。

（二）进餐环节

有研究认为，旋律优美、节奏舒缓的音乐能增加肠胃蠕动和消化腺体的分泌，有助于食物消化，增进食欲。鉴于此，在进餐环节，适宜选择旋律优美、节奏舒缓的轻音乐作为背景音乐，旨在为幼儿营造温馨的进餐氛围，增进食欲。进餐环节不宜选择童谣和歌曲，以免幼儿边吃边念或边唱。

三、午睡环节的音乐教育渗透

午睡环节适宜播放抒情缓慢的摇篮曲，旨在帮助幼儿尽快入睡，比如《以色列摇篮曲》《印第安摇篮曲》《东北摇篮曲》《舒伯特摇篮曲》《德国摇篮曲》等，来自世界各地、使用各种语言的摇篮曲都可以进行播放。

午睡环节播放音乐应注意两点：第一，要严格控制音量，要调到能促使幼儿快速入睡的、很轻的音量，这种音量往往是教师通过过多次尝试后确认的，一旦确认这种音量，需要在音量键上做出标记。第二，要严格控制音乐播放的时间长度，当大部分幼儿入睡后就需要关掉音乐，确保一个安静的午睡环境。

第二节　晨间户外活动中的音乐教育

晨间户外活动中渗透的音乐教育主要体现在晨间操、晨间体育游戏、户外自由活动三个环节。

一、晨间操

晨间操是幼儿跟着音乐有节奏地做运动、锻炼身体的一种体育活动，它包括模仿操、器械操和律动操等类型。

1. 晨间操的音乐选择

晨间操音乐一般需要具备节奏感强、内容具有趣味性的特点，例如《西班牙斗牛士舞曲》中，小号用高亢、嘹亮的音色表现出斗牛士英勇、威武的英雄形象，这种节奏感强的音乐令幼儿一听就精神抖擞，特别适合用来做操。另外，歌词内容有趣、内容形象特别适合动作模仿的歌曲，也是晨间操的音乐来源。如歌曲《动物模仿操》，歌词内容为："小金鱼游呀游，摇摇尾巴点点头；小孔雀真漂亮，张开羽毛转一转；小小象鼻子长，摇小铃，叮叮当；小白马劲儿大，跑得快，得儿驾；小青蛙水里划，跳上跳下呱呱呱；小鸽子飞呀飞，飞来飞去咕咕咕。"这首歌歌词内容简单且形象鲜明，很适合小班幼儿随乐运动。再如歌曲《世界真奇妙》，歌词内容为："亲爱的同胞，早上好，GOOD MORNING，世界健康操，预备。美国美国大老鹰，英国英国庞克头，韩国韩国吃泡菜，泰国泰国泼水节，日本日本 SAKURA，意大利我要吃 PIZZA。"这种具有多元文化气息、世界视野、但语言又简单易上口的内容，对大班幼儿就非常有吸引力。歌词易懂、趣味性强的歌曲，不仅容易激发幼儿做晨间操的欲望与激情，而且还特别适合幼儿展开即兴晨间操动作创编活动，能够极大地促进幼儿自主能力的发展。

2. 晨间操的组织

幼儿园组织各年龄段进行晨间操时，应遵循稳定性和灵活性相结合的原则。各年龄段的幼儿，既要有固定的地点和时间做晨间操，同时也要允许各班或各年龄段幼儿根据实际需求，在不影响其他班级或年龄段幼儿正常活动的前提下，单独选择做操的时间和地点。

在幼儿做操过程中，教师不能以动作整齐划一作为活动目标，而应以幼儿是否心情愉悦地做操，从而四肢获得运动与锻炼为目标。

二、晨间体育游戏

在晨间体育游戏的过程中，热身环节与放松环节是最具音乐色彩的。在这两环节，教师可带领幼儿在音乐中进行一些剧烈运动前后所必需的运动，如跟随音乐的拍子与句子进行身体的伸展与收缩，让幼儿为游戏做好准备或结束，同时音乐教育的审美功能也在悄然发挥作用。

范例 7-2-1 放松运动

全体幼儿躺在草地上，四肢松弛地散开，闭上眼睛，慢慢呼吸。
教师结合音乐的句子结构，一句一个身体部位，示范并轻声细语：放松头……放松大臂……放松小臂……放松手指……放松腰……放松大腿……吸气……呼气……抬起左手……轻轻放下……抬起右脚……轻轻放下……直到练习结束，全体起立蹦几下。

三、户外自由活动

大自然蕴藏着无限的音乐教育资源，稻香里的蛙鸣声、溪水的流淌声、鸟儿的鸣叫声、雨点的打落声、树叶的沙沙声……这些取之不尽、不加修饰的原生态的声音，是最动听、最迷人的自然之声。此外，大自然还是幼儿制造"自制乐器"的发源地，一片树叶放在嘴里，就能吹出美妙的声音；有节奏地敲打两块石头，也能发出好听又特别的声音；两块竹木放在一起，就能做成快板……这些简单的自然资源不仅是能发出音乐的神奇之物，更是能给幼儿带来无限快乐的源泉。

在户外自由活动中，在引导幼儿感受并探索大自然的过程中，引导幼儿放耳听世界，把他们的审美感受从音乐教室带回到到大自然，回归到生活。教师可以有意识地引导幼儿聆听大自然的鸟声、风声、小溪流水的声音，引导幼儿聆听生活中汽车的喇叭声、走路的声音、跑步的声音，感受声音的长短、高低、强弱及不同的音色，丰富幼儿对声音的各种感性经验，培养幼儿对声音敏锐感受和丰富细腻的表达能力。

范例7-2-2　自然中的声音感受与表达

户外自由活动时间，教师带领幼儿在草地上坐下，请幼儿闭上眼睛，静静聆听大自然的声音。教师："你们听到了什么声音?"幼儿："我听到小鸟的声音。""我听到汽车的喇叭声。""我听到风吹树叶的沙沙声。"教师："小鸟的声音是怎么样的?"幼儿："很好听。""有点细细的，尖尖的。"教师："你们来模仿一下小鸟的声音。"……教师事后录制"风声""雨声""小溪声""鸟声""汽车喇叭声"五种声响的CD，投放在班级音乐区中，让幼儿自由选择辨听与欣赏。

在晨间户外自由活动中，幼儿还经常产生自发的音乐表演行为，如敲敲草地上的石头，自由探索节奏；自由哼唱歌曲，边唱边扭动身体。还有的幼儿甚至会自发组织音乐游戏。教师要欣赏并支持幼儿在晨间户外自由活动中自发的音乐实践行为。

第三节　区域活动中的音乐教育

区域活动也称区角活动，与音乐教育相关的区域活动特指音乐区域活动。在幼儿园音乐区域中，幼儿可以进行自主的音乐活动，可以自发地用唱歌或舞蹈来进行交流和情感表达。幼儿自发的动作也许并不优美，哼唱的曲调也许并不动听，但正是因为音乐区域能给予幼儿这种自由、自发表达的机会，所以音乐区域对幼儿而言充满吸引力。

一、音乐区域的特征

对幼儿充满吸引力的音乐区域需要具备以下几个特征。

第一，幼儿自主化。

在音乐区域中，幼儿可以根据自己的兴趣和需求选择音乐内容，决定跟哪些伙伴一起活动，决定音乐活动开展多少时间。教师在音乐区域中的角色是观察者、支持者和引导者，只有在幼儿碰到困难求助的时候才介入，给予适宜的帮助和支持。

第二，音乐内容层次化。

在音乐区域中，教师要为幼儿提供多层次的音乐内容和材料，同一个音乐内容提供不同难易程度的操作材料。如通过音乐封套来辨别选择要听的音乐CD，每一片CD都有一个特别的封套，封套上有演奏音乐的乐器图片。教师可选择从一种乐器演奏的音乐封套，到两种乐器演奏的封套，还有乐器合奏的音乐封套。让幼儿根据自己的需求进行选择，更有针对性。能力弱的幼儿可以选择听一种乐器演奏的音乐，能力强的幼儿可以选择听合奏，体现因材施教。

第三，音乐形式多样化。

在音乐区域中，既有个别活动，也有小组活动；既有音乐欣赏，也有打击乐演奏和音乐剧排演。如在音乐欣赏区中，更多是个别化的活动，一个幼儿选择自己最喜欢的音乐，慢慢欣赏，细细品味。在音乐表演区中，更多是小组合作的音乐活动，几个幼儿根据音乐内容，分配角色，创编动作。

第四，音乐材料操作化。

在音乐区域中，教师需要为幼儿提供"有准备的环境"和"可操作的材料"，让幼儿在环境中与材料互动，获得自我发展。所以在音乐区域中，教师应尽可能把音乐内容物化为幼儿可操作的材料，让幼儿在亲身体验、直接感知、具体操作中获得发展。

二、音乐区域的环境创设

音乐区域是通过提供丰富而适宜的环境来激发幼儿的音乐学习，促进幼儿的音乐发展。鉴于此，不论在空间规划、设备提供上，还是在器皿选择、材料投放上都需要精心思考、用心准备，努力为幼儿创设一个"美观、有序、适宜"的音乐区域环境。

（一）设计音乐区域格局

创设音乐区域，首先考虑音乐区域的大格局：音乐区域适合选择在教室的什么位置？怎么合理规划音乐区域的空间格局？划分出哪些不同的功能区域？

1. 位置：动静兼顾

每个教室的面积是有限的，教师可以充分利用阁楼、走廊等空间为幼儿选择适合的区域。音乐区域首先考虑要远离幼儿经常活动的核心区域，相对要比较独立，所以，可以创设在教室的某一个角落，让音乐区域的活动能不受干扰地进行，也避免音乐活动区所发出的各种声音干扰到其他区域。

2. 空间：音乐三立方

根据幼儿音乐发展的需求，教师设计的音乐区域环境应既是一个整体，又分隔成三个小区域（图7-3-1）。"音乐欣赏区"应让幼儿能充分欣赏不同的音乐作品（图7-3-2）；"音乐表演区"应为幼儿提供一个表现、表演音乐的平台（图7-3-3）；"音乐创作区"应让幼儿进行天马行空的音乐创作（图7-3-4）。

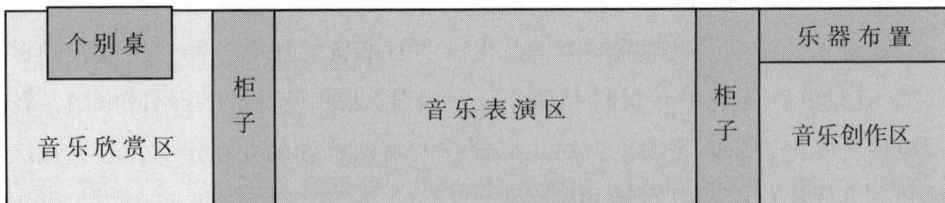

个别桌	柜		柜	乐器布置
音乐欣赏区	子	音乐表演区	子	音乐创作区

图7-3-1 音乐区格局图

图 7-3-2 音乐欣赏区　　　图 7-3-3 音乐表演区　　　图 7-3-4 音乐创作区

（二）添置音乐区域设备

设计好格局后，应再添置音乐区域中的设备，具体包括家具、设施设备、表演道具、乐器等。

1. 关注功能的实用性，支持幼儿的音乐探索

添置设备，实用为先。教师应根据幼儿音乐发展的需求去添置，设备不在于多，而在于对幼儿的价值，要让环境中没有一件无用的设备。

首先，选择家具。添置开放式的三层柜，可以有序地摆放各类乐器和操作材料（图 7-3-5）。添置适合幼儿身高尺寸的桌椅，最好有不同高度的尺寸，供不同身高的幼儿选择。同时在不同音乐功能区域中摆放不同大小的桌子，音乐欣赏区适宜摆放个别桌（图 7-3-6），让一个幼儿安静地欣赏音乐；音乐创作区可以摆放一张大桌子，供幼儿小组合作创作。添置小型书柜和沙发，给幼儿创设一个可以阅读音乐书籍的环境（图 7-3-7）。添置藤筐（图 7-3-8）、木质托盘等器皿，可以分类摆放各类小乐器。添置 CD 架，可以有序摆放音乐封套（图 7-3-9）。添置软木板，方便幼儿张贴各类图谱（图 7-3-10）。

图 7-3-5 三层柜　　　图 7-3-6 个别桌　　　图 7-3-7 书柜及沙发

图7-3-8　藤筐

图7-3-9　CD架

图7-3-10　软木板

其次，提供设备。音乐区域中最重要的是播放音乐和视频的设施设备。为了让幼儿能自主播放音乐，教师需提供一台有放录功能的CD机，让幼儿可以自己播放音乐，自己录制声音或歌曲；为了在播放音乐的过程中不影响到其他区域的幼儿，在CD机上需标有音量控制线（图7-3-11）；为了让幼儿能自主欣赏各种形式的舞蹈或戏曲，音乐区域中还需提供一台电脑（图7-3-12）或电视机、DVD，幼儿可以自己播放视频，自学舞蹈。

图7-3-11　标有音量控制线的CD机

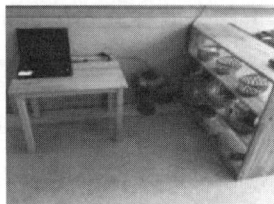
图7-3-12　播放视频的电脑

再次，投放乐器。在音乐区域中投放的乐器主要有各种打击乐器、奥尔夫乐器。幼儿表演的时候最需要打击乐器，表演区的左侧应摆放无固定音高的打击乐器，如沙锤、小快板、方梆子、卡巴萨等（图7-3-13）。右侧与创作区隔断的柜子中摆放有固定音高的奥尔夫乐器，如钢片琴、高音琴、低音琴等（图7-3-14），及比较简单的乐器，如笛子、葫芦丝、箫（图7-3-15），因为幼儿在表演和创作中都可能用到有固定音高的乐器。

图 7-3-13 打击乐器

图 7-3-14 奥尔夫钢片琴

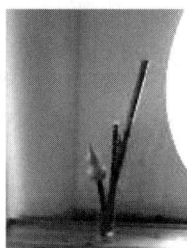

图 7-3-15 简单的乐器

最后，添置道具。为了支持幼儿自发的音乐表现和创造活动，更生动、更有趣味地进行自主表演，教师提供了各种道具，如纱巾、各种帽子、丝带、服饰、面具等（图 7-3-16）。

图 7-3-16 表演道具

2. 关注设备尺寸的大小，营造小人国度

在选择购买这些家具、设备时，教师要从幼儿的身材去考虑，尽可能选择低矮、轻巧的家具和设备，为幼儿营造一个属于他们自己的小人国度。柜子的高度以班内最矮的幼儿能拿到最高层物品为标准，确保每个幼儿都能随手取放每一样物品。轻巧而迷你的藤筐可以让每个幼儿轻松取放，所以可以多选用藤筐来盛放乐器。

3. 关注材质的品位，激发幼儿的操作兴趣

每个人都是天生爱美的，对于美好的事物总会很期待和向往。幼儿最初的活动也是因美而起的，所以在添置音乐区域中所有的物品时，颜色、材质、形状，都要求必须具有美的感觉，从而充分调动幼儿操作的兴趣。色彩的统一，除了家具是本色之外，小区域中所有物品应尽可能统一在一个色调，如欣赏区是宁静的，可以选择淡绿；表现区是富有激情的，可以选择粉红色；创作区是需要灵感的，可以选择黄色。每个区域在添置物品时，从托盘到研发的操作材料，都要统一在一个色调上。

同时尽可能选择"木、藤、竹、纸、丝"等自然材质的物品，如装音乐布袋（图7-3-17）、装乐器的藤筐（图7-3-18）、装饰环境的玻璃花瓶（图7-3-19），都是自然材质的，尽量少用塑料材质的物品。选择自然材质的物品不仅为了体现安全环保，同时也为幼儿营造一个具有生活品位的环境。

图7-3-17　布袋　　　　图7-3-18　藤筐　　　　图7-3-19　玻璃花瓶

4. 关注摆放的顺序，捕捉秩序敏感期

3—6岁是幼儿的秩序敏感期，在音乐区域中摆放每一件物品时，教师都要遵循有序的原则，乐器根据难易程度摆放，最简单、最常用的打击乐器放

在柜子的最上面，便于幼儿最方便地取放；最难的乐器可以放在最下面一层，等待幼儿发现。同时要求幼儿使用后必须放回柜子的原处，从小培养幼儿的秩序感。

三、选择层次性的音乐区域内容

因为每个幼儿的音乐发展需求不同，发展进度不同，所以我们需要选择不同层次的音乐内容投放在区域中，供幼儿选择。

（一）从不同种类的音乐中进行选择

所谓不同种类的音乐，纵向来说是表现不同历史背景的音乐，横向来说是表现不同文化与体裁种类（民乐、西方古典音乐、爵士乐、进行曲）的音乐。

1. 选择不同民族和国家的音乐

在音乐区域中，选择不同民族和国家的音乐让幼儿欣赏，不仅是为了丰富幼儿的音乐审美体验和经验，同时也是为了让幼儿初步了解世界文化的多元和差异，比如选择欧洲古典音乐《水上音乐》《花儿圆舞曲》，南美洲拉丁音乐《桑巴舞曲》、印度音乐、非洲音乐等。

2. 选择同一个民族和国家不同历史时期的音乐

在音乐区域中，还可以选择同一个民族和国家不同历史时期的音乐，比如中国音乐，可以选择唐、宋、明、清不同时代比较典型的音乐，如唐朝的《霓裳羽衣曲》、宋代的《潇湘水云》、明代的《平沙落雁》、清代的《流水》、近代的《春江花月夜》等，让幼儿感受不同时代的音乐风格。

3. 选择不同风格的音乐

幼儿的音乐审美能力超过成人的预想，幼儿不仅喜欢听古典音乐，还可能喜欢听爵士音乐、拉丁音乐、乡村音乐、蓝调音乐、说唱音乐。我们应让幼儿从小了解音乐的丰富性，欣赏、体验不同风格音乐的魅力。

4. 选择不同乐器演奏的音乐

可以选择民族乐器和西洋乐器演奏的音乐，也可以选择乐器独奏、乐器合奏等不同难易层次的音乐。多层次的音乐不仅让幼儿认识不同乐器及不同的演奏形态，同时也可提高幼儿的听觉辨别能力和音乐审美能力。

（二）从不同主题的内容中寻找音乐材料

幼儿园一学期有不同的主题内容，音乐区域中的内容可以与主题密切关联。教师可根据每月不同的主题，及时添置与其相呼应的音乐区域材料（表7-3-1）。

表 7-3-1　主题背景下的音乐区域内容

主　题	欣　赏　区	表　演　区
动物王国	封套：《草甸的声响》（录制了黑尾蜡嘴雀、老鼠、蟋蟀、青蛙的声效）、《农场的动物》（录制了奶牛、母鸡、猪、公鸡的声效）、《动物名曲》（录制了《天鹅》《狮王进行曲》《鸟舍》《四小天鹅》《野蜂飞舞》等世界名曲） 视频：芭蕾舞《天鹅湖》经典选段	舞曲 CD《毛毛虫与蝴蝶》 表演道具：蝴蝶的翅膀，各种动物头饰
美丽杭州	封套：《杭州十景》 视频：《杭州话歌舞——我是阿六头》	舞曲 CD《花儿圆舞曲》
我是中国人	封套：《民乐》《戏曲》（录制京戏《说唱脸谱》、黄梅戏《咏柳》片段、越剧《梁祝》片段等音乐） 舞蹈视频：《俏夕阳》（皮影元素）	舞蹈视频《武术操》 表演道具：脸谱面具、戏曲饰品、皮影幕

（三）根据幼儿的发展需求进行专门选择

在音乐区域中，教师应充分发挥个别教育的价值，观察记录每个幼儿在区域中活动的情况，敏锐捕捉幼儿的音乐兴趣点及潜能，针对个别幼儿的发展需求，选择适宜的音乐内容投放在音乐区域中。此处，教师可以通过音乐区域的活动挖掘、发现那些有音乐潜能的幼儿。

范例7-3-1　发现音乐小神童

观察记录：　这段时间××小朋友经常选择在音乐区域中活动，今天竟然用钢片琴演奏出老师刚教过的歌曲《秋天协奏曲》，边敲边唱，很专注，活动整整进行了50分钟。

思考分析：　××小朋友在音乐方面兴趣浓厚，能直接演奏出会唱的歌曲，表现出一定的音乐天赋。在音乐听辨上，有天赋的孩子适合学习乐器，但不知道他会喜欢什么乐器。

设计材料：　将各种乐器的封套如《小提琴名曲》《钢琴名曲》《萨克斯名曲》《二胡名曲》等，投放在音乐区域中。

后续跟踪：　我发现××小朋友特别喜欢听《小提琴名曲》，每天一遍一遍地听，沉浸在其中。向他妈妈反映了观察情况后，妈妈帮他选择了学习小提琴，惊喜就此发生。他与生俱来的潜能让他享受在小提琴中，每天中午午睡时他都躺在床上情不自禁地练手指，每天晚上如痴如醉地练琴，练了一遍又一遍，学了不到一年的他已经完成三级课程，并拿下了小童组的金奖，在比赛中所有评委都给了优秀的成绩。

（四）从集体音乐活动中延伸

儿童的发展是一个整体，所以要特别注重集体音乐活动和区域音乐活动之间的相互渗透和整合，音乐区域活动可以是集体音乐活动的延伸，每次活动后，可以结合活动内容把相关的操作材料投放到音乐区域中，如范例7-3-2

《秋的协奏曲》，可以让幼儿在音乐区尝试在集体活动中无法操作和表现的内容，让幼儿充分欣赏和感受，大胆表达与创作。音乐区域活动也可以是集体音乐活动的预备，如在集体音乐活动《快乐的皮影人》之前，教师可以在音乐区域中投放《皮影戏》和《俏夕阳》的视频，让幼儿提前积累关于皮影的经验；集体活动后，教师可以把音乐和投影布投放在音乐区域中，幼儿有兴趣的时候可以自发合作、表演《快乐的皮影人》。

范例7-3-2　秋的协奏曲

歌曲分析：《秋的协奏曲》歌曲层次丰富，不但有专门唱名的旋律部分，还有主旋律背后的二声部唱名旋律。

区域投放材料： 在组织了《秋的协奏曲》集体活动后，我们把音乐CD、欣赏图谱、二声部旋律谱投放在区域中，让幼儿自由选择，进行个别活动。

区域观察记录： 在区域活动中，第一天观察到，一个大年龄的幼儿想用音感钟演奏二声部的旋律，但碰到了困难。这时我就给幼儿正确演奏了一遍，然后退后观察。在幼儿重复操作多次后，终于成功演奏出该段旋律，幼儿感到非常的满足和自信。

第二天观察到三个幼儿选择了《秋的协奏曲》打击乐演奏，虽然演奏得很开心，但没有跟上节奏。这时教师适时地介入：教师首先担任了指挥，幼儿们看着图谱演奏，马上就跟上了节奏，并且兴趣浓厚。演奏两遍后，教师请一位节奏感最强的幼儿来担任指挥，教师参与到幼儿的演奏中。演奏两遍后，教师就悄悄地退后观察，这个活动幼儿持续了很久。

四、投放开放性的音乐区域材料

除了添置设备、选择内容，音乐区域还需要制作并投放幼儿可以探索和操作的音乐材料。

(一) 投放加封套的音乐材料，支持幼儿的音乐欣赏和感受

音乐欣赏区中的音乐材料主要是通过加音乐封套的方式投放的。教师选择的音乐内容都刻录成 CD 或 VCD 投放在区域中，并通过加装封套或封套内的图片，让幼儿辨别 CD 中的音乐类型，以便按兴趣与需要自主选择。教室里可以投放的音乐封套有民乐封套（图 7-3-20）、西湖十景封套、音乐家封套（图 7-3-21）、国歌封套及西洋乐器封套（图 7-3-22）、戏曲封套等。我们研发的音乐封套让幼儿借助听觉和视觉两种感官来欣赏音乐，从而丰富幼儿对音乐的理解和感受。

图 7-3-20 民乐封套　　图 7-3-21 音乐家封套　图 7-3-22 国歌及西洋乐器封套

范例 7-3-3　民乐封套解析

CD： 刻录了六段不同民乐演奏的名曲，分别是二胡演奏的《赛马》，笛子演奏曲《泛龙舟》，古筝曲《渔舟唱晚》，葫芦丝曲《西双版纳的孔雀》，琵琶曲《高山流水》，唢呐曲《豫剧二十版》。

图片： 二胡、琵琶、笛子、唢呐、葫芦丝、古筝六种民族乐器的图片。

封套： 民族风格的布袋，用来装 CD 和图片。

（二）投放原生态材料，支持幼儿的音乐探索和体验

原生态材料就是孩子们生活中随处可见的物品，比如杯子、陶罐、纸张等，这些都可以作为幼儿玩音乐的材料。此外，我们还在生活中寻找了一些会发出不同声音的材料（图 7-3-23），投放在区域中供幼儿天马行空地探索，只要物品能发出声音，幼儿就能用它们创作出属于自己的独特音乐。

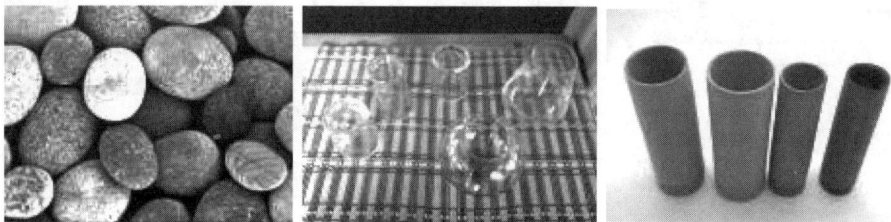

图 7-3-23　各种会发出声音的材料

范例 7-3-4　杯子创意曲

提供材料： 杯子和四种颜色的纸盖，四种颜色可以让幼儿自己想一些对应的声势，如黄色纸盖代表拍手，蓝色纸盖代表拍腿，橙色纸盖代表跺脚，没有颜色的代表什么都不需要做。

示范的层次： 这是节奏游戏示范的起步。根据幼儿的实际操作情况，教师需要通过观察逐步地增加一些节奏操作材料，如可以将杯盖的色彩增多，代表声势的递增。

形式的拓展： 合作进行分声部节奏活动，将声音以及乐器融合到简单的节奏游戏中，让幼儿享受到玩音乐的快乐。

内容的深化： 到后期幼儿对节奏已经非常敏感的时候，教师需要，将幼儿创编的一些节奏型进行改良、创造，融入更多有趣的元素，让幼儿去感受，这样可以让幼儿充分享受到玩音乐节奏的快乐。

（三）投放视觉类材料，支持幼儿的音乐理解和表现

视觉类材料指的是能带给幼儿感官视觉刺激的材料，比如各种图谱、视频、图片等。视觉类材料可以帮助幼儿理解音乐，也可以支持幼儿音乐表现或动作创编。

范例7-3-5　歌唱活动：说唱脸谱

歌曲分析：　这是一首京剧与流行音乐相结合的戏歌，全曲以生动的笔调描绘了京剧中各种人物角色脸谱的特点，具有浓郁的京剧韵味。B段的歌词是对戏曲脸谱的侃侃而谈，"蓝脸的窦尔敦，盗御马。红脸的关公，战长沙。黄脸的典韦，白脸的曹操。黑脸的张飞，叫喳喳……"

图谱设计：　根据这首歌的歌词，我们设计制作了相应的脸谱卡片（图7-3-24）及脸谱面具，投放在音乐区域中。脸谱卡片帮助幼儿在反复学唱的过程中增加记忆，让歌曲更加惟妙惟肖。脸谱面具供幼儿在表演的时候使用，让幼儿用声音和动作模仿表演京戏中的不同人物。

投放观察：　幼儿对这首戏歌的痴迷让我们惊讶，在音乐欣赏区，每天幼儿都抢着去欣赏这首歌曲，看着图片听着音乐唱，唱了一遍又一遍。在音乐表演区，五个幼儿听着音乐、戴着面具合作表演，颇有京剧范儿。

| 关公 | 曹操 | 典韦 | 张飞 | 窦尔敦 |

图7-3-24　说唱脸谱图片

（四）投放操作类材料，支持幼儿的音乐创作

操作类材料指幼儿能动手摆弄、反复操作的材料，比如"节奏操作卡"（图7-3-25），可以供幼儿进行各种节奏型的探索和创作。"节奏操作卡"也

可以供几个幼儿同时进行，一个幼儿摆节奏，另外的幼儿打节奏。

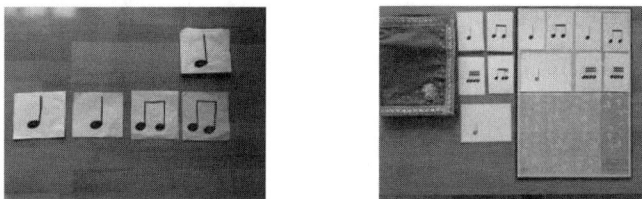

图 7-3-25　节奏操作卡

五、音乐区域的指导

在音乐区域中，教师的角色是幼儿的支持者、合作者、引导者。师幼关系是平等、友好、相互学习、相互作用、共生共长的互动关系。在一个开放性的音乐区域中，教师可用四步指导策略去支持幼儿的音乐发展（图 7-3-26），挖掘不同幼儿的音乐潜能。

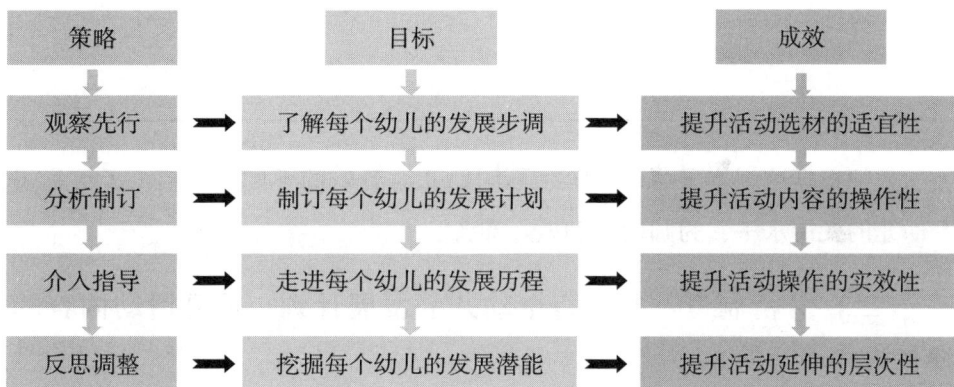

图 7-3-26　教师四步指导策略

（一）观察先行：了解每个幼儿的发展步调，提升活动选材的适宜性

在音乐区域中，"观察先行"，通过观察了解幼儿的发展需求和音乐兴趣点，通过观察了解教师介入的时机。

1. 观察要点

教师要有计划地观察、全面观察与个别观察相结合；教师要有目的、有重点地观察，并客观记录每个幼儿的状态，学会追随幼儿的步调进行音乐教育。

2. 观察策略：便携小本全掌握

教师要随身携带一本笔记本，将笔记本按照幼儿名字分类，当教师观察时，有关于这个幼儿的一些情况可以及时记录在与这个幼儿相对应的那一页笔记本上（表7-3-2）。

表7-3-2 观察记录表

幼儿姓名	时间	地点	天气	记录人心情	评判性分析
直接描述：					

教师根据这个本子可以了解到不同幼儿对音乐的不同兴趣点，了解到每个幼儿的发展水平，为师幼互动做好准备。

（二）分析制订：制订每个幼儿的发展计划，提升活动内容的操作性

有了全面而客观的观察，教师才能进行深入分析，并制订适合每个幼儿的音乐发展需求计划，这种发展计划需分三步执行（表7-3-3）。

表7-3-3 三类发展计划

计划进程	制订的内容	效 用
远期计划	清晰的工作记录表 （三年的音乐区域活动计划表）	让幼儿学得更具系统性

续表

计划进程	制订的内容	效　　用
中期计划	年龄阶段工作规划表 （一年的工作计划表）	让幼儿学得更有阶段性
近期计划	各类个性工作规划表 （每周活动指导表）	让幼儿学得更显个性化

（三）介入指导：走进每个幼儿的发展历程，提升活动操作的实效性

"分析制订"了计划之后，教师就有了介入指导的直接参考和书面依据，也就明确了自己该做什么。分析制订计划让教师对每个幼儿的教育指导有了一定的方向，接下来的第三步则是告诉教师该如何落实各类发展计划，教师如何有效地进行介入指导。以下为教师介入的条件。

1. 教师的介入要尊重幼儿的活动意愿。教师的介入是通过观察，在顺应幼儿活动意愿的前提下进行的，目的在支持并推进幼儿音乐活动的开展。

2. 教师的介入是受幼儿求助或邀请而开始的。幼儿在音乐区域活动过程中，会碰到各种困难，当他们主动向教师求助时，教师再给予适当的指导和帮助。

3. 教师的介入能帮助幼儿获得新的经验，提升幼儿的音乐水平。教师的介入能使幼儿在积极的情绪体验下展开活动，同时给予幼儿新的挑战或新的任务。

（四）反思调整：挖掘每个幼儿的发展潜能，提升活动延伸的层次性

有了前三步的积累，那么相信教师就有很多内容需要整理。在整理这些资料时，教师要分析思考，并根据反思结果调整音乐区域中所提供的材料，深化音乐教学内容，帮助每个幼儿发展其潜能。在这样的过程中，教师必定会有质的飞跃。有了这四部曲，可以有效地调动起师幼互动之间的关系，让

师幼关系变得有效，也有助于突破幼儿的心理环境，促进幼儿音乐潜能的挖掘。

在音乐区域活动中，"教"的方式和"学"的方式都发生了根本变化，幼儿获得的远不只是舞蹈、歌曲技能上的成功，更重要的是发展了自主选择、自主学习、自我创编、互相合作和自尊自信等积极自我意识，积累了"快乐情感体验"。

第四节　幼儿自发的音乐活动

幼儿天生就是音乐家，他们的很多音乐创作往往是自发的个体活动。自发的音乐活动就是完全由幼儿自己发起和组织的音乐活动。在一日生活各个环节中，我们经常会看到幼儿的自发音乐活动，有时是个体的，有时是小组的；有时是自发的歌唱活动，有时是自发的节奏探索；有时会在室内发生，有时也会在室外发生。

一、幼儿自发音乐行为的特征

（一）愉悦性

由于是幼儿自发产生的行为，所以与常规的音乐教育行为比起来，幼儿在其自发产生的音乐活动中获得的愉悦性显得更加明显和纯粹。无论是自发歌唱，还是自发的节奏探索，都是幼儿由内心需求产生的音乐行为，是幼儿自娱自乐的行为，也许没有人在欣赏他的哼唱，也没有人告诉他应该怎么唱，这只是他此时此刻内心情感的表达。

（二）情境性

幼儿自发的音乐行为往往产生于他所处的情境，具体情境是幼儿自发音乐活动产生的"导火线"，同时这种行为也受班级氛围、最近情绪状态等的间接影响。不同的情境下，幼儿会产生不同的自发行为，同时幼儿的自发音乐活动也会随着情境的变化而变化。

（三）即发性

即发性是指幼儿自发的音乐行为有着很强的随意性，是在一种不期然的状态下即兴发生的。在一日活动中，经常会有幼儿自发的音乐活动和行为，具有很大的偶然性、突发性和不可预测性。

二、一日生活中幼儿自发的音乐活动

在一日生活中，幼儿很多自发的音乐活动和行为是不同音乐表现方式的整合，幼儿可能边唱边跳，或者边哼边打着节奏。但根据日常观察，幼儿最多的是自发性哼唱，其次是自发性身体舞动，最少的是自发性节奏探索。

（一）自发性哼唱

自发性哼唱指幼儿自主发起的、下意识的哼唱行为。包括幼儿对完整歌曲或歌曲片段的呈现、改编和重构；幼儿即兴自编自创的"歌曲"；将说和唱结合起来的特殊"哼唱"；对现实音响生动再现的模拟音等。只要我们细心观察，幼儿自发的歌唱无处不在。

（二）自发性身体舞动

自发性身体舞动是指幼儿自己发动的、以身体动作为主要表现形式的音乐行为。幼儿的自发性身体舞动往往发生在以下两种情况下：首先是当外界有音响刺激的时候，比如老师弹奏的音乐、其他幼儿的歌唱，这些音响刺激是幼儿自发性身体舞动的背景音乐。其次是幼儿自己哼唱时，经常会载歌载舞，是一种整合性较高的表现方式。

（三） 自发性节奏探索

自发性节奏探索指幼儿自主发起的声音探索和节奏探索行为。幼儿是非常有创造力的，生活中任何物品，盘子、石头、餐具等都可以成为幼儿节奏探索的工具。用自己的身体拍手、跺脚也是幼儿表达节奏的方式之一。他们使用这些工具就像吃饭、画画那样自然，这些"乐器"成为幼儿表达内心情感和体验的方式。

在一日生活中，不同活动环节产生的自发音乐行为和活动也稍有不同。在散步的时候，更多的是自发性哼唱；在户外自由活动的时候，更多的是自发性节奏探索，因为户外活动场地为幼儿提供了节奏探索的材料和可能；在生活过渡环节，自发性哼唱、自发性身体舞动都会发生。

三、教师对幼儿自发音乐活动的支持

（一） 理解、尊重和欣赏幼儿自发的音乐活动

音乐是幼儿表达内心情感和认识的重要方式，在幼儿自发的音乐行为中，可能歌声不那么动听，动作不那么熟练，但他们独特的声音和动作往往蕴含着丰富的想象和情感。教师要理解、尊重和欣赏幼儿自发的音乐行为和活动。不要用成人的标准去评判幼儿，只要不影响正常教学活动和班级秩序，教师不要轻易地阻止和干涉，以免扼杀幼儿的音乐想象和创造。

（二） 创设宽松的一日生活环境，鼓励幼儿的自发音乐活动

幼儿具有音乐表现的本能，在一日生活中，教师应为幼儿创设宽松的生活环境，给幼儿自由活动和在音乐区域中活动的时间，并营造安全的心理氛围，让幼儿敢于并乐于表达、表现。我国教育家陈鹤琴这样认为："大凡健

康的儿童，无论游戏、散步或工作，他们本能地都爱唱歌，表现出音乐的律动。因此，我认为儿童的生活离不开音乐，我们应当用音乐来丰富儿童的生活……使儿童无论在学习、劳动、游戏时都能意志统一、精神合拍、精神愉快地表现，使儿童生活音乐化。"其实，上面的论述不仅讲到了儿童具有音乐表现的本能，更重要的是，我们的教育要为幼儿提供一个良好的音乐氛围，创设音乐化的环境，才有可能唤醒幼儿的音乐意识，激发幼儿更多自发的音乐表现行为。

第五节　幼儿园各种庆典活动中的音乐教育

庆典活动是幼儿园在节日、纪念日、重大事件发生时所举办的各种大型活动，包括节庆活动、纪念活动、典礼仪式和其他活动。幼儿园庆典活动中的音乐活动特指在各种庆典活动中组织的音乐表演和娱乐活动。

一、庆典活动中音乐活动的特点

（一）内容的整合性

在庆典活动中，音乐领域的不同内容是互相渗透和整合的，音乐领域与其他领域的内容也相互渗透和整合。在庆典活动中开展的音乐活动可能既有唱歌，又有跳舞和演奏；既有音乐表演区、美术创作区，又有科学探索区、动作探索区等。在庆典活动中，更能让幼儿各领域的能力综合发展。

（二）参与的主动性

庆典活动中幼儿是主体，教师只是协助者和服务者。教师应鼓励每个幼儿积极参与庆典中的音乐活动，为每个幼儿提供体验、展示和表现的机会，摒弃竞争，让每一位幼儿在快乐的音乐活动中获得自信、自尊和自主的发展。

（三）形式的多样性

庆典中的音乐活动形式多样，有欣赏类的音乐活动，如民乐欣赏会；有表演类的音乐活动，如合唱表演会、音乐剧表演会等。幼儿欣赏和表演的音乐内容和形式也是多种多样的，有欣赏传统表演艺术，如皮影戏、川剧变脸等；有欣赏世界各大洲的音乐形式，如敲非洲鼓、跳桑巴舞等。

二、庆典音乐活动的内容和形式

幼儿园一年中有很多庆典活动，可以分为三大类：节日庆典活动、专题庆典活动、典礼庆典活动。

（一）节日庆典中的音乐活动

节日庆典是指在节日期间举行的庆祝活动。每个国家都有自己独特的节日。节日有官方节日和民间传统节日，常见的官方节日有元旦、妇女节、儿童节、国庆节、圣诞节、感恩节等，中国民间传统节日有春节、元宵节、端午节、中秋节等。幼儿园每年都会围绕这些节日开展一些大型庆典活动，在这些活动中都会或多或少地渗透音乐教育，庆典中的音乐活动不仅有助于拓展幼儿的音乐视野，同时也为幼儿提供表现与展示的平台。

1. 元宵节：快快乐乐闹元宵

元宵节是中国的传统节日，很多幼儿园在元宵节都会开展赏灯猜谜、吃汤圆、做香囊等活动。有的幼儿园还可能邀请舞龙舞狮队来园进行表演，让幼儿近距离接触民间传统艺术，用听觉感受中国古老的鼓声伴奏。同时还可以让幼儿听着《金蛇狂舞》，一起来参与舞龙表演。

2. "六一"儿童节：我的节日我做主

"六一"儿童节是属于孩子们的节日，多数幼儿园都会举行隆重的庆典活动。活动的形式也多种多样，有的幼儿园是围绕某个专题开展区域综合活动，如表演区、创意美术区、科学探索区、运动区、美食区等；有的幼儿园可能就围绕某个主题开展专题活动，如音乐节、童话节、游戏节等。

在区域综合形式的"六一"活动中，比如在主题为"中华艺术"的活动中，幼儿园可以为孩子们创设传统文化表演区、传统工艺美术区、民间体育游戏区、中国传统美食区。在传统文化表演区域中，幼儿园可以邀请专业人士现场为孩子们表演京剧、越剧、川剧、木偶剧、皮影戏等，让孩子们欣赏并了解中国的传统艺术。在主题为"漫游地球——世界真奇妙"活动中，孩子们可以欣赏并表演世界各大洲的音乐和舞蹈，让幼儿在欣赏和表演中感受世界文化的多样性和差异性。

在专题形式的"六一"活动中可以举办童话节，每个班级都上台表演一个童话剧；也可以举办游戏节，开展一些音乐游戏活动；或者举办音乐节，充分展示孩子们的音乐才艺。

3. 国庆节：歌唱我的祖国

在国庆节来临之际，幼儿园可以邀请专业的武警战士为孩子们表演升旗仪式，在国旗高高飘扬之际，全园幼儿齐声歌唱，这种庄严而神圣的感觉是无法在班级集体活动中感受到的。

（二）典礼庆典活动中的音乐活动

典礼庆典活动包括各种典礼和仪式活动，如开学典礼、毕业典礼、园庆活动等。在典礼庆典中，经常会有幼儿的演出活动，比如毕业典礼上，每个毕业班级都有各种形式的表演，以此表达幼儿对幼儿园的情感。又比如园庆活动，幼儿园都会举办一场文艺演出，把幼儿园的特色、特长，把孩子们的艺术才能，淋漓尽致地展现给大家。

（三）专题音乐会

专题音乐会种类很多，主要包括歌唱类音乐会、欣赏类音乐会、演奏类音乐会。

1. 音乐欣赏会

音乐欣赏会就是让幼儿观看和欣赏各种形式的音乐作品，属于欣赏类的专题音乐会。幼儿园每年可以组织不同主题和形式的音乐欣赏会，如"民乐欣赏会"，可以邀请家长或社区中的专业人士，走进幼儿园为幼儿表演民族歌曲、民族舞蹈、民乐演奏等等。在表演的过程中，还可以与幼儿积极互动，向他们介绍每种乐器，请幼儿一起跳各类民族舞蹈。民乐欣赏会让孩子们对民族音乐有整体而感性的了解。

2. 合唱表演会

合唱表演会就是幼儿园各班级进行合唱表演，属于歌唱类的专题音乐会。合唱表演会要让幼儿一起参与选歌，一起讨论表演的形式。合唱表演的形式不限，可以多声部合唱，也可以表演唱，重点是让孩子们愉快而自信地歌唱。合唱表演会鼓励每个班级、每个幼儿都参加，没有比赛，没有竞争，只是让幼儿感受合唱的艺术魅力和团队合作的快乐。

3. 乐器演奏会

乐器演奏会指由孩子们自己表演各类乐器的音乐会，属于演奏类的专题音乐会。在幼儿园中，很多幼儿都有演奏乐器的才能，创设这样一个平台，让全园有乐器才能的幼儿上台表演，对幼儿音乐能力的发展也具有重要意义。幼儿表演的乐器不限，钢琴、古筝、葫芦丝、阮、扬琴、非洲鼓都可以；表演形式和人数不限，可以一个幼儿表演，也可以和小朋友或家长合作表演，主要是为幼儿提供一个展示自己乐器特长的机会。

4. 音乐剧表演会

音乐剧表演会是指幼儿合作表演各种音乐剧。音乐剧表演也要让幼儿参与作品的选择和创编，以及服装和道具的制作。可以改编现有作品，也可以原创作品；可以以班级为单位进行表演，也可以以家庭为单位表演。

三、庆典音乐活动的组织策略

（一）重幼儿主体，弃教师主观

庆典活动中的音乐活动，最重要的是以幼儿为主体，幼儿是活动的主人。不管是音乐内容的选择，还是形式的确定，都让幼儿积极参与进来，让幼儿担任策划者、组织者、表演者、服务者、主持者和观众。摒弃教师的主观性，不要把教师的想法灌输给幼儿，不要让幼儿成为教师操纵的木偶。

（二）重全体参与，弃竞争评比

庆典音乐活动重在全园参与，人人参与，每个幼儿都有参与的权利，都有表演和表现的机会。摒弃竞争和竞赛，不要为了追求技能、技巧在全园进行选拔，这样只会让少数幼儿得到锻炼；不要为了结果进行竞赛，评选出各类等级、奖项，这会让幼儿只关注结果，而忽略享受活动本身的乐趣。演出不是为了得奖，而是为了享受音乐带来的审美愉悦。

（三）重展示展现，轻技能、技巧

在庆典音乐活动的节目排练过程中，教师要欣赏幼儿独特的音乐表现，激发幼儿演出的兴趣，给幼儿提供欣赏、表演、表现的平台。切忌为了演出效果进行有损幼儿身心健康的技能、技巧训练。

第六节　幼儿园—家庭—社区 互动中的音乐教育

一、幼儿园—家庭—社区互动性音乐教育的原则

在开展音乐活动中，幼儿园的资源十分有限，与家庭、社区合作，充分利用家长、社区资源，可以增强教育的凝聚力，帮助幼儿获得最佳发展。幼儿园—家庭—社区展开互动性音乐活动时需要遵守以下几条原则。

（一）重视开放性

开放性指的是幼儿园要实行对外开放，不能把幼儿的音乐学习和生活禁锢在幼儿园的小天地里。一方面，因为幼儿园的音乐资源有限，所以它有必要对外开放。如果幼儿园不与家庭、社区互动共享，那么影响幼儿音乐发展的力量就会相对分散，从而阻碍幼儿音乐能力的发展。另一方面，家庭和社区资源的丰富性，使幼儿园有可能对外开放，家庭和社区有着丰富的有利于幼儿音乐发展的各种资源，层出不穷的音乐活动场地也能开辟幼儿音乐学习的广阔天地。

（二）重视综合性

幼儿园组织的外出音乐活动不是孤立的园外活动，而是园内活动的有序延伸和补充，是主体教育、综合活动的一个重要组成部分。这启发我们要把家庭、社区的优质资源加以整合，全盘纳入幼儿园的音乐教育中，帮助幼儿音乐能力的发展。

首先，通过调查，了解家庭和社区的音乐资源。通过问卷调查了解幼儿

园全体家长中有哪些音乐资源，了解家长的职业和音乐特长；通过外出调查，发现社区内的音乐资源和专业人士，了解幼儿园附近有哪些音乐演出的剧院，了解社区中有哪些可利用的音乐资源等。

其次，记录、归档家庭、社区中的音乐资源。各种类型的音乐资源都是幼儿园开展音乐教育的宝贵财富，教师要对那些愿意到幼儿园来参与音乐活动的家长和社区人士进行分类、归档，不仅要记录他们的特长、职业经验、联系方式，而且还要详细记录他们志愿做事的时间、地点、内容和形式，以为幼儿提供恰当的角色范例。

最后，主动邀请音乐专业的家长和社区人士来园。许多家长和社区人士不会主动参与到幼儿园的教育中，幼儿园要热情地邀请他们，使潜在的资源人变成现实的资源人。幼儿园可以根据不同阶段、不同活动的需求，有计划地进行邀请，有的可以邀请参与到幼儿园的大型活动中，如邀请专业人士帮助排练节目或参与活动演出，有的可以邀请到班级中做助教。

（三）重视双向性

在开展幼儿园与家庭、社区互动的音乐活动中，要把"走出去"和"请进来"相结合，体现双向互动性。一方面，充分挖掘家庭和社区中的音乐教育资源，把家庭和社区中的音乐专业人士请进幼儿园参与活动，比如邀请戏曲、乐器专业的家长来幼儿园做助教，现场表演给幼儿欣赏；邀请社区的舞龙、舞狮队来园演出，让幼儿欣赏传统艺术表演。另一方面，幼儿园的音乐活动也要走出校园，走进家庭和社区，比如组织幼儿参加社区的公益演出等。

（四）重视规范性

幼儿园在组织社区外出活动前，要征得家长同意并签字确定。在带领幼儿外出音乐演出时，要随身携带幼儿园的紧急情况联系卡，还可邀请几位家长帮助照管幼儿，以提高成人与幼儿的比率，增加幼儿外出演出活动的安全系数。要时刻绷紧"儿童安全"这根神经，要把"以儿童为本"放在首位。

首先，准备工作全面。对外出演出活动的场地事先要进行考察，以确保没有任何安全隐患；在得到家长的允许下，再组织幼儿外出演出活动；争取家长和社区人士的参与，以提高成人和儿童的比率。

其次，活动过程中注意安全。教师要随身携带幼儿的紧急情况联系卡；在乘坐交通工具时，要督促幼儿坐好，注意安全；在活动中要让所有幼儿在教师、家长的视线之内。

最后，结束工作到位。教师要认真清点演出人数和名单，并把幼儿亲自送到家长手中；向社区场所、家长和社区人士致谢，给幼儿做礼仪的榜样，同时也增强园外志愿人士支教的信心。

二、幼儿园与家庭互动的音乐活动

与家庭互动的音乐活动指在家庭中开展的音乐活动，或家长参与的音乐活动，主要目的是发挥家长的教育资源，家园合力挖掘幼儿的音乐潜能。

（一）渗透在家庭中的音乐活动

1. 家庭音乐时刻

在国外，很多家庭吃好晚饭后，全家人都会坐下来静静地欣赏音乐。虽然是在家中，但也没有人说话，没有人走路，就如在庄严的音乐厅中听音乐一样，空气中流淌的只有动听的音乐。他们认为，欣赏音乐是一种素养，一种状态。在中国，很多人喜欢一边做事一边听音乐，这时的音乐只是背景和辅助。在一天之中，幼儿需要有这样的时刻，父母带着孩子全身心地去聆听音乐，感受音乐，陶冶情操。

家庭要开展音乐时刻，首先要有一套较为专业的音响设备，保证音响质量；其次要选择各种风格的经典音乐来欣赏；最后全家要养成安静倾听音乐的习惯。让音乐成为生活和生命中重要的一部分，让家庭充满艺术氛围。

2. 家庭音乐会

家庭音乐会指在家庭中开展的音乐会，发起者是孩子和家长，小范围的活动参与者可以是家庭成员，大范围的可以扩大到亲戚朋友及同小区的邻居。

这类活动适合在一些特定的节日开展，比如中秋节、春节，让孩子们自己策划、自己主持、自己表演，家长们给予支持与协助。在音乐会上，孩子们可以大胆表演在幼儿园学会的歌曲、舞蹈，还可以表演自己擅长的乐器，把自己的音乐才能与大家分享。家庭音乐会有利于培养孩子的音乐兴趣，提高音乐能力。

在组织家庭音乐会时要注意以下两点：一是让孩子成为音乐会的主人，相信孩子的能力，让孩子自己策划和主持，鼓励每个孩子表演自己多方面的音乐才能，家长只是在孩子们碰到困难的时候再给予帮助。二是重在表演的过程，不管孩子选择表演什么内容，表演的水平如何，家长都要给予肯定和鼓励。

3. 家庭音乐沙龙

在国外也会经常开展一些家庭音乐沙龙，由孩子和家长策划组织。他们认为这是展示自己、互相学习、互相交流的好机会。在家庭音乐沙龙如周末举行的小型音乐聚会中，孩子们满怀激情地演奏他们钟爱的乐器，孩子和家长们津津有味地谈论所欣赏的音乐作品，他们认为这是最好的放松和最高尚的休闲。

（二）家长参与幼儿园的音乐活动

1. 音乐助教

在幼儿园的家长群体中，有很多有音乐才艺的家长，有的是专业人士，有的是业余爱好。幼儿园可以充分发挥家长的资源，让他们参与到幼儿园的音乐活动中。可以邀请家长给班级中的幼儿进行现场演出，比如演奏琵琶、二胡等乐器，演唱越剧、京剧等戏剧，不仅可以丰富全部幼儿的音乐体验，同时也会增强孩子的自豪感。在有大型演出时，也可以邀请身为专业人士的家长参与班级演出节目的排练，发挥他们的专业优势，增强教育合力。

2. 亲子音乐才艺秀

在幼儿园庆典演出活动中，也可以邀请家长和幼儿一起来演出，如亲子音乐才艺秀表演，表演形式不限，可以唱歌、音乐剧或乐器演奏，重在让幼儿感受到浓厚的家庭温情。

三、幼儿园与社区互动的音乐活动

（一）走进社区的音乐活动

1. 走进社区的音乐公演

幼儿不仅可以在幼儿园庆典活动中进行演出，还可以走出校园，走进社区，参加一些适合的公演，比如在重阳节为社区的爷爷奶奶们表演节目，参与社区的公演捐赠活动等。让幼儿走进社区参加公演，不仅能展示幼儿才艺，锻炼幼儿的能力，同时还让幼儿体验到帮助他人的乐趣。

2. 走进社区中的剧院

幼儿园的音乐资源是有限的，幼儿园的音乐活动也是有限的，所以需要幼儿走进社区，走入社会，去欣赏各种各样的音乐作品。如走进剧院欣赏芭蕾舞、戏曲、歌剧；走进音乐厅聆听交响乐、乐器演奏会；走进社区欣赏一些专题晚会，让幼儿充分感受生活中浓厚的艺术氛围。

在剧院欣赏表演的过程中，一定要培养幼儿的观看礼仪，比如安静观看，表演后鼓掌鼓励，不随意走动奔跑，培养幼儿的艺术修养。

（二）请进幼儿园的音乐活动

幼儿园也可以开放的心态接受社区人士参与到幼儿园的音乐活动中。有的是幼儿园根据需求邀请社区中相关人士参与到幼儿园的庆典演出中。有的是社区主动想参与到幼儿园活动中，比如儿童剧团、音乐大篷车，他们都有走进校园的计划，幼儿园审核情况后，可用开放的心态欢迎他们为孩子们演出。

幼儿园音乐教育评价

　　任何一个系统的有效运作都需要一个发挥自我监督与调控功能的监控成分，在幼儿园音乐教育中，评价便承担此项任务。我们把幼儿园音乐教育的评价对象集中于幼儿的音乐能力发展与教育活动的过程两方面，评价方法则集中于最常用的观察、测试与等级量表评定三种方法。

　　幼儿音乐教育评价一方面是针对幼儿音乐教育的特点和各个组成要素，通过收集和分析音乐教育活动各方面的信息，判断音乐教育价值和效益的过程；另一方面是对音乐教育目标、活动方案、教育内容、材料、效果以及教学活动过程的实际状况等做出判断和评定的过程。它是一种整体评价，不仅包括对幼儿音乐学习结果和发展状况的测量和评价，还包括对音乐教育本身的价值及音乐教育活动中教师的观念态度、活动组织形式、教学目标适宜程度、师幼互动的质量等的评估。

第一节　幼儿园音乐教育的内容与标准

幼儿园音乐教育评价的内容是指评价的具体范围，评价的标准是指对评价要求的具体规定，即评价的尺度，两者一起构成了幼儿园音乐教育评价的指标体系。

一、幼儿音乐感知与表现能力的评价体系

儿童音乐能力的发展与逻辑能力的发展有所不同。儿童的逻辑思维发展与生理成熟具有比较明确的对应性，而音乐发展与生理成熟虽具有一定的对应性，但不具有绝对性，一个三岁孩童的音乐能力可以超过一个十八岁的儿童。所以，儿童音乐能力评价中的低、中、高指标，无法绝对地与儿童年龄挂钩。就儿童教育机构中的班级而言，儿童的音乐能力反映在不同班级中差异也很大，并非小班一定是低指标，大班一定是高指标，即低、中、高指标不对应小、中、大班。总而言之，儿童音乐能力的发展不绝对地与年龄发展相对应，音乐能力发展的个体差异相当大，班级差异相当大，这些都是我们在进行音乐发展评价前需要认知的信息。

（一）幼儿音乐感知能力的评价体系

表 8-1-1 幼儿音乐感知能力评价表

项 目	指 标		
	低	中	高
1. 节奏感知能力 （1）辨别稳定拍 （2）辨别疏密节奏型 （3）辨别强拍与弱拍 （4）辨别休止符			
2. 旋律 （1）分辨声音的高与低 （2）分辨旋律的上行与下行 （3）分辨旋律的级进与跳进			
3. 音色 （1）分辨悄悄话、说话、唱、喊四种音色 （2）分辨打击乐器的音色 （3）分辨生活环境中的音色 （4）分辨自然界中的音色 （5）分辨机器的音色 （6）分辨钢琴、小提琴、吉他等乐器音色			
4. 速度 （1）感知快与慢 （2）感知渐快与渐慢			
5. 织体 （1）发现声势、舞蹈中的多层次 （2）有伴奏与无伴奏比较 （3）伴奏厚与薄的比较			
6. 力度 （1）感知轻重 （2）感知渐弱、渐强			

续表

项　目	指　标		
	低	中	高
7. 结构 （1）分辨模仿句 （2）分辨重复句 （3）分辨喊答句 （4）分辨主副歌 （5）分辨三段体、回旋体 （6）分辨引子			
8. 体裁风格 （1）辨别摇篮曲 （2）辨别进行曲 （3）辨别舞曲			

（二）幼儿音乐表现能力的评价体系

表 8-1-2　幼儿音乐表现能力评价表

项　目	指　标		
	低	中	高
1. 节奏表现能力 （1）稳定的节拍——身体移动动作 （2）疏密节奏型——手的动作、身体动作、歌唱 （3）强拍与弱拍——身体移动动作、歌唱 （4）休止符——身体移动动作、歌唱			
2. 旋律表现能力 （1）声音的高与低——讲故事、身体动作、歌唱 （2）旋律的上行与下行——身体动作、歌唱 （3）旋律的级进与跳进——身体动作、歌唱			

续表

项　目	指　标		
	低	中	高
3. 音色表现能力 （1）悄悄话、说话、唱、喊四种音色——说、歌唱 （2）打击乐器的音色——说、演奏打击乐、即兴创作 （3）生活环境中的音色——说、演奏打击乐、即兴创作 （4）自然界的音色——说、演奏打击乐、即兴创作 （5）机器的音色——说、演奏打击乐、即兴创作 （6）钢琴、小提琴、吉他等器乐音色——说、身体动作、演奏打击乐			
4. 速度表现能力 （1）快与慢——身体动作、演奏打击乐、即兴创作 （2）渐快与渐慢——身体动作、演奏打击乐			
5. 织体表现能力 （1）声势、舞蹈中的多层次——说、身体动作 （2）有伴奏与无伴奏比较——身体动作、即兴创作 （3）伴奏厚与薄的比较——身体动作、即兴创作			
6. 力度表现能力 （1）轻重——身体动作、歌唱、演奏打击乐、即兴创作 （2）渐弱渐强——身体动作、歌唱、演奏打击乐、即兴创作			
7. 结构表现能力 （1）模仿句——歌唱、身体动作、打击乐演奏 （2）喊答句——身体动作、歌唱、打击乐演奏 （3）重复句——身体动作、歌唱、打击乐演奏 （4）主副歌——身体动作、歌唱 （5）引子——打击乐演奏、即兴创作			
8. 风格表现能力 （1）摇篮曲——身体动作、歌唱、说 （2）进行曲——身体动作、歌唱、说 （3）舞曲——身体动作、歌唱、说			

（三）五类音乐教育活动中幼儿发展的评价内容与标准

1. 歌唱活动中幼儿发展的评价内容与标准

幼儿园歌唱活动中的评价内容包括：幼儿的歌唱能力与在音乐活动过程中表现出来的学习品质，具体标准见表8-1-3和表8-1-4。

表8-1-3 幼儿歌唱能力评价指标

演唱特征	标准（指标）	等级		
		好	中	差
声音与表情	1. 用自然的声音歌唱			
	2. 有自然的脸部表情			
	3. 有松弛的身体姿态			
表现力	1. 有轻重表现力			
	2. 有快慢表现力			
	3. 有开始与结束感			
句子	1. 能自如地分句呼吸			
	2. 有意识地进行句子的起落			
节奏	1. 能解决弱起等节奏难点			
	2. 具有拍韵			
旋律	1. 旋律轮廓清晰			
	2. 具有调性感			

注：差：做不到。中：有时能做到，有时做不到。好：自始至终能做到。

表8-1-4 音乐活动中幼儿学习品质的评价指标

标准（指标）	等级
最初参与歌唱活动的行为	1. 犹豫不决或不愿意
	2. 参与
	3. 热情地参与
活动中的注意力、专注力	1. 非常容易被其他人、事、物分散精力
	2. 有时候能够集中注意力
	3. 坚持、专注于活动

续表

标准（指标）	等　级
活动中的目标意识	1. 围绕个人目标而非教学任务而活动 2. 在个人目标与教学任务之间摇摆不定 3. 能有效地完成教学任务
活动中的持续性	1. 对任务的关注非常随意，没有持续迹象 2. 断断续续 3. 始终关注

2. 欣赏活动中幼儿发展的评价内容与标准

幼儿园欣赏活动中的评价内容包括：节奏表现能力、即兴动作表演能力与活动过程中的学习品质。节奏表现能力与即兴动作表演能力的具体标准见下表8-1-5和表8-1-6，学习品质的评价表与歌唱教育活动相同，不再重复呈现。

表8-1-5　幼儿节奏表现力评价指标

音乐特征	标准（指标）	等　级		
		好	中	差
拍子	1. 脚步合拍			
	2. 动作松弛			
节奏型	1. 保留教师动作中的节奏型			
	2. 能改变教师动作中的节奏型			
句子	1. 动作具有清晰的句型			
	2. 能有意识地进行句子的起落			
段落	1. 不同段落之间衔接自如			
	2. 表达出段落间的不同音乐风格			
引子尾声	1. 能在引子处等待			
	2. 能在尾声处做完最后一个音的动作			

注：差：做不到。中：有时能做到，有时做不到。好：自始至终能做到。

表 8-1-6 幼儿即兴动作能力评价指标

项目	特征类别	标准（指标）	等 级		
			好	中	差
音乐特征	拍子	1. 脚步合拍			
		2. 动作松弛			
	节奏型	1. 有自己的动作节奏型			
		2. 能表达有特点的音乐节奏型			
	句子	1. 动作具有清晰的句型			
		2. 能有意识地进行句子的起落			
		3. 音乐句子重复时动作重复			
		4. 对比句的动作有对比性			
	段落	1. 段落转换自如			
		2. 能用不同风格动作表达不同音乐风格的段落			
	引子尾声	1. 能完成引子等待			
		2. 尾声有结束性的动作			
动作特征	空间	1. 能利用自我空间			
		2. 能利用集体空间			
	层次	能用低、中、高三层次			
	类型	1. 移动、非移动动作结合			
		2. 身体、四肢结合			
	意义	1. 动作具有再现性			
		2. 动作具有表现性			
	合作性	1. 具有合作性动作			
		2. 具有目光交流意识			

注：差：做不到。中：有时能做到，有时做不到。好：自始至终能做到。

3. 打击乐活动中幼儿发展的评价内容与标准

幼儿园打击乐活动中的评价内容包括：节奏表现能力、即兴打击乐器表演能力及活动过程中的学习品质。节奏能力与即兴打击乐器表演能力的具体标准见表 8-1-7 和表 8-1-8。

表 8-1-7　幼儿节奏表现力评价指标

音乐特征	标准（指标）	等级		
		好	中	差
音色	1. 选择的乐器符合音乐中的音色要求			
	2. 段落之间具有音色变化			
拍子	1. 演奏合拍			
	2. 演奏动作松弛			
节奏型	1. 演奏具有清晰的节奏型			
	2. 有节奏型意识			
句子	1. 演奏具有清晰的句型			
	2. 能有意识地进行句子的起落			
段落	用不同音色表达不同音乐风格的段落			
力度	演奏具有轻重变化			
织体	演奏时具有倾听别人声音的意识			

注：差：做不到。中：有时能做到，有时做不到。好：自始至终能做到。

表 8-1-8　幼儿打击乐即兴能力评价指标

项目	特征类别	标准（指标）	等级		
			好	中	差
音乐特征	音色	1. 选择的乐器符合音乐中的音色要求			
		2. 段落之间具有音色变化			
	拍子	1. 演奏合拍			
		2. 动作松弛			
	节奏型	1. 有自己的固定节奏型			
		2. 表达有特点的音乐节奏型			
	句子	1. 演奏具有清晰的句型			
		2. 能有意识地进行句子的起落			
	段落	用不同音色表达不同音乐风格的段落			
	力度	具有轻重变化			
	织体	1. 具有倾听别人声音的意识			
		2. 能演奏出与他人进行对比的节奏型			

续表

项目	特征类别	标准（指标）	等 级		
			好	中	差
演奏特征	音色	1. 演奏出好听的声音			
		2. 一种乐器演奏出多种音色			
	类型	各种乐器使用自如			
	意义	1. 演奏具有节奏型再现			
		2. 演奏具有轻重表现			
	合作性	1. 主动进行乐器交换			
		2. 参与小组讨论			
	专注度	演奏能专注			

注：差：做不到。中：有时能做到，有时做不到。好：自始至终能做到。

4. 集体舞活动中幼儿发展的评价内容与标准

幼儿园集体舞活动中的评价内容包括：节奏表现能力、集体舞表演能力及活动过程中的学习品质。节奏能力与集体舞表演能力的具体标准见表8-1-9和表8-1-10。

表8-1-9 幼儿节奏表现力评价指标

音乐特征	标准（指标）	等 级		
		好	中	差
拍子	1. 脚步合拍			
	2. 动作松弛			
节奏型	1. 保留教师动作中的节奏型			
	2. 改变教师动作中的节奏型			
句子	1. 动作具有清晰的句型			
	2. 能有意识地进行句子的起落			
段落	1. 不同段落之间衔接自如			
	2. 表达出段落间的不同音乐风格			

音乐特征	标准（指标）	等级		
		好	中	差
引子尾声	1. 能做到引子处等待			
	2. 能在尾声处做完最后一个音的动作			

注：差：做不到。中：有时能做到，有时做不到。好：自始至终能做到。

表 8-1-10 幼儿集体舞表现能力评价指标

项目	特征类别	标准（指标）	等级		
			好	中	差
音乐特征	拍子	1. 脚步合拍			
		2. 动作松弛			
	节奏型	1. 有自己的动作节奏型			
		2. 能表达有特点的音乐节奏型			
	句子	1. 动作具有清晰的句型			
		2. 能有意识地进行句子的起落			
		3. 音乐句子重复时动作重复			
		4. 对比句的动作有对比性			
	段落	1. 段落转换自如			
		2. 能用不同风格动作表达不同音乐风格的段落			
	引子尾声	1. 能完成引子等待			
		2. 尾声处有结束性的动作			

续表

项目	特征类别	标准（指标）	等级		
			好	中	差
动作特征	空间	1. 能利用自我空间			
		2. 能利用集体空间			
	层次	能用低、中、高三层次			
	类型	1. 移动、非移动动作结合			
		2. 身体、四肢结合			
	意义	1. 动作具有再现性			
		2. 动作具有表现性			
	合作性	1. 具有合作性动作			
		2. 具有目光交流意识			
队形特征	转换	1. 无方向性障碍			
		2. 无动作障碍			
	调整	1. 能调整自己的站位			
		2. 能调整自己的动作			

注：差：做不到。中：有时能做到，有时做不到。好：自始至终能做到。

二、教师与幼儿行为评价内容与标准

对学前儿童音乐教育活动过程的评价包括对教师、学前儿童及其他方方面面的评价。下面我们着重阐述学前儿童音乐教育活动过程中有关教师与学前儿童课堂行为的评价内容。

（一） 教师行为的评价体系

表 8-1-11　教师行为评价表

项　　目	指　　标		
	差	中	好
1. 关于学前音乐学科知识 （1） 教师对音乐符号的示范与表达是准确的 ●对音乐符号的示范与表达准确 ●对视觉符号的示范与表达准确 ●对语言符号的示范与表达准确 （2） 教师对音乐符号做出的转换是准确与合理的 ●音乐符号被准确地转换成视觉符号 ●音乐符号被准确地转换成运动觉符号 ●音乐符号被合理地转换成语言符号 （3） 音乐活动展开的进度适合活动目的 ●活动内容都是围绕音乐感受与表现展开、深入的			
2. 关于幼儿的知识 （1） 教师向幼儿展示的内容适合当下幼儿的发展水平 ●教师抛出的教学任务与幼儿艺术与学习能力相一致 ●教师抛出教学任务的顺序与幼儿学习能力相一致 （2） 音乐活动展开的进度符合幼儿的发展水平与需要 ●活动展开的进度符合幼儿发展水平 ●活动展开的进度符合幼儿需要			
3. 教学组织、方法与互动 （1） 教师以唤起幼儿音乐学习兴趣与启动幼儿音乐思维的 方式开始教学 ●教师以唤起幼儿音乐学习兴趣的方式开始教学 ●教师以唤起幼儿音乐思维的方式开始教学 （2） 教师积极投入活动的时间量 ● 教师积极投入活动的时间量 （3） 教师的管理策略提高了音乐活动的质量 ● 教师在活动之前对课堂所用材料已准备充分			

项　　目	指　标		
	差	中	好
• 教师有效组织幼儿进入音乐教学的每个环节 • 教师精心安排了互动，有效维持了幼儿的参与热情 （4）就幼儿发展水平、需要以及活动目标而言，教师使用了合适的教学方法 • 教学方法与教学目标相匹配 • 教学方法维持了幼儿身体与思维的双参与 • 向幼儿提供了必要、合理的支架 （5）教师帮助和支持了回答者、表现者的思维或行动 • 提醒幼儿相似的音乐特征或表现特征 • 提供背景知识			
4. 期望 （1）教师认可幼儿的努力、坚持和专注 • 教师使用了语言认可行为 • 教师使用了非语言认可行为 （2）教师对幼儿有较高的学习期望，且期望合适 • 教师要求所有幼儿不仅身体要参与，而且思维要参与，鼓励幼儿回答问题、主动探索			
5. 引导幼儿的思维参与 （1）教师要求幼儿分享、澄清、调整对某一问题的想法 • 教师使用一系列提问发展和挑战幼儿的思维 • 教师鼓励幼儿解释他们自己的想法 • 教师使用"为什么?""你是如何……?""你可以……?"等引导性问话 （2）教师促进幼儿的回应 • 教师为一个问题引出很多解决方法 • 鼓励幼儿再次丰富自己的回答 • 教师很耐心地倾听幼儿的回答 • 对幼儿的回应做出反馈，并恰当地成为全班学习的机会 （3）教师鼓励幼儿聆听同伴的想法并对同伴的想法进行评价 • 教师积极引导幼儿之间的交流 • 教师积极引导幼儿聆听他人想法与建议			

续表

项　　目	指　　标		
	差	中	好
6. 支持幼儿的音乐理解与表现 （1）教师支持和帮助了听者或看者的理解 ●要求幼儿解释同伴的方法或表现 ●鼓励幼儿用自己的语言表达音乐或想法，或者用身体动作表达音乐或想法 （2）教师给予了"刚刚足够"的帮助 ●教师给予幼儿提供不多也不少的帮助或信息			
7. 扩展幼儿的音乐理解与表现 （1）教师归纳并详细说明幼儿对音乐的理解与表现 ●教师复述了幼儿的说法，再现或提炼了幼儿的表现手法 （2）教师鼓励幼儿对音乐进行回忆和思考 ●在活动过程中或结尾总结出音乐活动的关键经验 ●帮助幼儿把音乐学习和其他活动联系在一起，或者和幼儿现实生活中的经验联系在一起			
8. 教学评估与调整 （1）教师对幼儿进行观察和聆听，并根据幼儿的需要调整教学任务 ●教师能基于课堂教学现场需要做出教学任务的调整 （2）教师能考虑不同幼儿之间的能力差异和发展水平上的差异，从而调整任务和讨论 ●在互动情境下，教师能针对个别幼儿做出任务调整			

（二）幼儿行为的评价内容与标准

在音乐教育活动中，幼儿的课堂行为体现在音乐能力与学习品质两方面，对音乐的感知能力与表现能力，我们在本节"幼儿音乐感知与表现能力的评价体系"中已经单独阐述，不在这里赘述。在此，幼儿课堂行为评价单指对课堂教学过程中幼儿表现出来的学习品质的评价。

表 8-1-12　幼儿行为评价表

项　　目	指　标		
	差	中	好
1. 幼儿的好奇心与兴趣 （1）活动中，幼儿是否会提出问题 （2）对教师的提问是否有语言或动作的反应 （3）用语言或动作回答教师提问的合理性如何 （4）是否愿意跟随或按照教师的要求去做 （5）幼儿对导入活动的反应			
2. 幼儿的主动性 （1）能否主动回答教师的提问 （2）面对教师的提问或要求时能否做到独立思考 （3）面对较难问题和困难任务时的表现			
3. 幼儿的坚持与专注 （1）活动开始时幼儿的投入程度 （2）幼儿对整个活动的专注程度 （3）幼儿能否坚持完成整个活动任务 （4）在完成任务的过程中，若遇到不顺利，是否有克服困难的行为			
4. 幼儿的想象与创造 （1）活动中幼儿如何表达自己的想法 （2）能否观察模仿教师的示范 （3）活动中的艺术表达能力			
5. 幼儿的合作 （1）活动中，幼儿同伴之间是否有肢体和眼神的交流 （2）幼儿能倾听他人的谈话或关注他人的行为 （3）幼儿能否对同伴进行积极评价			

第二节　幼儿园音乐教育评价的方法

幼儿园音乐教育评价方法多种多样，最常用的方法有观察法、测试法与等级量表评定法。

一、观察法

观察法是指有目的、有计划地对艺术活动中的幼儿进行即时观测，并对观测结果做出一定评估的方法。通过观察，教师可以获取来自幼儿的多方面反馈信息，这不仅能使教师真实地了解到每个幼儿的艺术发展水平和能力，而且能帮助教师根据观察结果更好地反思教育活动进程与幼儿的适宜度，从而及时、有根据地调整和改进活动内容、方法及组织形式。

使用观察法进行评价，一般从两个途径展开：第一，自然观察。指教师在幼儿的日常生活中、在幼儿真实自然的自发艺术活动中进行的，对幼儿行为、表现的观察评价。教师的任务是在观察前明确所要观察的内容，并在观察中做好相应的记录。自然观察的优势在于不受条件限制，可以随时、随地、随机地进行，具有比较明显的灵活性；但也正是这种环境、时间、空间的不受控制性，往往会影响到观察记录的效果。第二，人为创设环境的观察。对于在日常活动中难以观察到的行为与表现，教师需要根据评价指标体系的要求，特别设置一个活动、游戏或场景，以促使幼儿自然地表现其艺术发展方面的状况。这种观察来自一个具体创设的环境，其效果会比自然观察好。

本章第二节关于"幼儿园不同音乐教育活动类型中的评价"的大部分内容可以通过观察法完成，并获得评价结果。有的可以通过自然观察完成，有的需要创设活动情境进行观察并获得观察结果。观察法是各类评价方法的基础，下面介绍的测试法与等级评定法都是基于观察法进行的。

二、测试法

测试法是通过标准化的测量工具或自行设计和编制的音乐能力测验，对幼儿的音乐能力发展做出科学评价的一种方法。一般而言，测试法多引用权威机构或专家编制的标准化测验项目和试题。这类测试经过了科学检验，能比较真实而客观地反映出测试对象的原始情况，但由于幼儿年龄小，文字试题不适合他们，所以多用表现性的测验项目。测试法的优势在于科学性较强，特别适用于不同年龄幼儿或个别幼儿音乐能力发展水平、特点、趋势和差异的评估。下面，我们以"幼儿音乐动作表现力"的测试为例，说明如何通过表现性的音乐活动测试幼儿的音乐发展状况。

表 8-2-1 幼儿音乐动作表现力评价指标

幼儿姓名_____ 性别_____ 年龄_____ 观察日期_____ 观察时间_____

项目	特征类别	标准（指标）	等 级		
			差	中	好
音乐特征	拍子	1. 上肢合拍			
		2. 脚步合拍			
		3. 动作松弛			
	节奏型	1. 有自己的动作节奏型			
		2. 能表现有特点的音乐节奏型			
	句子	1. 动作具有清晰的句型，有意识地进行句子的起落			
		2. 音乐句子重复时动作重复			
		3. 对比句的动作有对比性			
	段落	1. 段落转换自如			
		2. 用不同风格的动作表达不同音乐风格段落			
	引子尾声	1. 能完成引子等待			
		2. 尾声处有结束性的动作			

续表

项目	特征类别	标准（指标）	等级		
			差	中	好
动作特征	空间	1. 能利用自我空间			
		2. 能利用集体空间			
	层次	能用低、中、高三层次			
	类型	1. 移动、非移动动作结合			
		2. 身体、四肢结合			
	意义	1. 动作具有再现性			
		2. 动作具有表现性			
	合作性	1. 具有合作性动作			
		2. 具有目光交流意识			

注：差：做不到。中：有时能做到，有时做不到。好：自始至终能做到。

以上是幼儿音乐表现力的测试工具，教师在测试前需要完成的任务：（1）理解与熟悉此工具所有指标内容的含义与打分标准；（2）找到一首适合幼儿即兴表演的乐曲，可以是音乐风格对比强烈的 AB 两段体乐曲，也可以是 ABA 三段体乐曲。幼儿可以四人为一组，进行动作即兴表演，教师通过观察幼儿的即兴表演为每一个幼儿打分。

三、等级量表评定法

等级量表评定法是指用数字或等级的形式评定幼儿在音乐活动中的行为与表现，它为进一步的描述性评价、分析性评价打下基础。等级量表是评价的一种工具，使用等级量表工具而展开的评价都是等级量表评价法。因此，可以说观察法、测试法与等级量表评定法是用不同标准划分的评价方法类型，故具有一定的交叉。很多时候，观察法与测试法所使用的工具就是等级量表，这时观察法与测试法都同时是等级量表评定法。反之，等级量表评定法是离不开观察法或测试法的，等级量表评定法是通过观察或测试完成的。

等级量表评定法的优势：（1）能使教师对个别幼儿或全班幼儿音乐发展水平的判断具体化。等级量表评定不会给教师提供有关幼儿发展水平的新的信息，但确实为教师提供了幼儿发展水平的具体细节。（2）能够快速而方便地使用。用表格的方式，把幼儿音乐或学习品质发展的各个方面全部列出来，教师只要通过观察或测试打"√"或打分数就行了，操作极其方便。

等级量表评定法的局限：（1）只适合于测定音乐知识与技能范畴的东西，意识范畴或高级心理层面的东西很难用等级量表测定。（2）当教师误解、误用等级量表时，会导致教师对幼儿个性的压抑。等级量表评定表面看像是一种达标，当教师真的把评价目的全部指向幼儿是否达标时，评价目的就被异化了，它的目的走向了促进幼儿音乐或个性发展的反方向。下面，我们以音乐教育活动过程中幼儿学习品质评定为例，呈现评定幼儿学习品质的一个比较简易的等级量表。

表 8-2-2　集体活动中幼儿音乐学习品质观察记录表

幼儿姓名_____　性别_____　年龄_____　观察日期_____　观察时间_____

特征类别	标准（指标）	等级				
		0	1	2	3	4
好奇心与兴趣	1. 活动中，幼儿是否会提出问题					
	2. 对教师的提问是否有语言或动作的反应					
	3. 用语言或动作回答教师提问的合理性如何					
	4. 是否愿意跟随或按照教师要求去做					
	5. 幼儿对导入活动的反应					
主动性	1. 能否主动回答教师的提问					
	2. 面对教师提问或要求能否做到独立思考					
	3. 面对较难问题和困难任务时的表现					

续表

特征类别	标准（指标）	等 级				
		0	1	2	3	4
坚持与专注	1. 活动开始时幼儿的投入程度					
	2. 幼儿对整个活动的专注程度					
	3. 幼儿能否坚持完成整个活动任务					
	4. 在完成任务过程中遇到不顺利时，是否有克服困难的行为					
想象与创造	1. 活动中幼儿如何表达自己的想法					
	2. 能否观察模仿教师的示范					
	3. 活动中音乐表达水平					
合作性	1. 活动中同伴之间是否有肢体和眼神的交流					
	2. 能倾听他人的谈话或关注他人的行为					
	3. 能否对同伴进行积极评价					

以上是集体音乐活动中幼儿学习品质的观察评价工具，教师在评价前需要完成以下任务：（1）理解与熟悉此工具所有指标内容的含义与打分标准；（2）为幼儿编号并准备全程录像。

出版人　李　东
策划编辑　白爱宝
责任编辑　孙冬梅
版式设计　杨玲玲
责任校对　贾静芳
责任印制　叶小峰

图书在版编目（CIP）数据

幼儿园音乐领域教育精要：关键经验与活动指导／
王秀萍著．—北京：教育科学出版社，2021.1（2025.3重印）
（幼儿园领域课程指导丛书）
ISBN 978-7-5191-2387-1

Ⅰ．①幼…　Ⅱ．①王…　Ⅲ．①音乐课—教学研究—学
前教育　Ⅳ．①G613.5

中国版本图书馆 CIP 数据核字（2020）第 226963 号

幼儿园领域课程指导丛书
幼儿园音乐领域教育精要——关键经验与活动指导
YOU'ERYUAN YINYUE LINGYU JIAOYU JINGYAO——GUANJIAN JINGYAN YU HUODONG ZHIDAO

出版发行	教育科学出版社		
社　　址	北京·朝阳区安慧北里安园甲9号	邮　　编	100101
总编室电话	010-64981290	编辑部电话	010-64989395
出版部电话	010-64989487	市场部电话	010-64989572
传　　真	010-64989419	网　　址	http://www.esph.com.cn
经　　销	各地新华书店		
制　　作	北京金奥都图文制作中心		
印　　刷	保定市中画美凯印刷有限公司		
开　　本	720毫米×1020毫米　1/16	版　　次	2021年1月第1版
印　　张	114.75	印　　次	2025年3月第5次印刷
字　　数	1688千	定　　价	377.00元（共7册，含光盘）